나만의 주제별
영단어 학습 플래너

VOCA PLANNER

중등 심화

신문섭 · 안세정 · 황우연

 DARAKWON

신문섭 혜화여자고등학교 교사
서울대학교 사범대학 영어교육과 졸업

안세정 중경고등학교 교사
서울대학교 사범대학 영어교육과 졸업

황우연 잠일고등학교 교사
서울대학교 사범대학 영어교육과 졸업원

VOCA PLANNER 중등 심화

지은이 신문섭, 안세정, 황우연
펴낸이 정규도
펴낸곳 (주)다락원

개정판 1쇄 발행 2025년 1월 2일

편집 정연순
디자인 박나래, 포레스트
영문 감수 Michael A. Putlack

다락원 경기도 파주시 문발로 211
내용 문의 (02)736-2031 내선 501
구입 문의 (02)736-2031 내선 250~252
Fax (02)732-2037
출판 등록 1977년 9월 16일 제406-2008-000007호

ISBN 978-89-277-8100-4 54740
978-89-277-8097-7 54740 (set)

http://www.darakwon.co.kr
다락원 홈페이지를 방문하시면 상세한 출판 정보와 함께 MP3 자료
등의 다양한 어학 정보를 얻으실 수 있습니다.

주제별로 핵심 어휘만 쏙쏙 뽑은
VOCA PLANNER
중등 시리즈 확장판 소개

☆ **VOCA PLANNER 중등 시리즈 확장판**은 중등 기본 단계를 새롭게 추가하여 〈중등 기본〉, 〈중등 필수〉, 〈중등 심화〉 총 3단계로 확장 구성했습니다. 중학생이 꼭 알아야 할 필수 어휘를 좀 더 촘촘하게 학습할 수 있습니다.

☆ 최신 교육 과정 권장 어휘 및 주요 중학 교과서를 분석하여 중요 어휘만 담았습니다.

☆ 소주제로 주제를 세분화하여 어휘의 뜻을 주제에 맞게 연상하며 학습할 수 있습니다.

☆ 새롭게 추가된 **Review Plus** 코너를 통해 예문 속 중요 숙어·표현 복습 및 혼동어 학습을 할 수 있습니다.

☆ 플래너 기능이 담긴 **미니 단어장**이 새롭게 추가되어, 휴대하며 어휘를 학습할 수 있습니다.

VOCA PLANNER 중등 시리즈 확장판 단계

중등 기본
표제어 800개 수록
대상 예비중~중1 ┃ 예비중·중학생이 기본적으로 알아야 할 초급 어휘

중등 필수
표제어 1,000개 수록
대상 중1~중2 ┃ 중학생이 기본적으로 알아야 할 초·중급 어휘

중등 심화
표제어 1,000개 수록
대상 중3~예비고 ┃ 중학 고급~예비고 수준의 어휘

VOCA PLANNER 특징 및 활용법

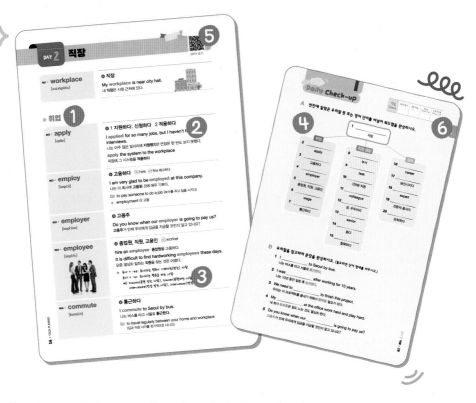

① **소주제별로 관련 표제어가 묶여 있어 어휘 뜻 암기에 효과적**

소주제로 묶여 서로 연관된 어휘들의 뜻을 연상하면서 암기합니다.

② **표제어의 뜻을 잘 보여주는 최적의 예문**

어휘의 뜻을 잘 보여주는 예문을 읽어보며 어휘의 쓰임을 익힙니다.

③ **어휘 학습에 도움을 주는 다양한 팁**

비슷한 단어의 뉘앙스 차이, 영영 풀이, 동·반의어, 파생어 등 팁을 읽어 보며 어휘를 자세히 익힙니다.

④ **워드맵과 문장 빈칸 채우기로 확실한 복습**

소주제에 맞게 분류한 워드맵과 본문에 나온 문장의 빈칸 채우기 연습으로 어휘를 확실하게 복습합니다.

⑤ **Day별 4가지 버전의 MP3 듣기 활용**

〈표제어 개별/전체 듣기〉로 표제어의 뜻을 떠올려보고, 〈표제어+우리말 뜻 듣기〉로 뜻 확인 후,
〈표제어+우리말 뜻+예문 듣기〉로 예문까지 모두 들으며 어휘의 쓰임을 확실하게 학습합니다.

⑥ **Day별 학습 진도 체크 표**

하루하루 해야 할 학습 진도표에 학습했는지 여부를 체크하면서 학습하세요.

⌁ 학습하기 전 알아두기 ⌁

ⓝ 명사 | **ⓥ** 동사 | **ⓐ** 형용사 | **ⓐⓓ** 부사 | **prep** 전치사 | **pron** 대명사 | **conj** 접속사
★ 팁 표시 | **⑤** 예문의 핵심 표현 정리 | **〓〓** 영영 풀이 표시 | **엄원** 어원 표시 | **➕** 파생어 표시

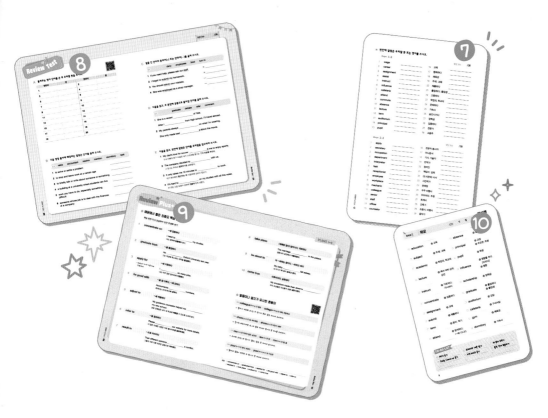

❼ 매일매일 누적테스트

Days 1-2, Days 2-3 방식으로 하루씩 누적한 테스트로 앞에 학습한 어휘도 누적하여 복습합니다.

❽ 다양한 문제 유형으로 구성한 Review Test

매 PLAN마다 받아쓰기, 영영 풀이, 동·반의어, 문장 빈칸 완성 등 다양한 문제를 통해 핵심 어휘들을 한 번 더 점검합니다.

❾ 중요 숙어·표현 및 혼동어를 점검하는 Review Plus

두 PLAN 마다 예문 속에 있는 중요 숙어나 표현을 한 번 더 확실히 점검하고, 표제어와 연관된 혼동어를 함께 학습합니다.

❿ 휴대용 미니 단어장

미니 단어장 속의 To-Do List에 할 일을 체크하면서 어휘를 암기합니다.

온라인 부가자료 (www.darakwon.co.kr)

다락원 홈페이지에서 무료로 다양한 부가자료를 다운로드하거나 웹에서 이용할 수 있습니다.

- **각종 추가 테스트지 제공**

- **4가지 버전의 MP3 듣기 파일**

  표제어 전체 듣기 | 표제어 개별 듣기 | 표제어+우리말 뜻 듣기 | 표제어+우리말 뜻+예문 듣기

- **5가지 유형의 문제 출제가 가능한 문제출제프로그램 제공**

  영어 단어 쓰기 | 우리말 뜻 쓰기 | 영영 풀이 보고 어휘 쓰기 | 문장이나 어구 빈칸 채우기 |
  음성 받아쓰기(단어를 듣고 단어와 우리말 뜻 쓰기)

VOCA PLANNER 중등 심화 목차

VOCA PLANNER 학습 계획표

매일매일 계획을 세워 Day별로 날짜를 쓰면서 단어를 외워보세요. 한 책을 다 학습한 후 2회독하면 더욱 더 중등 심화 어휘를 내 것으로 만들 수 있어요.

		1회독			2회독		
PLAN 1	Day 1	년	월	일	년	월	일
	Day 2	년	월	일	년	월	일
	Day 3	년	월	일	년	월	일
	Day 4	년	월	일	년	월	일
PLAN 2	Day 5	년	월	일	년	월	일
	Day 6	년	월	일	년	월	일
	Day 7	년	월	일	년	월	일
	Day 8	년	월	일	년	월	일
PLAN 3	Day 9	년	월	일	년	월	일
	Day 10	년	월	일	년	월	일
	Day 11	년	월	일	년	월	일
PLAN 4	Day 12	년	월	일	년	월	일
	Day 13	년	월	일	년	월	일
	Day 14	년	월	일	년	월	일
	Day 15	년	월	일	년	월	일
PLAN 5	Day 16	년	월	일	년	월	일
	Day 17	년	월	일	년	월	일
	Day 18	년	월	일	년	월	일
	Day 19	년	월	일	년	월	일
PLAN 6	Day 20	년	월	일	년	월	일
	Day 21	년	월	일	년	월	일
	Day 22	년	월	일	년	월	일
PLAN 7	Day 23	년	월	일	년	월	일
	Day 24	년	월	일	년	월	일
	Day 25	년	월	일	년	월	일
	Day 26	년	월	일	년	월	일

		1회독			2회독		
PLAN 8	Day 27	년	월	일	년	월	일
	Day 28	년	월	일	년	월	일
	Day 29	년	월	일	년	월	일
PLAN 9	Day 30	년	월	일	년	월	일
	Day 31	년	월	일	년	월	일
	Day 32	년	월	일	년	월	일
	Day 33	년	월	일	년	월	일
PLAN 10	Day 34	년	월	일	년	월	일
	Day 35	년	월	일	년	월	일
	Day 36	년	월	일	년	월	일
PLAN 11	Day 37	년	월	일	년	월	일
	Day 38	년	월	일	년	월	일
	Day 39	년	월	일	년	월	일
	Day 40	년	월	일	년	월	일
PLAN 12	Day 41	년	월	일	년	월	일
	Day 42	년	월	일	년	월	일
	Day 43	년	월	일	년	월	일
PLAN 13	Day 44	년	월	일	년	월	일
	Day 45	년	월	일	년	월	일
	Day 46	년	월	일	년	월	일
	Day 47	년	월	일	년	월	일
PLAN 14	Day 48	년	월	일	년	월	일
	Day 49	년	월	일	년	월	일
	Day 50	년	월	일	년	월	일

PLAN

1

사회생활

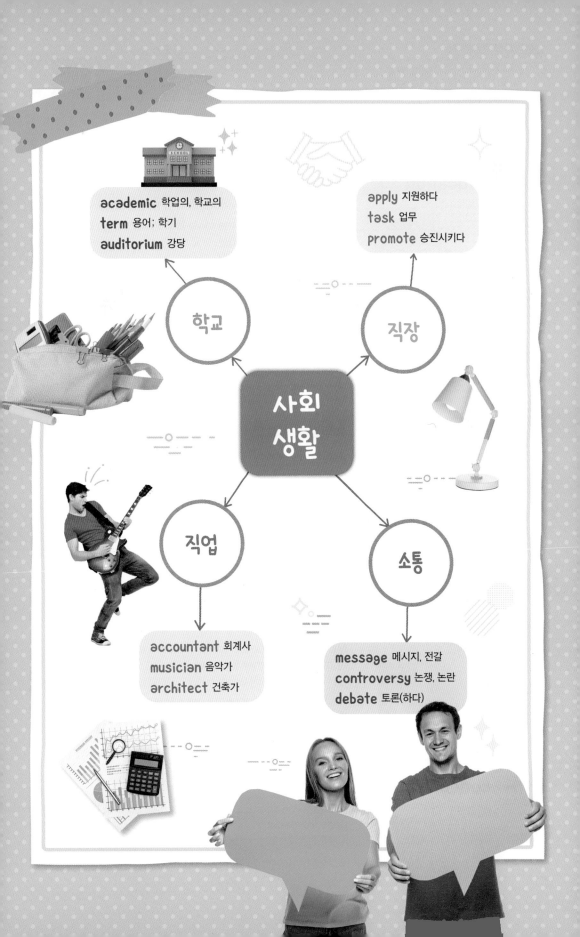

academic 학업의, 학교의
term 용어; 학기
auditorium 강당

apply 지원하다
task 업무
promote 승진시키다

학교

직장

사회
생활

직업

소통

accountant 회계사
musician 음악가
architect 건축가

message 메시지, 전갈
controversy 논쟁, 논란
debate 토론(하다)

MP3 듣기

✚ 수업과 과제

0001 • **education**
[èdʒukéiʃən]

ⓝ 교육

primary / secondary **education** 초등 / 중등 **교육**

Education is one of the most important things in our lives.
교육은 우리 삶에서 가장 중요한 것 중 하나이다.

✚ educational ⓐ 교육의

0002 • **subject**
[sʌ́bdʒikt]

ⓝ 1 주제 2 과목

What is today's **subject** for class?
오늘의 수업 **주제**는 무엇인가요?

My favorite **subject** is music because I love to sing.
나는 노래하는 것을 좋아하기 때문에 가장 좋아하는 **과목**은 음악이다.

0003 • **academic**
[ӕkədémik]

ⓐ 학업의, 학교의

academic ability **학업** 능력

I will be busy with a lot of schoolwork this **academic** year.
나는 이번 **학년도**에 많은 학업으로 바쁠 것이다.

0004 • **lecture**
[léktʃər]

ⓝ (특히 대학) 강의, 강연

How did you like the **lecture** on art history?
미술사에 관한 **강의**는 어땠니?

0005 • **instruct**
[instrʌ́kt]

ⓥ 1 가르치다 2 지시하다

Mr. Smith **instructed** us for a month since our homeroom teacher was sick.
담임 선생님이 아프셔서 Smith 선생님이 우리를 한 달 동안 **가르치셨다**.

He **instructed** us to write our names in our books.
그는 우리에게 책에 이름을 쓰라고 **지시했다**.

✚ instructor ⓝ 강사 | instruction ⓝ 설명; 지시

0006 • **concentrate**
[kɑ́:nsəntrèit]

ⓥ 집중하다 ＝focus

I need to **concentrate** on my studies so that I can pass the exam.
시험에 합격하기 위해서 나는 공부에 **집중해야** 한다.

✚ concentration ⓝ 집중

0007 • assignment
[əsáinmənt]

ⓝ 과제 ⊜ task

We must work as a team on this **assignment**.
우리는 이번 **과제**에 팀으로 함께 해야 한다.

📖 work given to someone as a part of studies
(학업의 부분으로 누군가에게 주어지는 일)

0008 • submit
[səbmít]

ⓥ 제출하다 ⊜ turn in, hand in

Please **submit** your reports by this Friday.
이번 주 금요일까지 보고서를 **제출해주세요.**

✤ 학교생활

0009 • term
[təːrm]

ⓝ 1 용어   2 학기

Did you memorize all the **terms** for the history quiz?
너는 역사 쪽지 시험에 나올 모든 **용어들**을 다 외웠니?

the spring / fall **term** 봄 / 가을 **학기**

0010 • attend
[əténd]

ⓥ 참석하다; (~에) 다니다

Are you going to **attend** the meeting?
너는 회의에 **참석할** 예정이니?

We **attended** the same school. 우리는 같은 학교에 **다녔다.**

╋ attendance ⓝ 출석, 참석

0011 • absence
[æbsəns]

ⓝ 결석, 결근

Do you have a good excuse for your **absence**
yesterday?
너는 어제 **결석**에 대해 타당한 사유가 있니?

╋ absent ⓐ 결석한, 결근한

0012 • principal
[prínsəpəl]

ⓝ 교장 ⓐ 주요한, 주된 ⊜ main

Our **principal** has been teaching for over 30 years.
우리 **교장 선생님**은 30년 이상을 가르쳐 오셨다.

a **principal** cause of success 성공의 **주된** 원인

0013 • pupil
[pjúːpəl]

ⓝ 학생 ⊜ student

How many **pupils** are in your class?
너의 반에 몇 명의 **학생들**이 있니?

0014 · influence
[ínfluəns]

ⓥ 영향을 주다[미치다]　ⓝ 영향

Peer pressure can **influence** your thoughts and behaviors.
또래 압력은 여러분의 생각과 행동에 **영향을 준다**.

Social media has a big **influence** on people.
소셜 미디어는 사람들에게 큰 **영향**을 미친다.

🔄 have an influence on: ~에 영향을 미치다

0015 · scholarship
[skɑ́:lərʃip]

ⓝ 장학금

My daughter received a full **scholarship** for college.
내 딸이 대학 전액 **장학금**을 받았다.

0016 · graduate
ⓥ [grǽʤuèit]
ⓝ [grǽʤuwət]

ⓥ 졸업하다　ⓝ 졸업생

He **graduated** from Oxford University last year.
그는 작년에 옥스퍼드 대학을 **졸업했다**.

a history **graduate**　역사 전공 **졸업생**

➕ graduation ⓝ 졸업(식)

♣ 학교 건물

0017 · auditorium
[ɔ̀:ditɔ́:riəm]

ⓝ 강당

The students gathered in the **auditorium**.
학생들이 **강당**에 모였다.

0018 · cafeteria
[kæ̀fətíriə]

ⓝ 구내식당

a school **cafeteria**　교내 식당

Josh went to the **cafeteria** to have lunch.
Josh는 점심을 먹으러 **구내식당**에 갔다.

0019 · gym
[ʤim]

ⓝ 체육관

I play basketball in the **gym** after school.
나는 방과 후에 **체육관**에서 농구를 한다.

★ '체육관'은 gymnasium, '체조'는 gymnastics이다. 두 단어 모두 gym으로
표기할 수 있다.

0020 · dormitory
[dɔ́:rmətɔ̀:ri]

ⓝ 기숙사

I lived in a **dormitory** in college.
나는 대학 시절에 **기숙사** 생활을 했다.

🔤 a building at a university where students can live

A 빈칸에 알맞은 우리말 뜻 또는 영어 단어를 써넣어 워드맵을 완성하시오.

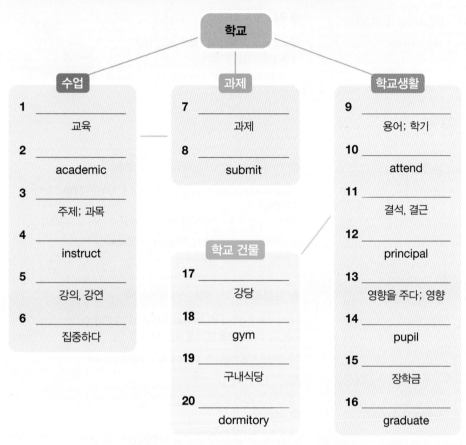

학교

수업
1 _____ 교육
2 _____ academic
3 _____ 주제; 과목
4 _____ instruct
5 _____ 강의, 강연
6 _____ 집중하다

과제
7 _____ 과제
8 _____ submit

학교생활
9 _____ 용어; 학기
10 _____ attend
11 _____ 결석, 결근
12 _____ principal
13 _____ 영향을 주다; 영향
14 _____ pupil
15 _____ 장학금
16 _____ graduate

학교 건물
17 _____ 강당
18 _____ gym
19 _____ 구내식당
20 _____ dormitory

B 우리말을 참고하여 어구 또는 문장을 완성하시오. (필요하면 단어 형태를 바꾸시오.)

1 secondary _____ 중등 교육

2 My daughter received a full _____ for college.
내 딸이 대학 전액 장학금을 받았다.

3 Peer pressure can _____ your thoughts and behaviors.
또래 압력은 여러분의 생각과 행동에 영향을 준다.

4 Please _____ your reports by this Friday.
이번 주 금요일까지 보고서를 제출해주세요.

5 Did you memorize all the _____ for the history quiz?
너는 역사 쪽지 시험에 나올 모든 용어들을 다 외웠니?

MP3 듣기

0021 • workplace

[wə́:rkplèis]

ⓝ 직장

My **workplace** is near city hall.
내 **직장**은 시청 근처에 있다.

✦ 취업

0022 • apply

[əplái]

ⓥ 1 지원하다; 신청하다 2 적용하다

I **applied** for so many jobs, but I haven't had any interviews.
나는 아주 많은 일자리에 **지원했지**만 면접은 한 번도 보지 못했다.

apply the system to the workplace
직장에 그 시스템을 **적용하다**

0023 • employ

[implɔ́i]

ⓥ 고용하다 ⊜ hire ⟷ fire 해고하다

I am very glad to be **employed** at this company.
나는 이 회사에 **고용된** 것에 매우 기쁘다.

💬 to pay someone to do a job (보수를 주고 일을 시키다)

✦ employment ⓝ 고용

0024 • employer

[implɔ́iər]

ⓝ 고용주

Do you know when our **employer** is going to pay us?
고용주가 언제 우리에게 임금을 지급할 것인지 알고 있나요?

0025 • employee

[implɔ́i:]

ⓝ 종업원, 직원, 고용인 ⊜ worker

hire an **employee** **종업원**을 고용하다
It is difficult to find hardworking **employees** these days.
요즘 열심히 일하는 **직원**을 찾는 것은 어렵다.

★ 동사 + -ee: 동사라는 행동이 가해지는(받는) 사람
　동사 + -er: 동사라는 행동을 하는 사람
　예) trainee(훈련 받는 사람), trainer(훈련하는 사람)
　　　interviewee(면접 받는 사람), interviewer(면접관)

0026 • commute

[kəmjú:t]

ⓥ 통근하다

I **commute** to Seoul by bus.
나는 버스를 타고 서울로 **통근한다**.

💬 to travel regularly between your home and workplace
　(집과 직장 사이를 정기적으로 다니다)

0027 • **wage**
[weidʒ]

ⓝ 임금 ⓔpay

the **wage** gap between the rich and poor 빈부 간의 **임금** 차이
Our **wages** are paid every other week on Monday.
우리 **임금**은 2주마다 월요일에 지급된다.

★ wage: 일을 시간 단위로 계산하여 주는 임금
   salary(봉급): 연간 정해진 임금을 매월 지급하는 월급

♣ 직장 생활

0028 • **task**
[tæsk]

ⓝ 업무, 일 ⓔjob

The goal of the **task** is to improve the system.
그 **업무**의 목표는 시스템을 향상시키는 것이다.

📖 work you have to do, especially something difficult

0029 • **department**
[dipáːrtmənt]

ⓝ 부서

I like working in the Sales **Department**.
나는 영업**부**에서 일하는 것이 좋다.

0030 • **staff**
[stæf]

ⓝ (전체) 직원 ⓔemployees

The hotel **staff** helped me find my lost phone.
호텔 **직원들**은 내 잃어버린 전화를 찾는 데 도움을 주었다.

0031 • **chief**
[tʃiːf]

ⓝ (조직 등의) 장, 우두머리 ⓔhead
ⓐ 1 최고위자인 2 주된

The police **chief** gave a special lecture at the school.
경찰서**장**이 학교에서 특별 강연을 했다.
chief nurse 수간호사
What was the **chief** cause of the accident?
그 사고의 **주된** 원인은 무엇이었나요?

0032 • **senior**
[síːnjər]

ⓝ 상급자 ⓐ 상급의, 고위의 ⓞjunior 하급자; 부하의

His **senior** at work is kind and humorous.
그의 직장 **상급자**는 친절하고 유머가 넘친다.
senior staff 상급 직원

0033 • **colleague**
[káːliːg]

ⓝ 동료 ⓔco-worker

My **colleagues** at the office work hard and play hard.
내 회사 **동료들**은 일도 노는 것도 열심히 한다.

0034 · cooperate
[kouάːpərèit]

ⓥ 협력하다　🟰 collaborate

We need to **cooperate** to finish this project.
우리는 이 프로젝트를 끝내기 위해서 **협력할** 필요가 있다.

➕ cooperation ⓝ 협력

[어원] co(함께) + operate(일하다) → 함께 일하다 → 협력하다

0035 · assist
[əsíst]

ⓥ 돕다　🟰 help

We will **assist** you in training new employees.
저희는 새 직원들을 훈련하는 데 **도움을 드릴** 것입니다.

➕ assistance ⓝ 도움

♣ 경력

0036 · career
[kəríər]

ⓝ 1 직업　2 경력

My mother started her **career** as a swimming instructor.
어머니는 수영 강사로 **일**을 시작하셨다.

a **career** in music　음악계에서의 **경력**

[영영] a job that someone does for a long period of time

0037 · promote
[prəmóut]

ⓥ 1 승진시키다　2 촉진하다

I was **promoted** after working for 10 years.
나는 10년 동안 일한 후 **승진했다**.

promote sales　판매를 **촉진하다**

0038 · professional
[prəféʃənl]

ⓝ 전문직 종사자　ⓐ 1 직업의　2 전문가의, 프로의

It takes time to become a **professional**.
전문직 종사자가 되려면 시간이 걸린다.

a **professional** soccer player　프로 축구 선수

0039 · expert
[ékspəːrt]

ⓝ 전문가

She is an **expert** on beauty and skin care.
그녀는 미용과 피부 관리에 **전문가**이다.

0040 · retire
[ritáiər]

ⓥ 은퇴하다

When I **retire**, I'm going to buy a house in Hawaii and surf all day.
나는 **은퇴하면** 하와이에 집을 사서 하루 종일 서핑을 할 것이다.

[영영] to stop and leave work at a certain age

➕ retirement ⓝ 은퇴

A 빈칸에 알맞은 우리말 뜻 또는 영어 단어를 써넣어 워드맵을 완성하시오.

1 _____
직장

취업

2 _____
apply

3 _____
고용하다

4 _____
employer

5 _____
종업원, 직원, 고용인

6 _____
wage

7 _____
통근하다

직장 생활

8 _____
부서

9 _____
task

10 _____
(전체) 직원

11 _____
colleague

12 _____
장, 우두머리

13 _____
senior

14 _____
돕다

15 _____
협력하다

경력

16 _____
career

17 _____
승진시키다

18 _____
expert

19 _____
전문직 종사자

20 _____
은퇴하다

B 우리말을 참고하여 문장을 완성하시오. (필요하면 단어 형태를 바꾸시오.)

1 I _____ to Seoul by bus.
나는 버스를 타고 서울로 통근한다.

2 I was _____ after working for 10 years.
나는 10년 동안 일한 후 승진했다.

3 We need to _____ to finish this project.
우리는 이 프로젝트를 끝내기 위해서 협력할 필요가 있다.

4 My _____ at the office work hard and play hard.
내 회사 동료들은 일도 노는 것도 열심히 한다.

5 Do you know when our _____ is going to pay us?
고용주가 언제 우리에게 임금을 지급할 것인지 알고 있나요?

MP3 듣기

0041 • occupation
[à:kjəpéiʃən]

ⓝ 직업 ⊟ job

She decided to change her **occupation** to become a writer.
그녀는 작가가 되기 위해 **직업**을 바꾸기로 결정했다.

★ occupation: 직업을 다소 격식 있게 표현할 때 씀
profession: 의사, 변호사처럼 특정한 전문 지식을 요하는 직업을 나타냄

✦ 정치·경제·우주·항공

0042 • politician
[pà:lətíʃən]

ⓝ 정치인

Politicians work to solve community problems.
정치인들은 지역사회 문제점들을 해결하기 위해 일한다.

✦ politics ⓝ 정치

0043 • officer
[ɔ́:fisər]

ⓝ 1 장교   2 (정부나 큰 조직의) 관리; 임원

a retired navy **officer** 퇴역한 해군 **장교**
Prison **officers** keep the prison safe.
교도**관**은 감옥을 안전하게 지킨다.

0044 • accountant
[əkáuntənt]

ⓝ 회계사

Accountants are very good with numbers.
회계사는 숫자(계산)에 매우 강하다.

🔤 someone whose job is to deal with the finances of a company (기업의 재정을 다루는 일을 하는 사람)

0045 • astronaut
[ǽstrənɔ̀:t]

ⓝ 우주 비행사

Astronauts have to train hard to walk in space.
우주 비행사들은 우주에서 걷기 위해서 열심히 훈련해야 한다.

0046 • pilot
[páilət]

ⓝ 조종사, 비행사

a fighter **pilot** 전투기 **조종사**
Amelia Earhart was the first female **pilot** to fly across the Atlantic Ocean.
어밀리아 에어하트는 대서양을 횡단 비행한 첫 여성 **비행사**였다.

✦ 방송·출판·예술

0047 • announcer
[ənáunsər]

ⓝ 아나운서, 방송 진행자

The **announcer** reported the news in a clear voice.
아나운서는 또렷한 목소리로 뉴스를 보도했다.

✦ announce ⓥ 발표하다; 방송하다

0048 • interpreter
[intə́:rprətər]

ⓝ 통역사

The president spoke through an **interpreter**.
대통령은 **통역사**를 통해 말했다.

✦ interpret ⓥ 해석하다; 통역하다

0049 • translator
[trænsléitər / trænzléitər]

ⓝ 번역가

Poems are the most difficult works to translate for **translators**.
시는 **번역가들**이 번역하기 제일 까다로운 작품이다.

✦ translate ⓥ 번역하다

0050 • musician
[mjuzíʃən]

ⓝ 음악가

Many **musicians** know how to play an instrument.
많은 **음악가들**은 악기 연주하는 법을 안다.

0051 • photographer
[fətá:grəfər]

ⓝ 사진작가

Photographers capture special moments in pictures.
사진작가들은 특별한 순간을 사진에 담는다.

0052 • director
[dəréktər / dairéktər]

ⓝ 1 책임자 ⊜ head   2 (영화·연극 등의) 감독

The **director** of education chose the textbooks for the school. 교육 **국장**은 그 학교의 교과서를 선정했다.

a movie **director**   영화**감독**

🔲 1 a person who manages a part of a company or an organization (기업이나 조직의 한 부분을 관리하는 사람)

✦ 기술·사무·영업

0053 • architect
[á:rkətèkt]

ⓝ 건축가

Gaudi was the famous **architect** who designed the Sagrada Familia.
가우디는 사그라다 파밀리아 성당을 설계한 유명한 **건축가**였다.

0054 · mechanic
[məkǽnik]

ⓝ (특히 차량 엔진) 정비공

I'm going to the **mechanic** to get my car fixed.
나는 자동차 수리를 받기 위해 **정비공**에게 가고 있다.

📖 a person who repairs machines, especially car engines

✚ mechanical ⓐ 기계로 작동되는

0055 · engineer
[èndʒəníər]

ⓝ 기사, 기술자; 공학자

a mechanical **engineer** 기계 **공학자**

The sound **engineer** checked the sound system before the recording.
음향 **기사**는 녹음 전에 음향 시스템을 점검했다.

📖 a person who designs or builds roads, systems, machines, etc.

0056 · librarian
[laibréəriən]

ⓝ (도서관의) 사서

The **librarian** helped me find the book for my project.
그 **사서**는 내가 프로젝트에 필요한 그 책을 찾는 것을 도와주었다.

0057 · receptionist
[risépʃənist]

ⓝ (호텔 · 회사 등의) 접수 담당자

The **receptionist** at the hotel helped us book a taxi to the airport.
호텔 **접수 담당자**는 우리가 공항까지 가는 택시를 예약하는 것을 도와주었다.

📖 a person who performs office tasks such as taking calls and receiving visitors (전화를 받거나 손님을 응대하는 일을 하는 사람)

0058 · secretary
[sékrətèri]

ⓝ 비서

Secretaries should have excellent computer skills.
비서들은 훌륭한 컴퓨터 사용 기술이 있어야 한다.

0059 · counselor
[káunsələr]

ⓝ 상담 전문가

a marriage **counselor** 결혼 **상담 전문가**

My guidance **counselor** helped me adjust to my new school.
상담 선생님은 내가 새 학교에 적응할 수 있도록 도와주셨다.

0060 · salesperson
[séilzpə̀:rsn]

ⓝ 판매원

Did you ask the **salesperson** if there was a smaller size for these shoes?
너는 **판매원**에게 이 신발의 더 작은 치수가 있는지 물어봤니?

Daily Check-up

PLAN 1

A 빈칸에 알맞은 우리말 뜻 또는 영어 단어를 써넣어 워드맵을 완성하시오.

1 _____
직업

정치 · 경제

2 _____
정치인

3 _____
officer

4 _____
회계사

우주 · 항공

5 _____
우주 비행사

6 _____
pilot

방송 · 출판 · 예술

7 _____
아나운서, 방송 진행자

8 _____
interpreter

9 _____
번역가

10 _____
photographer

11 _____
음악가

12 _____
책임자; 감독

기술 · 사무 · 영업

13 _____
architect

14 _____
기술자; 공학자

15 _____
mechanic

16 _____
접수 담당자

17 _____
(도서관의) 사서

18 _____
counselor

19 _____
비서

20 _____
판매원

B 우리말을 참고하여 어구 또는 문장을 완성하시오. (필요하면 단어 형태를 바꾸시오.)

1 a retired navy _____ 퇴역한 해군 장교

2 _____ work to solve community problems.
정치인들은 지역사회 문제점들을 해결하기 위해 일한다.

3 I'm going to the _____ to get my car fixed.
나는 자동차 수리를 받기 위해 정비공에게 가고 있다.

4 Poems are the most difficult works to translate for _____.
시는 번역가들이 번역하기 제일 까다로운 작품이다.

5 She decided to change her _____ to become a writer.
그녀는 작가가 되기 위해 직업을 바꾸기로 결정했다.

MP3 듣기

0061 • **communicate**
[kəmjúːnəkèit]

ⓥ 의사소통하다

Nowadays, people can easily **communicate** with people in other countries.
요즘에 사람들은 다른 나라에 사는 사람들과 쉽게 **의사소통할** 수 있다.

✚ communication ⓝ 의사소통

✚ 의사 전달

0062 • **message**
[mésidʒ]

ⓝ 메시지, 전갈

I got a text **message** from her.
나는 그녀에게서 문자 **메시지**를 받았다.

0063 • **mention**
[ménʃən]

ⓥ 언급하다 ⓝ 언급

She **mentioned** her work experience abroad during the interview.
그녀는 면접에서 해외 근무 경험을 **언급했다**.

He made no **mention** of the accident.
그는 그 사고에 대해 어떤 **언급**도 하지 않았다.

ⓥ to briefly talk or write about someone or something

0064 • **comment**
[kɑ́ːment]

ⓝ 논평, 의견 ⓥ 논평하다

The professor wrote a long **comment** on my paper.
교수님은 내 리포트에 긴 **평**을 쓰셨다.

He **commented** about the latest fashion trends.
그는 최신 패션 유행에 대해 **논평했다**.

0065 • **refer**
[rifə́ːr]

ⓥ 1 참조하다 2 언급하다

Please **refer** to our website for more details.
더 많은 자세한 사항은 저희 웹사이트를 **참조하세요**.

The teacher **referred** to famous people in the class.
선생님은 수업에서 유명인들을 **언급했다**.

0066 • **remark**
[rimɑ́ːrk]

ⓝ 발언 ⓥ 발언하다, 말하다

make a **remark** on the topic 그 주제에 대해 **발언하다**

He **remarked** on how dirty the playground was.
그는 놀이터가 얼마나 더러운지에 대해 **말했다**.

0067 • **summary**

[sʌ́məri]

ⓝ 요약, 개요

He told me a **summary** of the news.
그는 내게 그 뉴스의 **요약**을 말해주었다.

✤ 논쟁과 갈등

0068 • **controversy**

[kɑ́:ntrəvə̀:rsi]

ⓝ 논쟁, 논란   ⓔ argument

There was a **controversy** about where to build the library.
도서관을 어디에 지을지에 대한 **논쟁**이 있었다.

✤ controversial ⓐ 논란이 많은

0069 • **conflict**

ⓝ [kɑ́:nflikt]
ⓥ [kənflíkt]

ⓝ 갈등, 충돌   ⓐ agreement 동의   ⓥ 대립하다, 충돌하다

Their different opinions resulted in a **conflict**.
그들의 서로 다른 의견은 **갈등**으로 이어졌다.

My idea **conflicted** with the rest of my family's.
내 생각은 나머지 가족들의 생각과 **충돌했다**.

0070 • **against**

[əgénst]

ⓟ ~에 반대하여

The manager was **against** the idea of firing some of the employees.
매니저는 직원 일부를 해고하자는 생각에 **반대했다**.

0071 • **oppose**

[əpóuz]

ⓥ 반대하다

Many people **opposed** the idea of animal testing.
많은 사람들이 동물 실험 계획에 **반대했다**.

🗨 to be against an idea that is different from yours
(당신의 생각과 다른 생각에 반대하다)

0072 • **complain**

[kəmpléin]

ⓥ 불평하다, 항의하다

My neighbors **complained** about my children making noise. 내 이웃은 내 아이들이 시끄럽게 한다고 **불평했다**.

🔄 complain about ~ : ~에 대해 불평하다

0073 • **misunderstand**

[mìsʌndərstǽnd]
misunderstand-
misunderstood-
misunderstood

ⓥ 오해하다

Please don't **misunderstand** what I'm saying.
내가 얘기하는 걸 **오해하지** 말아줘.

✤ misunderstanding ⓝ 오해

✤ 갈등 해소

0074 • debate
[dibéit]

ⓝ 토론, 논쟁 ⓥ 토론하다, 논쟁하다

intense **debate** 격렬한 **논쟁**

She likes to **debate** issues with her friends.
그녀는 친구들과 쟁점에 대해 **토론하는** 것을 좋아한다.

0075 • negotiate
[nigóuʃièit]

ⓥ 협상하다

The police had to **negotiate** with the terrorists.
경찰은 테러리스트들과 **협상해야** 했다.

✤ negotiation ⓝ 협상, 교섭

0076 • consult
[kənsʌ́lt]

ⓥ 상담하다, 상의하다

Will you **consult** with me before making any important decisions?
중요한 결정을 내리기 전에 나와 **상의하겠니?**

Consult with a doctor before taking any drugs.
어떤 약이든 복용하기 전에 의사와 **상의하세요.**

0077 • admit
[ədmít]

ⓥ 인정하다, 시인하다 ⟷ deny 부인하다

Josh refused to **admit** that it was his mistake.
Josh는 그것이 자신의 실수였다고 **인정하기를** 거부했다.

0078 • respond
[rispɑ́:nd]

ⓥ 1 대답하다 2 대응하다

Please **respond** to the email if needed.
필요하면 이메일에 **답변 주세요.**

They discussed how to **respond** to the problem.
그들은 그 문제에 어떻게 **대응할지** 논의했다.

✤ response ⓝ 대답; 대응

0079 • apology
[əpɑ́:lədʒi]

ⓝ 사과

She accepted the **apology** with a smile.
그녀는 미소로 **사과를** 받아들였다.

✤ apologize ⓥ 사과하다

0080 • resolve
[rizɑ́:lv]

ⓥ 해결하다

They want to immediately **resolve** the matter.
그들은 그 문제를 즉시 **해결하길** 원한다.

🔍 to solve or settle a problem (문제를 풀거나 해결하다)

A 빈칸에 알맞은 우리말 뜻 또는 영어 단어를 써넣어 워드맵을 완성하시오.

1 _____
의사소통하다

의사 전달

2 _____
메시지, 전갈

3 _____
refer

4 _____
언급하다; 언급

5 _____
remark

6 _____
논평; 논평하다

7 _____
summary

논쟁과 갈등

8 _____
controversy

9 _____
갈등; 대립하다

10 _____
against

11 _____
반대하다

12 _____
complain

13 _____
오해하다

갈등 해소

14 _____
debate

15 _____
협상하다

16 _____
consult

17 _____
대답하다

18 _____
admit

19 _____
사과

20 _____
resolve

B 우리말을 참고하여 문장을 완성하시오. (필요하면 단어 형태를 바꾸시오.)

1 Please don't _____ what I'm saying.
내가 얘기하는 걸 오해하지 말아줘.

2 The police had to _____ with the terrorists.
경찰은 테러리스트들과 협상해야 했다.

3 She likes to _____ issues with her friends.
그녀는 친구들과 쟁점에 대해 토론하는 것을 좋아한다.

4 They want to immediately _____ the matter.
그들은 그 문제를 즉시 해결하길 원한다.

5 There was a _____ about where to build the library.
도서관을 어디에 지을지에 대한 논쟁이 있었다.

A 들려주는 영어 단어를 쓴 후 우리말 뜻을 쓰시오.

영단어	뜻	영단어	뜻
1		2	
3		4	
5		6	
7		8	
9		10	
11		12	
13		14	
15		16	
17		18	
19		20	

B 다음 영영 풀이에 해당하는 알맞은 단어를 골라 쓰시오.

보기   retire   accountant   resolve   mention   dormitory   task

1   to solve or settle a problem   _____

2   to stop and leave work at a certain age   _____

3   to briefly talk or write about someone or something   _____

4   a building at a university where students can live   _____

5   work you have to do, especially something difficult   _____

6   someone whose job is to deal with the finances of a company   _____

C 밑줄 친 단어의 동의어(=) 또는 반의어(↔)를 골라 쓰시오.

보기	deny	employees	fired	turn in

1 If you need help, please ask our <u>staff</u>. = _____

2 I forgot to <u>submit</u> my homework. = _____

3 You should <u>admit</u> your mistake. ↔ _____

4 She was <u>employed</u> as a shop manager. ↔ _____

D 다음을 읽고, 두 문장에 공통으로 들어갈 단어를 골라 쓰시오.

보기	graduate	debate	refer	comment

1 She is a recent _____ of Yale.

After I _____ from high school, I'll travel abroad.

2 My parents always _____ on what I'm wearing.

She only made bad _____s about the movie.

E 다음을 읽고, 빈칸에 알맞은 단어를 우리말을 참고하여 쓰시오.

1 My dad's love for soccer _____d me to enjoy sports.
우리 아빠의 축구 사랑은 내가 스포츠를 즐기는 것에 **영향을 주었다**.

2 The company decided to _____ with us.
그 회사는 우리와 **협력하기로** 결정했다.

3 It only takes me 10 minutes to _____ to work.
내가 회사까지 **통근하는 데** 10분밖에 걸리지 않는다.

4 It's hard to _____ on my studies with all this noise.
이 모든 소음 속에서 공부에 **집중하기가** 어렵다.

PLAN

2

가정생활

marriage 결혼; 결혼식
pregnant 임신한
relative 친척

routine 일상, 일과
sweep 쓸다
arrange 정리하다

가정

가사

가정
생활

음식

요리

frozen 냉동된
preserve 보존[저장]하다
flavor 풍미, 맛

ingredient 재료
stir 섞다, 젓다
simmer 끓이다

MP3 듣기

♣ 성장 과정

0081 • infant

[ínfənt]

ⓝ 유아, 젖먹이 ⓐ 유아의

Her youngest child was ill as an **infant**.
그녀의 가장 어린 자녀는 **젖먹이**일 때 아팠다.

infant seats 유아석

★ 갓 태어난 아기는 newborn이라고 하며, infant는 태어난 지 두 달에서 1년 정도 된 아기를 가리킨다. baby는 newborn, infant, toddler(아장아장 걷는 아기) 등 1~4세 사이의 모든 아이를 일컫는다.

0082 • childhood

[tʃáildhùd]

ⓝ 어린 시절

friends from **childhood** 죽마고우(어릴 때부터 같이 놀고 자란 친구)

In my early **childhood**, I was separated from my parents.
아주 **어린 시절**에 나는 부모님과 헤어져 살았다.

0083 • teenager

[tí:nèidʒər]

ⓝ 청소년, 십대

What were you like as a **teenager**?
당신은 **청소년**일 때 어땠나요?

0084 • adult

[ədʌ́lt / ǽdʌlt]

ⓝ 성인, 어른 ⓔgrown-up

Not all children become mature **adults**.
모든 아이들이 성숙한 **어른**이 되는 것은 아니다.

╋ adulthood ⓝ 성인(기)

0085 • elderly

[éldərli]

ⓐ 연세 드신 ⓔold ⟷young

an **elderly** couple 노부부

The **elderly** woman became pale after taking a walk.
연세 드신 부인은 산책 후 안색이 창백해졌다.

╋ the elderly 연세 드신 분들, 노인들
★ elderly는 old보다 정중하게 표현할 때 쓴다.

♣ 결혼

0086 • bride

[braid]

ⓝ 신부 ⟷bridegroom 신랑

The **bride** looked beautiful in her white wedding dress.
하얀 웨딩드레스를 입은 그 **신부**는 아름다워 보였다.

0087 · engaged
[ingéidʒd]

ⓐ 1 바쁜; ~하고 있는   2 **약혼한**

My older sister is **engaged** in a new project.
언니는 새로운 프로젝트를 하고 있다.

Janet is **engaged** to Sam.
Janet은 Sam과 **약혼한** 사이이다.

📖 1 busy with some activities

0088 · marriage
[mǽridʒ]

ⓝ 1 **결혼 (생활)**   2 **결혼식** 🟰wedding

Most couples dream of happy **marriages**.
대부분의 연인들은 행복한 **결혼 생활**을 꿈꾼다.

The **marriage** of the century took place in the palace.
세기의 **결혼식**이 궁전에서 거행되었다.

0089 · divorce
[divɔ́:rs]

ⓝ **이혼** ↔marriage   ⓥ **이혼하다**

My parents got a **divorce** when I was three years old.
내가 3살 때 우리 부모님은 **이혼**하셨다.

They agreed to **divorce**.   그들은 **이혼하기**로 합의했다.

✦ 출산과 양육

0090 · pregnant
[prégnənt]

ⓐ **임신한**

be five months **pregnant** **임신** 5개월이다
These are seats for **pregnant** women.
이곳은 **임신한** 여성들을 위한 자리이다.

0091 · give birth to

출산하다 🟰bear

She **gave birth to** healthy twins.
그녀는 건강한 쌍둥이를 **출산했다**.

0092 · feed
[fi:d]
feed-fed-fed

ⓥ **음식을 먹이다; 먹이를 주다**

I can't **feed** my baby now because he is about to fall
asleep. 아기가 막 잠이 들 것 같아서 지금 아기에게 **젖을 먹일** 수가 없다.

0093 · care for

1 **~를 돌보다[보살피다]**   2 **~을 좋아하다**

My grandparents **cared for** me when I was young.
내가 어렸을 때 조부모님이 나를 **돌봐주셨다**.

Do you **care for** classical music?
너는 클래식 음악을 **좋아하니**?

0094 · adopt
[ədάːpt]

ⓥ 1 입양하다 2 채택하다

I want to **adopt** this kitten before someone else does.
다른 사람이 이 새끼 고양이를 입양하기 전에 내가 **입양하고** 싶다.

adopt a new system 새 시스템을 **채택하다**

❖ 가족과 친척

0095 · relative
[rélətiv]

ⓝ 친척 ⓐ 비교상의; 상대적인

Our **relatives** come together during the holidays.
우리 **친척들**은 휴가 동안 모인다.

the **relative** advantages of the two plans
두 계획의 **상대적인** 장점들

🔲 ⓝ a family member, either from one's mom's or dad's side of the family

0096 · get along with

~와 잘 지내다

My family **gets along with** my relatives.
우리 가족은 친척들과 **잘 지낸다**.

0097 · relationship
[riléiʃənʃip]

ⓝ 관계

I have a close **relationship** with my cousins.
나는 사촌들과 친한 **관계**이다(친하게 지낸다).

0098 · nephew
[néfjuː]

ⓝ (남자) 조카

My **nephew** is taller than me.
내 **조카**는 나보다 키가 크다.

0099 · niece
[niːs]

ⓝ (여자) 조카

My **niece** always calls me by my nickname.
내 **조카**는 항상 내 별명으로 나를 부른다.

0100 · ancestor
[ǽnsestər]

ⓝ 조상 ↔ descendant 후손

My **ancestors** came to America in order to make their dreams come true.
우리 **조상들**은 그들의 꿈을 실현하기 위해서 미국으로 왔다.

🔲 an(먼저, 앞서) + cest(가다) + or(사람) → 먼저 간 사람 → 조상

Daily Check-up

PLAN 2

A 빈칸에 알맞은 우리말 뜻 또는 영어를 써넣어 워드맵을 완성하시오.

가정

성장 과정

1 _____ 유아; 유아의

2 _____ 어린 시절

3 _____ teenager

4 _____ 성인, 어른

5 _____ elderly

결혼

6 _____ 약혼한

7 _____ bride

8 _____ 결혼 (생활); 결혼식

9 _____ divorce

가족과 친척

15 _____ relative

16 _____ ~와 잘 지내다

17 _____ 관계

18 _____ niece

19 _____ (남자) 조카

20 _____ ancestor

출산과 양육

10 _____ 임신한

11 _____ give birth to

12 _____ ~를 돌보다

13 _____ feed

14 _____ 입양하다

B 우리말을 참고하여 어구 또는 문장을 완성하시오. (필요하면 단어 형태를 바꾸시오.)

1 an _____ couple 노부부

2 She _____ healthy twins.
그녀는 건강한 쌍둥이를 출산했다.

3 In my early _____, I was separated from my parents.
아주 어린 시절에 나는 부모님과 헤어져 살았다.

4 The _____ looked beautiful in her white wedding dress.
하얀 웨딩드레스를 입은 그 신부는 아름다워 보였다.

5 I want to _____ this kitten before someone else does.
다른 사람이 이 새끼 고양이를 입양하기 전에 내가 입양하고 싶다.

MP3 듣기

0101 • housework
[háuswə̀rk]

ⓝ 가사, 집안일

There is a lot of **housework** to be done before the party. 파티 전까지 해야 할 **집안일**이 많다.

↻ do (the) housework 집안일을 하다

♣ 일상

0102 • routine
[ru:tí:n]

ⓝ (판에 박힌) 일상, 일과   ⓐ 일상적인, 판에 박힌

a daily **routine** **일상**(매일 똑같이 하는 일)
Cleaning the home is a **routine** job.
집 청소는 **일상적인** 일이다.

🔊 ⓝ a task or job that a person does every day

0103 • chore
[tʃɔ:r]

ⓝ (정기적으로 하는) 일, 허드렛일

household [domestic] **chores** 집안일
Each child has a list of **chores** to do every week.
각 아이는 매주 해야 할 **일** 목록이 있다.

0104 • make one's bed

잠자리를 정돈하다

I **make my bed** right after I get out of bed.
나는 침대에서 일어나자마자 바로 **잠자리를 정돈한다**.

0105 • set the table

상을 차리다

She broke the wine glass while **setting the table**.
그녀는 **상을 차리다가** 와인 잔을 깼다.

0106 • do the dishes

설거지하다

Doing the dishes is never fun.
설거지를 하는 것은 결코 즐겁지 않다.

0107 • laundry
[lɔ́:ndri]

ⓝ 세탁물; 세탁

fold the **laundry** 빨래를 개다
Separate the colored clothes from the whites when doing the **laundry**.
빨래를 할 때는 색깔 있는 옷과 하얀 옷을 분리하세요.

★ laundry는 빨아야 할 세탁물과 방금 빤 빨래 모두를 뜻한다.

PLAN 2

0108 • iron
[áiərn]

ⓝ 다리미　ⓥ 다리미질을 하다

a steam **iron** 스팀 다리미
I need to **iron** this shirt for the meeting.
나는 회의를 위해 이 셔츠를 **다리미질해야** 한다.

♣ 청소

0109 • dust
[dʌst]

ⓝ 먼지　ⓥ (손이나 솔로) 먼지를 털다

I am allergic to fine **dust**, so I have to wear a mask.
나는 미세 **먼지**에 알레르기가 있어서 마스크를 착용해야 한다.

Be careful when you **dust** those vases.
저 화병들에 쌓인 **먼지를 털** 때는 조심하세요.

🔖 ⓝ very small pieces of dirt on a surface or in the air
　　(표면이나 공기 중에 있는 아주 작은 먼지)

0110 • broom
[bru:m]

ⓝ 빗자루

He picked up the **broom** to clean the floor.
그는 바닥을 청소하기 위해서 **빗자루**를 들었다.

0111 • sweep
[swi:p]
sweep-swept-swept

ⓥ (빗자루 또는 손으로) 쓸다

One of my morning routines is **sweeping** the floor.
나의 아침 일과 중 하나는 바닥을 **쓰는** 것이다.

0112 • scrub
[skrʌb]

ⓥ (보통 비눗물과 솔로) 문질러 청소하다

I had to **scrub** the floor all day long as punishment.
나는 벌로 하루 종일 바닥을 **문질러 청소해야**만 했다.

0113 • wipe
[waip]

ⓥ (천·수건 등으로) 닦다

Could you **wipe** the table, please?
식탁 좀 **닦아주시겠어요**?

Please **wipe** your mouth with this napkin.
이 냅킨으로 당신의 입을 **닦으세요**.

0114 • vacuum
[vǽkjuəm]

ⓝ 진공청소기　ⓥ 진공청소기로 청소하다

I bought a new **vacuum** for my new house.
나는 새집을 위해 새 **진공청소기**를 샀다.

This carpet needs to be **vacuumed** every day.
이 카펫은 매일 **진공청소기로 청소해야** 한다.

0115 • **polish**
[páliʃ]

ⓥ 닦다, 윤을 내다

My dad spent the afternoon **polishing** his car.
아빠는 오후를 차를 **닦는** 데 보냈다.

♣ 정리 정돈

0116 • **messy**
[mési]

ⓐ 지저분한, 어질러진　ⓔ dirty

a **messy** room 지저분한 방

Nobody wants to live in a **messy** house.
그 누구도 **지저분한** 집에서 살고 싶어 하지 않는다.

＋ mess ⓝ 엉망진창

0117 • **tidy**
[táidi]

ⓐ 깔끔한, 잘 정돈된　ⓔ neat　ⓥ 정리[정돈]하다

Alex always tries to keep his house **tidy**.
Alex는 항상 자신의 집을 **깔끔하게** 유지하려고 노력한다.

tidy up a desk 책상을 **정돈하다**

0118 • **arrange**
[əréindʒ]

ⓥ 1 정리하다, 배열하다　2 준비하다

Arrange the books in alphabetical order.
책을 알파벳순으로 **정리하세요**.

arrange a meeting 회의를 **준비하다**

🔲 1 to put something in order or in place
　　(어떤 것을 순서대로 또는 제자리에 두다)

＋ arrangement ⓝ 정리, 배열

0119 • **mend**
[mend]

ⓥ 수리하다, 고치다　ⓔ repair, fix

He spent a lot of time **mending** the roof.
그는 지붕을 **고치는** 데 많은 시간을 보냈다.

The tailor **mended** the gentleman's suit precisely.
재단사는 신사의 양복을 꼼꼼하게 **고쳤다**.

★ 고장 나거나 찢어지거나 잘 작동이 안 되는 것을 고칠 때 영국 영어에서는
mend, 미국 영어에서는 repair, fix를 주로 쓴다.

0120 • **throw away**

(더 이상 필요 없는 것을) 버리다

Don't **throw away** the trash now. I'll handle it.
지금 쓰레기를 **버리지** 마세요. 제가 처리할게요.

Daily Check-up

A 빈칸에 알맞은 우리말 뜻 또는 영어를 써넣어 워드맵을 완성하시오.

1 _____
housework

일상

2 _____
일상; 일상적인

3 _____
일, 허드렛일

4 _____
make one's bed

5 _____
상을 차리다

6 _____
do the dishes

7 _____
세탁물; 세탁

8 _____
iron

청소

9 _____
진공청소기

10 _____
dust

11 _____
문질러 청소하다

12 _____
broom

13 _____
쓸다

14 _____
wipe

15 _____
닦다, 윤을 내다

정리 정돈

16 _____
messy

17 _____
정리[배열]하다

18 _____
깔끔한; 정리하다

19 _____
mend

20 _____
버리다

B 우리말을 참고하여 문장을 완성하시오. (필요하면 단어 형태를 바꾸시오.)

1 _____ is never fun.
설거지를 하는 것은 결코 즐겁지 않다.

2 Cleaning the home is a _____ job.
집 청소는 일상적인 일이다.

3 This carpet needs to be _____ every day.
이 카펫은 매일 진공청소기로 청소해야 한다.

4 Nobody wants to live in a _____ house.
그 누구도 지저분한 집에서 살고 싶어 하지 않는다.

5 I _____ right after I get out of bed.
나는 침대에서 일어나자마자 바로 잠자리를 정돈한다.

MP3 듣기

♣ 식사

0121 • meal
[mi:l]

ⓝ 식사

miss [skip] a **meal** 끼니를 거르다

What about going out for a **meal** this evening?
오늘 저녁에 **식사**하러 나가는 게 어때요?

0122 • fancy
[fǽnsi]

ⓐ 1 화려한 2 고급의; 일류의

He prepared a **fancy** cake for his wife's birthday.
그는 아내의 생일을 위해 **화려한** 케이크를 준비했다.

We enjoyed our dinner at a **fancy** restaurant.
우리는 **고급** 레스토랑에서 저녁 식사를 즐겼다.

0123 • cuisine
[kwizíːn]

ⓝ 1 요리법 2 (비싼 식당의) 요리

traditional **cuisine** 전통 요리법

A three-course meal is typical in French **cuisine**.
3코스 식사는 프랑스 **요리**에서 일반적이다.

0124 • digest
[dàidʒést]

ⓥ 소화하다, 소화시키다

Many adults around the world can't **digest** milk well.
전 세계의 많은 성인들이 우유를 잘 **소화시키지** 못한다.

＋ digestion ⓝ 소화

[어원] di(떨어져) + gest(옮기다) → 따로 떨어져 분해하여 옮기다 → 소화하다

0125 • vegetarian
[vèdʒətériən]

ⓝ 채식주의자 ⓐ 채식주의(자)의

It's hard to be a **vegetarian** if you love meat.
고기를 좋아한다면 **채식주의자**가 되기 어렵다.

a **vegetarian** diet 채식주의 식단

[영영] a person who does not eat meat or fish

0126 • dairy
[déri / déəri]

ⓐ 1 유제품의 2 낙농(업)의

Some people don't know that ice cream is a **dairy** product.
어떤 사람들은 아이스크림이 **유제품**이라는 것을 모르고 있다.

dairy farm 낙농장

0127 • beverage

[bévəridʒ]

ⓝ (물 외의) 음료 ⊟ drink

Don't forget to order a cold **beverage**.
차가운 **음료** 한 잔 주문하는 것 잊지 말아줘.

♣ 음식의 상태

0128 • frozen

[fróuzn]

ⓐ 냉동된

Frozen yogurt is one of my favorite desserts.
얼린 요구르트는 내가 아주 좋아하는 후식 중 하나이다.

✚ freeze ⓥ 얼다; 냉동하다

0129 • instant

[ínstənt]

ⓐ 1 즉각적인   2 (식품이) **인스턴트의**   ⓝ 순간

The restaurant was an **instant** success.
그 식당은 **즉각적인** 성공을 거두었다.

Many people enjoy **instant** coffee after a meal.
많은 사람이 식후에 **인스턴트**커피를 즐긴다.

For an **instant**, I was really scared.   **일순간** 나는 정말 무서웠다.

0130 • processed

[prá:sest]

ⓐ 가공된, 가공 처리한

Consuming **processed** foods can cause cancer.
가공 식품 섭취는 암을 유발할 수 있다.

✚ process ⓥ 가공하다 ⓝ 과정

0131 • raw

[rɔ:]

ⓐ 익히지 않은, 날것의

Raw fish is used to make sushi.
스시를 만드는 데 **날생선을** 사용한다.

0132 • rare

[reər]

ⓐ 1 드문   2 (고기가) **살짝 익힌**

It is **rare** to see an Italian restaurant in this village.
이 마을에서는 이탈리아 식당을 보기가 **힘들다**.

Steak lovers prefer their steak **rare**.
스테이크 애호가들은 **살짝 익힌** 스테이크를 선호한다.

★ cf. medium 중간 정도 구운, well-done 완전히 익힌

0133 • leftover

[léftoùvər]

ⓐ 먹다 남은   ⓝ (복수로) 나머지; 남은 음식

eat **leftover** pizza   **먹다 남은** 피자를 먹다

Let's make a soup with the **leftovers** before they go bad.
남은 음식이 상하기 전에 국을 만들자.

0134 • rotten
[rά:tn]

ⓐ 썩은, 부패한 ⊜ decayed ⟷ fresh 신선한

If you eat **rotten** food, you can get food poisoning.
부패한 음식을 먹으면 식중독에 걸릴 수 있다.

♣ 음식 보관·영양

0135 • container
[kəntéinər]

ⓝ 용기, 그릇

Put the leftovers in an airtight **container**.
남은 음식을 밀폐 **용기**에 담아주세요.

▦ a box or bottle used for storing something

0136 • package
[pǽkidʒ]

ⓝ (포장용) 상자, 봉지 ⓥ 포장하다

a **package** of frozen strawberries 냉동 딸기 한 **봉지**
Please **package** the products carefully.
조심히 그 상품들을 **포장해주세요**.

0137 • refrigerator
[rifrídʒərèitər]

ⓝ 냉장고 ⊜ fridge

Please store all the fruit in the **refrigerator** except for
the bananas.
바나나를 제외한 모든 과일은 **냉장고**에 보관하세요.

0138 • preserve
[prizə́:rv]

ⓥ 1 보존하다 2 저장하다 ⓝ 설탕 절임, 잼

preserve the environment 환경을 **보존하다**
People used salt to **preserve** food.
사람들은 음식을 **보존[저장]하기** 위해 소금을 사용했다.
mango **preserves** 망고 **잼**

✤ preservation ⓝ 보존; 저장

0139 • flavor
[fléivər]

ⓝ 풍미, 맛 ⊜ taste

a sweet / spicy **flavor** 단/매운**맛**
The ice cream shop is famous for its 45 **flavors**.
그 아이스크림 가게는 45가지의 **맛**으로 유명하다.

0140 • nutrition
[nutríʃən]

ⓝ 영양; 영양물

Did you check the **nutrition** label on the bag of chips?
너는 과자 봉지에 적힌 식품 **영양** 라벨을 확인했니?

✤ nutritious ⓐ 영양가가 높은

Daily Check-up

A 빈칸에 알맞은 우리말 뜻 또는 영어 단어를 써넣어 워드맵을 완성하시오.

음식

식사

1 _____ 식사

2 _____ cuisine

3 _____ 화려한; 고급의

4 _____ 채식주의자

5 _____ beverage

6 _____ 유제품의

7 _____ digest

음식의 상태

8 _____ frozen

9 _____ 가공된

10 _____ 즉각적인; 인스턴트의

11 _____ raw

12 _____ 드문; 살짝 익힌

13 _____ rotten

14 _____ 남은 음식

음식 보관·영양

15 _____ 냉장고

16 _____ container

17 _____ 상자; 포장하다

18 _____ 보존하다; 잼

19 _____ flavor

20 _____ 영양; 영양물

B 우리말을 참고하여 문장을 완성하시오. (필요하면 단어 형태를 바꾸시오.)

1 Don't forget to order a cold _____.
차가운 음료 한 잔 주문하는 것 잊지 말아줘.

2 People used salt to _____ food.
사람들은 음식을 보존하기 위해 소금을 사용했다.

3 Consuming _____ foods can cause cancer.
가공 식품 섭취는 암을 유발할 수 있다.

4 Many adults around the world can't _____ milk well.
전 세계의 많은 성인들이 우유를 잘 소화시키지 못한다.

5 The ice cream shop is famous for its 45 _____.
그 아이스크림 가게는 45가지의 맛으로 유명하다.

MP3 듣기

✤ 재료 준비

0141 • **ingredient**
[ingrí:diənt]

🇳 (요리의) 재료

the basic **ingredients** of chicken salad
치킨 샐러드의 기본 **재료들**

Instant ramen is packaged with ready-made **ingredients**.
인스턴트 라면은 이미 만들어진 **재료**로 포장되어 있다.

0142 • **measure**
[méʒər]

🇻 측정하다

Measure a half cup of milk and put it in the bowl.
우유 반 컵을 **측정해서** 그릇에 넣으세요.

✤ measurement 🇳 측정, 측량

0143 • **peel**
[pi:l]

🇻 껍질을 벗기다　🇳 (과일·채소 등의) 껍질

Peel the potatoes and cut them in half.
감자 **껍질을 벗기고** 반으로 자르세요.

Be careful of the banana **peel**.
바나나 **껍질을** 조심하세요.

0144 • **slice**
[slais]

🇳 얇은 조각　= piece　🇻 얇게 썰다

a **slice** of cheese　치즈 한 **조각**

Slice the onions and put them into the salad.　양파를 **얇게 썰어서** 샐러드에 넣어주세요.

0145 • **chop**
[tʃɑ:p]

🇻 (토막으로) 썰다　= cut

You need to **chop** the meat into small cubes.
고기를 작은 네모 모양으로 **썰어야** 한다.

✤ 조리 과정

0146 • **pour**
[pɔ:r]

🇻 붓다, 따르다

Pour the sauce into a pan and keep it warm over low heat.　소스를 팬에 **붓고** 약한 불로 식지 않게 하세요.

★ pour: 어떤 목적을 가지고 물이나 음료 등을 따라주는 것
spill(흘리다): 뜻하지 않게 사고로 물이나 음료 등을 따라주면서 흘리는 것

PLAN 2

0147 • mix
[miks]

Ⓥ 섞다, 혼합하다

Mix milk with bananas for breakfast.
아침 식사로 우유와 바나나를 **섞으세요.**

Mix red with white if you need to use a pink color.
분홍색을 사용해야 한다면 빨간색과 하얀색을 **혼합하세요.**

0148 • blend
[blend]

Ⓥ 섞다, 혼합하다

Don't **blend** an egg into the red pasta sauce I made.
내가 만든 빨간 파스타 소스에 계란을 **섞지 마.**

➕ blender ⓝ 믹서기

★ mix는 음식과 재료뿐 아니라 색깔, 감정 등에도 사용하며, blend는 요리와 관련해서 재료 등을 섞을 때 mix 보다 좀 더 완전히 섞는 것을 의미한다.

0149 • stir
[stəːr]

Ⓥ (저어 가며) 섞다, 젓다

Stir the ice cubes carefully since the glass is fragile.
유리컵이 깨지기 쉽기 때문에 얼음 조각을 조심히 **저어주세요.**

🔤 to mix liquids or food with a spoon or other objects

0150 • grind
[graind]

Ⓥ 갈다, 빻다　⊜ crush

Please **grind** these coffee beans for me.
저에게 이 커피콩을 **갈아주세요.**

0151 • mash
[mæʃ]

Ⓥ (음식을) 으깨다, 짓이기다

Mash the potatoes and then mix in the butter.
감자를 **으깬** 다음 버터를 넣고 섞어라.

★ mashed potatoes 으깬 감자

0152 • add
[æd]

Ⓥ 1 추가하다　2 (수·양을) 더하다

Add some more spices to the beef if you want.
원하면 소고기에 향신료를 좀 더 **추가하세요.**

If you **add** 9 to 21, you get 30.　21에 9를 **더하면** 30이 된다.

✦ 조리 방법

0153 • simmer
[símər]

Ⓥ (부글부글 계속) 끓이다

Simmer the turkey in the pan for over 5 hours.
냄비에 칠면조를 5시간 이상 **계속 끓이세요.**

🔤 to boil gently on low heat for a long period of time
(오랜 시간 동안 약한 불에 은근히 끓이다)

0154 • **grill**
[gril]

ⓝ 석쇠　ⓥ 석쇠에 굽다

outdoor **grill** 야외용 **석쇠**

Grilled chicken is my mom's favorite dish.
석쇠에 구운 닭고기는 엄마가 제일 좋아하시는 요리이다.

0155 • **roast**
[roust]

ⓥ 굽다　ⓐ 구운

Let's **roast** a lamb for our special guests tomorrow.
내일 특별한 손님들을 위해 양고기를 **구웁시다**.

roast beef **구운** 소고기(소고기 구이)

★ roast는 고기나 생선 등을 오븐이나 불 위에 굽는 것을 뜻한다.

0156 • **bake**
[beik]

ⓥ 굽다

I usually **bake** a lot of cookies for Christmas parties.
나는 보통 크리스마스 파티를 위해 많은 쿠키를 **굽는다**.

🔲 to make food such as bread and cake by using an oven
（빵이나 케이크와 같은 음식을 오븐을 이용해서 만들다）

0157 • **steam**
[sti:m]

ⓥ 찌다　ⓝ 김, 증기

Steam some vegetables to serve with the steak.
스테이크에 곁들일 채소를 좀 **찌세요**.

Be careful of the **steam** when you remove the lid.
뚜껑을 열 때 **증기**를 조심하세요.

0158 • **seasoning**
[síːzəniŋ]

ⓝ 양념, 조미료

Do you want me to add more **seasonings** to this dish?
이 요리에 **양념**을 더 추가할까요?

🔲 salt, pepper, spices, etc. used in cooking to add flavors
（풍미를 더하기 위해 요리에 사용되는 소금, 후추, 향신료 등）

0159 • **carve**
[ka:rv]

ⓥ 1 조각하다, 새기다　2 (요리된 고기를) 썰다

The statue is **carved** out of olive wood.
동상은 올리브 나무로 **조각되어** 있다.

Would you like me to **carve** the roast chicken?
제가 구운 닭을 **썰어도** 될까요?

0160 • **decorate**
[dékərèit]

ⓥ 장식하다

I want to **decorate** my birthday cake with flowers.
내 생일 케이크를 꽃으로 **장식하고** 싶다.

➕ decoration ⓝ 장식(품)

A 빈칸에 알맞은 우리말 뜻 또는 영어 단어를 써넣어 워드맵을 완성하시오.

요리

재료 준비

1 _____
재료

2 _____
측정하다

3 _____
chop

4 _____
껍질을 벗기다; 껍질

5 _____
slice

조리 과정

6 _____
pour

7 m_____
혼합하다

8 _____
blend

9 _____
갈다, 빻다

10 _____
add

11 _____
섞다, 젓다

12 _____
mash

조리 방법

13 _____
(부글부글 계속) 끓이다

14 _____
roast

15 _____
석쇠에 굽다

16 _____
bake

17 _____
찌다; 김, 증기

18 _____
seasoning

19 _____
장식하다

20 _____
조각하다; 썰다

B 우리말을 참고하여 문장을 완성하시오. (필요하면 단어 형태를 바꾸시오.)

1 Please _____ these coffee beans for me.
저에게 이 커피콩을 갈아주세요.

2 _____ the turkey in the pan for over 5 hours.
냄비에 칠면조를 5시간 이상 계속 끓이세요.

3 _____ a half cup of milk and put it in the bowl.
우유 반 컵을 측정해서 그릇에 넣으세요.

4 I usually _____ a lot of cookies for Christmas parties.
나는 보통 크리스마스 파티를 위해 많은 쿠키를 굽는다.

5 Do you want me to add more _____ to this dish?
이 요리에 양념을 더 추가할까요?

Review Test

A 들려주는 영어 단어와 어구를 쓴 후 우리말 뜻을 쓰시오.

영단어	뜻	영단어	뜻
1		**2**	
3		**4**	
5		**6**	
7		**8**	
9		**10**	
11		**12**	
13		**14**	
15		**16**	
17		**18**	
19		**20**	

B 다음 영영 풀이에 해당하는 알맞은 단어를 골라 쓰시오.

보기   arrange   routine   vegetarian   relative   simmer   container

1 a person who does not eat meat or fish   _____

2 to put something in order or in place   _____

3 a task or job that a person does every day   _____

4 a box or bottle used for storing something   _____

5 to boil gently on low heat for a long period of time   _____

6 a family member, either from one's mom's or dad's side of the family   _____

C 밑줄 친 단어의 동의어(=) 또는 반의어(↔)를 골라 쓰시오.

> 보기　　　　dirty　fresh　neat　divorce

1 Her room is always <u>tidy</u> and clean.　　　　= _____

2 My mom can't stand to see my <u>messy</u> room.　= _____

3 His <u>marriage</u> lasted for only a year.　　　↔ _____

4 Check if they are <u>rotten</u> before you cook.　↔ _____

D 다음을 읽고, 빈칸에 알맞은 단어를 우리말을 참고하여 쓰시오.

1 My brother wanted to _____ a puppy.
내 남동생은 강아지를 **입양하고** 싶어 했다.

2 The _____ couple sat down on a bench.
노부부는 벤치에 앉았다.

3 I need to have my pants _____ed before wearing them.
나는 내 바지를 입기 전에 **수선해야** 한다.

4 I receive my allowance if I do my household c_____s.
집안일을 하면 나는 용돈을 받는다.

E 다음을 읽고, 빈칸에 들어갈 말을 골라 문장을 완성하시오.

> 보기　　　carve　polish　engaged　mash

1 You'll need to _____ your shoes before going out.

2 My father will _____ the meat into slices.

3 _____ the potatoes and then add milk and butter.

4 Being _____ means that they're going to get married.

✿ 예문에서 뽑은 최중요 핵심 표현

핵심 표현 다시 점검하며 빈칸 완성해 보기

1 **concentrate on** ～에 집중하다

I need to _____ my studies.
나는 공부에 **집중해야** 한다.

2 **graduate from** ～을 졸업하다

He _____ Oxford University last year.
그는 작년에 옥스퍼드 대학을 **졸업했다**.

3 **apply for** ～에 지원하다

I _____ so many jobs.
나는 아주 많은 일자리에 **지원했다**.

4 **be good with** ～을 잘 다루다, ～에 강하다

Accountants _____ numbers.
회계사는 숫자(계산)에 **강하다**.

5 **adjust to** ～에 적응하다

My guidance counselor helped me _____
my new school.
상담 선생님은 내가 새 학교에 **적응할** 수 있도록 도와주셨다.

6 **refer to** ～을 참조하다

Please _____ our website for more details.
더 많은 자세한 사항은 저희 웹사이트를 **참조하세요**.

7 **result in** ～으로 이어지다

Their different opinions _____ a conflict.
그들의 서로 다른 의견은 갈등으로 **이어졌다**.

8 take place

(계획된 일이) 일어나다, 개최되다

The marriage _____ in the palace.
결혼식이 궁전에서 **거행되었다**.

9 be about to

막 ~하려는 참이다, ~하려고 하다

My baby _____ fall asleep.
내 아기가 **막** 잠이 들려고 **한다**.

10 come true

이루어지다, 실현되다

My ancestors made their dreams _____.
우리 조상들은 자신들의 꿈을 **실현시켰다**.

✿ 발음이나 철자가 유사한 혼동어

0033 **colleague** [kάli:g] ⓝ 동료 | **college** [kάlidʒ] ⓝ 대학, 전문학교

★ 철자가 비슷해 보이는 두 단어의 뜻과 발음 차이에 유의하자.

0103 **chore** [tʃɔːr] ⓝ 일, 허드렛일 | **shore** [ʃɔːr] ⓝ 바닷가, 해변

★ 철자는 비슷하지만 ch, sh 발음 차이와 단어의 뜻 차이를 유의하자.

0131 **raw** [rɔː] ⓐ 익히지 않은, 날것의 | **law** [lɔː] ⓝ 법 | **row** [rou] ⓝ 열, 줄

★ 유사해 보이는 세 단어의 철자, 발음, 뜻 차이에 유의하자.

0146 **pour** [pɔːr] ⓥ 붓다, 따르다 | **poor** [puər/pɔːr] ⓐ 가난한

★ 철자와 발음이 비슷한 두 단어의 뜻 차이에 유의하자.

정답 1 concentrate on 2 graduated from 3 applied for 4 are good with 5 adjust to 6 refer to
7 resulted in 8 took place 9 is about to 10 come true

PLAN
3

신체 활동

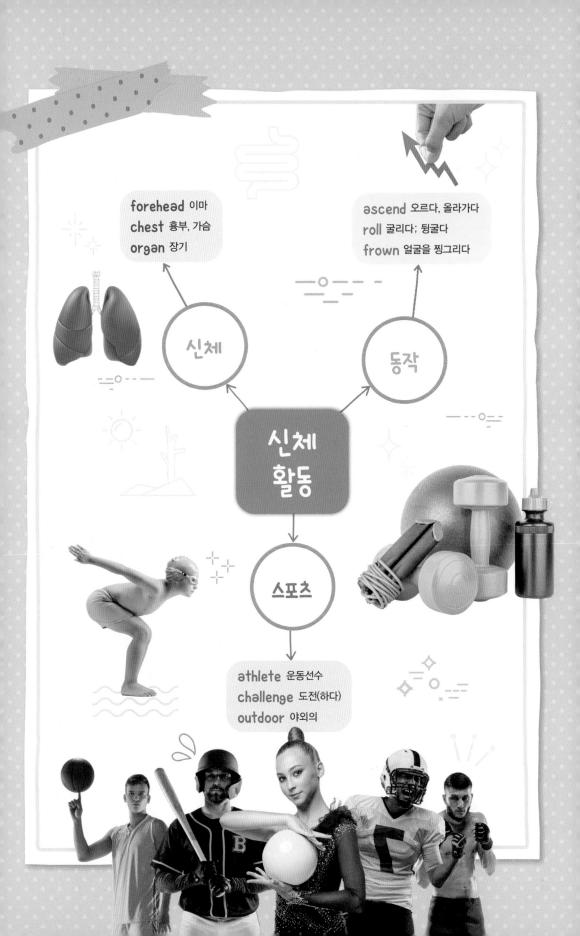

forehead 이마
chest 흉부, 가슴
organ 장기

ascend 오르다, 올라가다
roll 굴리다; 뒹굴다
frown 얼굴을 찡그리다

신체

동작

신체
활동

스포츠

athlete 운동선수
challenge 도전(하다)
outdoor 야외의

MP3 듣기

✤ 머리·얼굴

0161 • skull

[skʌl]

ⓝ 두개골; 머리

A Neanderthal **skull** is different from that of modern humans.
네안데르탈인의 **두개골**은 현재 인류의 두개골과 다르다.

📖 the bones that form one's head and face
(머리와 얼굴을 형성하는 뼈)

0162 • forehead

[fɔ́ərhèd]

ⓝ 이마

Harry Potter is famous for the scar on his **forehead**.
해리 포터는 **이마**에 있는 흉터로 유명하다.

📖 the widest part of the face above the eyebrows
(눈썹 위에 얼굴의 가장 넓은 부분)

0163 • eyebrow

[áibràu]

ⓝ 눈썹

raise an **eyebrow** (놀람·의심으로) **눈썹**을 치켜 올리다

I can move my **eyebrows** like a worm.
나는 내 **눈썹**을 지렁이처럼 움직일 수 있다.

0164 • cheek

[tʃiːk]

ⓝ 볼, 뺨

rosy **cheeks** 장밋빛[붉은] 뺨

She kissed her dad on the **cheek**.
그녀는 아빠의 **볼**에 키스했다.

0165 • chin

[tʃin]

ⓝ 턱

double **chin** 이중 **턱**

Look on the bright side and keep your **chin** up.
밝은 면만 보고 기운 내(턱을 들어).

↪ (keep your) chin up: '기운 내', '용기를 내'라고 말할 때 쓰는 표현으로 Chin up!으로도 쓸 수 있다.

0166 • gum

[gʌm]

ⓝ (주로 복수로) 잇몸

gum disease 잇몸병

Brush your **gums** when you brush your teeth.
이를 닦을 때 **잇몸**도 닦아라.

PLAN 3

0167 • **tongue**
[tʌŋ]

ⓝ 1 혀　2 언어

Don't stick out your **tongue**. 혀를 내밀지 마.

mother **tongue** 모국어

0168 • **throat**
[θrout]

ⓝ 목구멍, 목

clear one's **throat** 목을 가다듬다, 헛기침을 하다

My **throat** feels dry every morning in the winter.
겨울에 내 **목**은 아침마다 건조하다.

✦ 몸

0169 • **chest**
[tʃest]

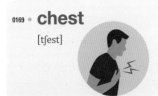

ⓝ 흉부, 가슴

I have been having **chest** pains since after the fire.
화재 이후로 나는 **흉부** 통증을 계속 앓고 있다.

📖 the front of the body between the neck and the waist

0170 • **breast**
[brest]

ⓝ 가슴, 유방

breast cancer 유방암

Breast milk is the best food to help your baby grow.
모유는 아기의 성장을 돕는 최고의 음식이다.

🔁 breast milk 모유

0171 • **buttock**
[bʌtək]

ⓝ (주로 복수로) 엉덩이

The birthmark on my **buttocks** disappeared when I grew older.
내 **엉덩이**에 있는 반점은 나이가 들자 없어졌다.

0172 • **thigh**
[θai]

ⓝ 허벅지

Exercising my inner **thighs** is so hard.
허벅지 안쪽을 운동하는 것은 매우 힘들다.

0173 • **knee**
[ni:]

ⓝ 무릎

Did you hurt your **knee** when you fell down?
네가 넘어졌을 때 **무릎**을 다쳤니?

He fell to his **knees** and cried for joy.
그는 **무릎**을 꿇고 기쁨의 눈물을 흘렸다.

🔁 fall to one's knees 무릎을 꿇다

0174 ● muscle
[mʌ́səl]

ⓝ 근육

Physical exercise will develop **muscles**.
신체 운동은 **근육**을 발달시킬 것이다.

➕ muscular ⓐ 근육의; 근육질의

0175 ● palm
[pɑːm]

ⓝ 손바닥

His **palms** became sweaty as he saw his first love.
그는 첫사랑을 보자 **손바닥**이 땀에 젖었다.

📖 the inside part of the hand

✤ 몸속

0176 ● organ
[ɔ́ːrgən]

ⓝ 장기

organ transplant **장기** 이식

Everyone in my family signed up to be an **organ** donor.
우리 가족 모두는 **장기** 기증자로 등록했다.

📖 a separate part of the body, such as the heart or the brain
(심장, 뇌와 같은 신체의 분리된 부분)

0177 ● stomach
[stʌ́mək]

ⓝ 위, 복부 🟰 belly

You should not drink coffee on an empty **stomach**.
공복에 커피를 마셔서는 안 된다.

If you eat too much ice cream, you'll get an upset
stomach. 아이스크림을 너무 많이 먹으면 **배탈**이 날 거야.

➕ stomachache ⓝ 복통

0178 ● kidney
[kídni]

ⓝ 신장, 콩팥

My grandfather had a **kidney** transplant in his 40s.
우리 할아버지는 40대에 **신장** 이식 수술을 받으셨다.

📖 the bean-shaped organ in the body that cleans the blood
and removes waste (피를 정화하고 노폐물을 제거하는 콩 모양의 장기)

0179 ● liver
[lívər]

ⓝ 간

Alcohol has a direct effect on the **liver**.
술은 **간**에 직접적인 영향을 끼친다.

0180 ● lung
[lʌŋ]

ⓝ 폐

Secondhand smoking can cause **lung** cancer.
간접흡연은 **폐**암을 유발할 수 있다.

Daily Check-up

A 빈칸에 알맞은 우리말 뜻 또는 영어 단어를 써넣어 워드맵을 완성하시오.

신체

머리·얼굴

1 _____ skull
2 _____ 이마
3 _____ eyebrow
4 _____ 볼, 뺨
5 _____ chin
6 _____ 혀; 언어
7 _____ gum
8 _____ 목구멍, 목

몸

9 _____ 흉부, 가슴
10 _____ breast
11 _____ 엉덩이
12 _____ thigh
13 _____ 무릎
14 _____ palm
15 _____ 근육

몸속

16 _____ 장기
17 _____ liver
18 _____ 위, 복부
19 _____ lung
20 _____ 신장, 콩팥

B 우리말을 참고하여 문장을 완성하시오. (필요하면 단어 형태를 바꾸시오.)

1 Exercising my inner _____ is so hard.
허벅지 안쪽을 운동하는 것은 매우 힘들다.

2 Harry Potter is famous for the scar on his _____.
해리 포터는 이마에 있는 흉터로 유명하다.

3 Secondhand smoking can cause _____ cancer.
간접흡연은 폐암을 유발할 수 있다.

4 My grandfather had a _____ transplant in his 40s.
우리 할아버지는 40대에 신장 이식 수술을 받으셨다.

5 Brush your _____ when you brush your teeth.
이를 닦을 때 잇몸도 닦아라.

MP3 듣기

✤ 전신·다리 동작

0181 • **ascend**

[əsénd]

ⓥ 오르다, 올라가다 ⊜ climb

ascend the stairs 계단을 **오르다**

The first person to **ascend** Mount Everest was Edmund Hillary.
에베레스트산을 최초로 **오른** 사람은 에드먼드 힐러리였다.

📘 a(~에) + scend(오르다) → (~에) 오르다

0182 • **descend**

[disénd]

ⓥ 내려오다 ⟷ ascend 오르다

The paragliders **descended** from the sky and landed safely in the park.
패러글라이더들은 하늘에서 **내려와** 공원에 안전하게 착륙했다.

✤ descendant ⓝ 자손, 후손

0183 • **creep**

[kriːp]
creep-crept-crept

ⓥ 살금살금 움직이다

The boy **crept** downstairs to see Santa Claus.
남자아이는 산타클로스를 보기 위해 아래층으로 **살금살금** 내려갔다.

0184 • **stretch**

[stretʃ]

ⓥ 1 늘이다; 늘어지다 2 기지개를 켜다; 뻗다

Don't scrub or **stretch** the sweater.
스웨터를 문질러 빨거나 **늘이지** 말아라.

The cat **stretched** its arms after its nap.
고양이가 낮잠 후 팔을 쭉 **뻗었다**.

📘 2 to make the arms, legs, or body straighter and longer

0185 • **bend**

[bend]
bend-bent-bent

ⓥ 1 굽히다 2 구부리다

My knees make a sound whenever I **bend** them.
무릎을 **굽힐** 때마다 내 무릎에서 소리가 난다.

bend a wire into a U shape
철사를 U자 모양으로 **구부리다**

0186 • **bounce**

[bauns]

ⓥ 1 튀다; 튀기다 2 깡충깡충 뛰다 ⊜ jump

bounce a ball 공을 **튀기다**

The kangaroo **bounced** across the field.
캥거루가 들판을 **깡충깡충 뛰어** 다녔다.

0187 • roll
[roul]

ⓥ 1 구르다; 굴리다   2 뒹굴다

We **rolled** the ball down the hill.
우리는 공을 언덕 아래로 **굴렸다**.

The dog **rolled** over in front of its owner.
개가 주인 앞에서 **뒹굴었다**.

✦ 손·팔 동작

0188 • lay
[lei]
lay-laid-laid

ⓥ (조심스럽게) 놓다[두다]

Could you **lay** my baby down on the bed?
아기를 침대에 내려 **놓아**줄 수 있나요?

📖 to put someone or something down carefully in a place

0189 • fold
[fould]

ⓥ 접다, 개키다

Fold the paper to make a triangle.
종이를 **접어서** 삼각형을 만드세요.

Fold your laundry before you go out.
외출하기 전에 빨래를 **개렴**.

✦ foldable ⓐ 접을 수 있는

0190 • bind
[baind]
bind-bound-bound

ⓥ 묶다

Bind these files together.
이 서류들을 하나로 **묶어주세요**.

0191 • squeeze
[skwiːz]

ⓥ (특히 손가락으로 꼭) 짜다

I'm going to **squeeze** these oranges to make juice.
나는 이 오렌지들을 **짜서** 주스를 만들 거야.

0192 • dig
[dig]
dig-dug-dug

ⓥ (구멍 등을) 파다

She **dug** a hole in the middle of the sandcastle to build a waterway.
그녀는 수로를 만들기 위해 모래성 중앙에 구멍을 **팠다**.

0193 • tap
[tæp]

ⓥ (가볍게) 톡톡 두드리다[치다]

Someone **tapped** me on the back.
누군가가 내 등을 **톡톡 쳤다**.

0194 • **drag**
[dræg]

Ⓥ 끌다, 끌고 가다

He **dragged** the heavy box to his house.
그는 무거운 상자를 자신의 집으로 **끌고 갔다.**

🔲 to pull someone or something along the ground

0195 • **lift**
[lift]

Ⓥ 들어 올리다 🟰 raise

I can't **lift** the furniture on my own.
나 혼자서 그 가구를 **들어 올릴** 수 없다.

♣ 얼굴·입 동작

0196 • **frown**
[fraun]

Ⓥ 얼굴을 찡그리다; 눈살을 찌푸리다

He **frowned** as he heard the bad news.
그는 나쁜 소식을 듣자 **얼굴을 찡그렸다.**

0197 • **blow**
[blou]
blow-blew-blown

Ⓥ 1 (바람이) 불다   2 (입으로) 불다

A cold wind **blew** from the north.
찬 바람이 북쪽에서 **불어 왔다.**

He **blew** out the candles after making a birthday wish.
그는 생일 소원을 빌고 난 후 초를 **불어서** 껐다.

0198 • **bite**
[bait]

Ⓥ (이빨로) 물다; 물어뜯다   Ⓝ 물기; 한 입

She **bites** her nails when she gets nervous.
그녀는 긴장할 때 손톱을 **물어뜯는다.**

I took a **bite** of the pie. 나는 파이를 **한 입** 먹었다.

0199 • **chew**
[tʃuː]

Ⓥ (음식을) 씹다; 물어뜯다

Tooth pain can make it hard to **chew.**
치통은 음식을 **씹기** 어렵게 할 수 있다.

My puppy **chewed** my favorite shoes.
내 강아지가 내가 가장 좋아하는 신발을 **물어뜯었다.**

★ chew: 음식을 쉽게 소화하기 위해 계속 씹는다는 의미
bite: 음식을 이로 베어 문다는 의미

0200 • **blink**
[bliŋk]

Ⓥ 눈을 깜박이다   Ⓝ 깜박거림; 일순간

How many times can we **blink** our eyes in a second?
1초 동안 우리는 눈을 몇 번 **깜박일** 수 있을까?

in the **blink** of an eye 눈 **깜박**할 사이에

A 빈칸에 알맞은 우리말 뜻 또는 영어 단어를 써넣어 워드맵을 완성하시오.

동작

전신·다리 동작

1 _____ ascend
2 _____ 내려오다
3 _____ creep
4 _____ 늘이다; 뻗다
5 _____ bend
6 _____ bounce
7 _____ 구르다; 뒹굴다

손·팔 동작

8 _____ 놓다[두다]
9 _____ 묶다
10 _____ fold
11 _____ 짜다
12 _____ (가볍게) 톡톡 두드리다
13 _____ 끌다, 끌고 가다
14 _____ dig
15 _____ 들어 올리다

얼굴·입 동작

16 _____ frown
17 _____ 눈을 깜박이다
18 _____ blow
19 _____ 씹다; 물어뜯다
20 _____ bite

B 우리말을 참고하여 어구 또는 문장을 완성하시오. (필요하면 단어 형태를 바꾸시오.)

1 _____ the stairs 계단을 오르다

2 The boy _____ downstairs to see Santa Claus.
남자아이는 산타클로스를 보기 위해 아래층으로 살금살금 내려갔다.

3 Could you _____ my baby down on the bed?
아기를 침대에 내려 놓아줄 수 있나요?

4 He _____ out the candles after making a birthday wish.
그는 생일 소원을 빌고 난 후 초를 불어서 껐다.

5 I'm going to _____ these oranges to make juice.
나는 이 오렌지들을 짜서 주스를 만들 거야.

MP3 듣기

+ 시합·경기

0201 · match
[mætʃ]

ⓝ 시합, 경기 ⊜ game **ⓥ 어울리다**

Mexico lost the final **match** against Korea.
멕시코는 한국을 상대로 마지막 **경기**에서 졌다.

This shirt **matches** your white jacket.
이 셔츠는 당신의 흰 재킷과 **어울려요**.

0202 · athlete
[ǽθliːt]

ⓝ 운동선수

Michael Jordan is one of the most famous **athletes** in basketball history.
마이클 조던은 농구 역사상 가장 유명한 **운동선수** 중 한 명이다.

0203 · athletic
[æθlétik]

ⓐ 1 (몸이) 탄탄한 2 운동 경기의

There is no way to have an **athletic** build without exercise.
운동 외에는 **탄탄한** 체격을 얻는 방법은 없다.

athletic meeting **체육** 대회, **운동회**

0204 · referee
[rèfəríː]

ⓝ 심판

The **referee** blew his whistle to start the match.
심판은 경기를 시작하기 위해 호루라기를 불었다.

0205 · defend
[difénd]

ⓥ 방어[수비]하다 ⟷ attack 공격하다

Yuna Kim managed to **defend** her world figure skating title for years.
김연아는 수년 동안 세계 피겨 스케이팅 타이틀을 **방어해**냈다.

defend a country against all dangers
모든 위험으로부터 나라를 **지키다**

+ defense ⓝ 방어, 수비

0206 · tackle
[tǽkl]

ⓥ 1 (문제 등을) 다루다 2 태클하다, 공을 뺏다

We need to **tackle** each issue carefully.
우리는 각 문제를 신중하게 **다루어야** 한다.

The player **tackled** his opponent to prevent a goal.
그 선수는 골을 막기 위해 상대를 **태클했다**.

🔲 1 to deal with a difficult problem

0207 · **score**

[skɔːr]

ⓝ 득점, 점수　ⓥ 득점하다

The game ended with a final **score** of 7 to 3.
7대 3의 최종 **점수**로 경기가 끝났다.

He **scored** two goals in the final game.
그는 마지막 경기에서 두 골을 **득점했다**.

0208 · **championship**

[tʃǽmpiənʃip]

ⓝ 선수권 대회

They won the Asian basketball **championship** this year.
그들은 올해 아시아 농구 **선수권 대회**에서 우승했다.

♣ 스포츠 정신

0209 · **spirit**

[spírit]

ⓝ 정신, 마음

Team **spirit** is important for any team that wants to win.
단체**정신**은 이기고자 하는 그 어떤 팀에게도 중요하다.

0210 · **challenge**

[tʃǽləndʒ]

ⓝ 도전　ⓥ 도전하다

It was a **challenge** to win against the stronger team.
더 강한 팀을 상대로 이기는 것은 **도전**이었다.

challenge a rival 라이벌에 **도전하다**

0211 · **competition**

[kɑ̀ːmpətíʃən]

ⓝ 1 경쟁　2 대회, 시합

The **competition** between countries was fierce.
국가들 사이의 **경쟁**은 치열했다.

enter a **competition** **시합**에 참가하다

✦ compete ⓥ 경쟁하다 ｜ competitive ⓐ 경쟁을 하는

0212 · **fair**

[feər]

ⓐ 공정한, 공평한　↔ unfair 불공평한

He is admired by his fans for his sense of **fair** play.
그는 그의 **페어**플레이 정신으로 팬들에게 존경을 받는다.

🔄 fair play 페어플레이, 정정당당한 시합 태도

The system should be **fair** to everyone.
그 제도는 모든 사람들에게 **공평해야** 한다.

0213 · **penalty**

[pénəlti]

ⓝ 1 처벌　2 벌칙

death **penalty** 사형

The player received a **penalty** from the referee.
그 선수는 심판에게 **벌칙**을 받았다.

0214 • do one's best

최선을 다하다

It is important to win, but it's more important to do one's best in a game.
경기에서 이기는 것도 중요하지만 **최선을 다하는** 것은 더욱 중요하다.

✦ 실내외 운동

0215 • outdoor
[áutdɔ̀ːr]

ⓐ 야외의 ⊜ outside

outdoor activities 야외 활동

Golf is one of the most popular outdoor sports in the world. 골프는 세계에서 가장 인기 있는 **야외** 스포츠 중 하나이다.

0216 • indoor
[índɔ̀ːr]

ⓐ 실내의 ⊜ inside

The match will take place on an indoor tennis court.
그 경기는 **실내** 테니스장에서 열릴 것이다.

0217 • regularly
[régjələrli]

🔠 규칙적으로, 정기적으로

You should regularly exercise to live a healthy life.
건강한 삶을 살기 위해서 여러분은 **규칙적으로** 운동해야 한다.

✦ regular ⓐ 규칙적인, 정기적인

0218 • work out

운동하다

I work out at the local gym every morning.
나는 매일 아침 동네 체육관에서 **운동한다**.

📖 to exercise to make your body fit and strong

0219 • sweat
[swet]

ⓝ 땀 ⓥ 땀을 흘리다

He wiped the sweat from his face while he was running.
그는 달리는 도중 얼굴의 **땀**을 닦았다.

Do you sweat a lot during summer?
너는 여름에 **땀을 많이 흘리니**?

0220 • strength
[streŋθ]

ⓝ 1 힘 2 강점 ⟷ weakness 약점; 약함

The weightlifter lifted the weights with all her strength.
역도 선수는 온 **힘**을 다해 역기를 들어 올렸다.

His strength is dribbling the ball past any player.
그의 **강점**은 그 어떤 선수도 제치고 공을 드리블해가는 것이다.

Daily Check-up

학습 Check	MP3 듣기	본문 학습	Daily Check-up	누적 테스트 Days 10-11	Review Test

A 빈칸에 알맞은 우리말 뜻 또는 영어를 써넣어 워드맵을 완성하시오.

스포츠

시합·경기

1 _____
시합; 어울리다

2 _____
championship

3 _____
운동선수

4 _____
athletic

5 _____
심판

6 _____
defend

7 _____
다루다; 공을 뺏다

8 _____
score

스포츠 정신

9 _____
정신, 마음

10 _____
challenge

11 _____
최선을 다하다

12 _____
fair

13 _____
경쟁; 대회

14 _____
penalty

실내외 운동

15 _____
indoor

16 _____
야외의

17 _____
regularly

18 _____
운동하다

19 _____
sweat

20 _____
힘; 강점

B 우리말을 참고하여 문장을 완성하시오. (필요하면 단어 형태를 바꾸시오.)

1 Do you _____ a lot during summer?
너는 여름에 땀을 많이 흘리니?

2 The system should be _____ to everyone.
그 제도는 모든 사람들에게 공평해야 한다.

3 I _____ at the local gym every morning.
나는 매일 아침 동네 체육관에서 운동한다.

4 The game ended with a final _____ of 7 to 3.
7대 3의 최종 점수로 경기가 끝났다.

5 The _____ blew his whistle to start the match.
심판은 경기를 시작하기 위해 호루라기를 불었다.

Review Test

A 들려주는 영어 단어와 어구를 쓴 후 우리말 뜻을 쓰시오.

영단어	뜻	영단어	뜻
1		**2**	
3		**4**	
5		**6**	
7		**8**	
9		**10**	
11		**12**	
13		**14**	
15		**16**	
17		**18**	
19		**20**	

B 다음 영영 풀이에 해당하는 알맞은 단어를 골라 쓰시오.

보기	skull palm stretch work out drag tackle

1 the inside part of the hand _____

2 to deal with a difficult problem _____

3 to pull someone or something along the ground _____

4 the bones that form one's head and face _____

5 to exercise to make your body fit and strong _____

6 to make the arms, legs, or body straighter and longer _____

C 밑줄 친 단어의 동의어(=) 또는 반의어(↔)를 골라 쓰시오.

보기 weakness raise attacked climb

1 Please help me lift this package. = _____

2 I don't have enough power to ascend this hill. = _____

3 His strength is the ability to solve problems quickly. ↔ _____

4 The player defended the team during the game. ↔ _____

D 다음을 읽고, 두 문장에 공통으로 들어갈 단어를 골라 쓰시오.

보기 roll fold creep tap

1 The photographer asked me to _____ my arms.

_____ the letter in half and put it in an envelope.

2 I heard him _____ his fingers on the desk.

If you _____ on the button, the screen will go blank.

E 다음을 읽고, 빈칸에 알맞은 단어를 우리말을 참고하여 쓰시오.

1 I envy your _____ build.
나는 너의 **탄탄한** 체격이 부러워.

2 My _____s turn red whenever I talk to strangers.
처음 보는 사람들에게 말을 걸 때마다 내 **볼은** 빨갛게 달아오른다.

3 The _____ between the two teams was fierce.
두 팀 사이의 **경쟁이** 치열했다.

4 You are going to get wrinkles if you _____ all day long.
하루 종일 **얼굴을 찡그리면** 너는 주름이 생길 거야.

PLAN

4

개인 생활

성격

positive 긍정적인
passive 수동[소극]적인
negative 부정적인

감정

delight 기쁨, 즐거움
sympathy 동정(심)
nervous 긴장한

개인 생활

이성과 논리

conscious 의식하는
compare 비교하다
sensible 합리적인

의견

claim 주장하다
propose 제안하다
persuade 설득하다

MP3 듣기

0221 • personality

[pə̀:rsənǽləti]

ⓝ 1 성격, 인격　2 개성

Each of my family members has a different **personality**.
우리 가족 구성원은 **성격**이 각기 다르다.

Our club is looking for members with lots of **personality**.
우리 동아리는 다채로운 **개성**을 지닌 단원들을 찾고 있다.

★ personality: 쾌활함, 낙천적, 소심 등의 사람의 성격을 나타냄
character: 사람의 성품이나 인격을 나타냄

♣ 긍정적 · 자신감

0222 • positive

[pɑ́:zətiv]

ⓐ 1 긍정적인　2 확신하는, 분명한　🟰 certain, sure

She always tries to be **positive** and happy.
그녀는 항상 **긍정적이고** 행복하려고 노력한다.

I am **positive** that she stole my idea.
나는 그녀가 내 아이디어를 훔쳐갔다고 **확신한다**.

0223 • optimist

[ɑ́:ptəmist]

ⓝ 낙천주의자, 낙관론자　↔ pessimist 비관주의자

An **optimist** never loses hope even in difficult situations.
낙천주의자는 힘든 상황에서도 결코 희망을 잃지 않는다.

0224 • confident

[kɑ́:nfədənt]

ⓐ 1 자신감 있는　2 확신하는

A **confident** person has a firm handshake.
자신감 있는 사람은 굳은 악수를 한다.

I am **confident** that our team will win the game.
나는 우리 팀이 경기에서 이길 거라고 **확신한다**.

➕ confidence ⓝ 신뢰; 자신(감)

0225 • bold

[bould]

ⓐ 용감한, 대담한　🟰 brave

It was very **bold** of him to travel alone.
혼자 여행하는 그는 매우 **용감했다**.

🔤 not afraid of risk or danger

0226 • ambitious

[æmbíʃəs]

ⓐ 야심 있는; 대망을 품은

Jason is **ambitious** and sets high goals.
Jason은 **야심이 있고** 높은 목표를 세운다.

Boys, be **ambitious**! 소년들이여, **야망을 가져라**!

PLAN 4

♣ 소극적·겸손함

0227 • passive

[pǽsiv]

ⓐ 수동적인, 소극적인 ⟷ active 활동적인; 적극적인

Being **passive** is not going to get you anywhere.
수동적인 자세로는 그 무엇도 해낼 수 없다.

0228 • sensitive

[sénsətiv]

ⓐ 1 (남의 기분을 헤아리는 데) 세심한
　2 예민한, 민감한

He tried to be **sensitive** to other people's feelings.
그는 다른 사람들의 기분에 대해 **세심해지려고** 노력했다.

Most teenage girls are **sensitive** about their weight.
대부분의 십대 소녀들은 자신들의 몸무게에 **민감하다**.

0229 • considerate

[kənsídərət]

ⓐ 사려 깊은, (남을) 배려하는

The doctor is kind and **considerate** to his patients.
그 의사는 자신의 환자들에게 친절하고 **사려 깊다**.

🔤 thinking about other people's feelings

0230 • modest

[mάːdist]

ⓐ 1 겸손한 2 적당한

Warren Buffett is **modest** about his success.
워런 버핏은 그의 성공에 대해 **겸손하다**.

a **modest**-sized house **적당한** 크기의 집

0231 • generous

[dʒénərəs]

ⓐ 1 후한 ⟷ greedy 욕심 많은 2 관대한

She is **generous**, so she shares her cookies with us.
그녀는 **후해서** 우리에게 과자를 나누어 준다.

🔤 1 giving people a lot of money or other valuable things

0232 • mild

[maild]

ⓐ 1 (말·태도가) 순한, 온화한 2 (날씨가) 온화한, 포근한

a **mild** manner **온화한** 태도

I want to live where the climate is **mild**.
나는 기후가 **온화한** 곳에서 살고 싶다.

♣ 부정적

0233 • negative

[négətiv]

ⓐ 1 부정적인, 비관적인 2 거절하는

Some people have a **negative** attitude about AI.
일부 사람들은 인공지능에 대해 **부정적인** 태도를 가지고 있다.

a **negative** reply **거절의** 대답

0234 • rude
[ru:d]

ⓐ 무례한, 버릇없는 ═ impolite ↔ polite 예의 바른

It is **rude** to talk with your mouth full.
음식을 입안 가득 넣은 채로 말하는 것은 **무례한** 행동이다.

I don't understand why she is so **rude** to her mother.
나는 그녀가 엄마한테 왜 그렇게 **버릇없는지** 이해하지 못하겠다.

0235 • mean
[mi:n]

ⓐ 1 인색한 2 심술궂은 ⓥ 의미하다

Scrooge is too **mean** with his money.
스크루지 영감은 돈에 너무 **인색하다**.

Jim is **mean** to his sister and makes fun of her.
Jim은 여동생에게 **심술궂게 굴고** 그녀를 놀려 댄다.

What does it **mean**? 그것은 무슨 **뜻입니까**?

0236 • strict
[strikt]

ⓐ 엄격한, 엄한

Sadly, **strict** teachers aren't popular with students.
안타깝게도 **엄격한** 교사들은 학생들에게 인기가 없다.

0237 • temper
[témpə:r]

ⓝ 성질, 화

a quick **temper** 성급한 **성질**

He must learn to control his **temper**.
그는 **화를** 참는 법을 배워야 한다.

↻ control one's temper 화를 참다

🔲 a tendency to get angry very easily (아주 쉽게 화를 내는 경향)

0238 • impatient
[impéiʃənt]

ⓐ 성급한; 초조해하는 ↔ patient 참을성 있는

an **impatient** driver 성급한 운전자

He became **impatient** when the bus was delayed.
그는 버스가 지연되자 **초조해했다**.

0239 • aggressive
[əgrésiv]

ⓐ 1 공격적인 2 적극적인, 의욕적인

My neighbor's puppy is very **aggressive**.
내 이웃집 강아지는 매우 **공격적이다**.

aggressive salespeople **적극적인** 판매원들

🔲 2 eager to win or succeed (이기거나 성공을 간절히 바라는)

0240 • show off

～을 자랑[과시]하다 ═ brag, boast

The millionaire wanted to **show off** his wealth.
그 백만장자는 자신의 부를 **과시하고** 싶어 했다.

Daily Check-up

A 빈칸에 알맞은 우리말 뜻 또는 영어를 써넣어 워드맵을 완성하시오.

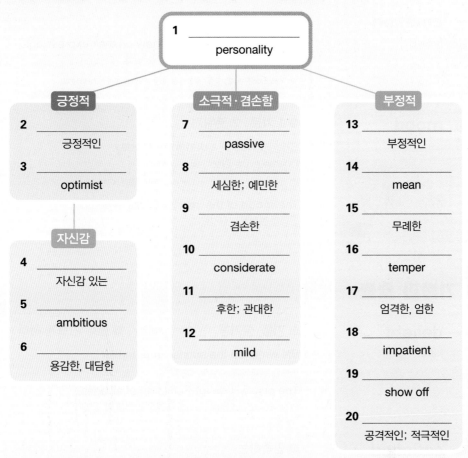

1 _____ personality

긍정적

2 _____ 긍정적인

3 _____ optimist

자신감

4 _____ 자신감 있는

5 _____ ambitious

6 _____ 용감한, 대담한

소극적 · 겸손함

7 _____ passive

8 _____ 세심한; 예민한

9 _____ 겸손한

10 _____ considerate

11 _____ 후한; 관대한

12 _____ mild

부정적

13 _____ 부정적인

14 _____ mean

15 _____ 무례한

16 _____ temper

17 _____ 엄격한, 엄한

18 _____ impatient

19 _____ show off

20 _____ 공격적인; 적극적인

B 우리말을 참고하여 문장을 완성하시오. (필요하면 단어 형태를 바꾸시오.)

1 Being _____ is not going to get you anywhere.
수동적인 자세로는 그 무엇도 해낼 수 없다.

2 It is _____ to talk with your mouth full.
음식을 입안 가득 넣은 채로 말하는 것은 무례한 행동이다.

3 The doctor is kind and _____ to his patients.
그 의사는 자신의 환자들에게 친절하고 사려 깊다.

4 Sadly, _____ teachers aren't popular with students.
안타깝게도 엄격한 교사들은 학생들에게 인기가 없다.

5 An _____ never loses hope even in difficult situations.
낙천주의자는 힘든 상황에서도 결코 희망을 잃지 않는다.

MP3 듣기

0241 • **emotion**
[imóuʃən]

ⓝ 감정; 정서

People's **emotions** can show on their expressions.
사람의 **감정**은 얼굴 표정에서 보일 수 있다.

★ emotion은 기쁨, 슬픔, 증오 등등 희로애락의 감정을 나타낸다.

0242 • **mood**
[mu:d]

ⓝ 1 기분 2 분위기

Charlie was in a bad **mood** today.
Charlie는 오늘 **기분**이 좋지 않았다.

↪ be in a good / bad mood 기분이 좋다 / 나쁘다

The **mood** of the interview was serious.
면접의 **분위기**가 심각했다.

✤ 기쁨과 슬픔

0243 • **delight**
[diláit]

ⓝ 기쁨, 즐거움 ⓔpleasure, joy ⓥ 매우 기쁘게 하다

We watched the sunrise in **delight**.
우리는 해돋이를 **기쁘게** 바라봤다.

The play will **delight** children of all ages.
그 연극은 모든 연령의 아이들을 **매우 즐겁게 할** 것이다.

0244 • **satisfied**
[sǽtisfàid]

ⓐ 만족하는

They were **satisfied** with her presentation.
그들은 그녀의 발표에 **만족했다**.

↪ be satisfied with ~에 만족하다

0245 • **sorrow**
[sɑ́rou]

ⓝ 슬픔 ⓔsadness

I wanted to hide my **sorrow** in front of my friends.
나는 친구들 앞에서 내 **슬픔**을 감추고 싶었다.

0246 • **depressed**
[diprést]

ⓐ 1 (기분이) 우울한 2 불경기의

Tim feels **depressed** because he broke up with Kate.
Tim은 Kate와 헤어져서 기분이 **우울하다**.

Business is greatly **depressed** throughout the world.
전 세계적으로 굉장한 **불경기**이다.

★ depressed 기분이 우울한 → (경제가 우울한) → 불경기의

✤ 위로와 감사

0247 • comfort
[kʌ́mfərt]

ⓝ 위로, 위안　ⓥ 위로하다, 위안하다

She looked for **comfort** when her mother passed away.
그녀는 엄마가 돌아가셨을 때 **위안**을 찾고 싶어 했다.

ways to **comfort** a crying baby　우는 아기를 **달래는** 방법

0248 • sincere
[sinsíər]

ⓐ 진정한, 진심의

Please accept our **sincere** apology.
저희의 **진심 어린** 사과를 받아주세요.

🔖 honest and showing what you really think

0249 • sympathy
[símpəθi]

ⓝ 동정(심), 연민

He felt **sympathy** for the victims of the terror attacks.
그는 테러 공격 피해자들에게 **동정심**을 느꼈다.

★ Sympathy는 다른 사람의 불행이나 고통에 신경을 쓰고 마음 아파해주는 마음을 나타낸다.

0250 • grateful
[gréitfəl]

ⓐ 감사하는　🟰 thankful

I'm really **grateful** for your support.
여러분의 지지에 대단히 **감사드립니다**.

✤ 부끄러움과 후회

0251 • embarrassed
[imbǽrəst]

ⓐ 당황스러운, 쑥스러운

I am **embarrassed** to speak in front of others.
나는 다른 사람들 앞에서 말하는 것이 **부끄럽다**.

✤ embarrass ⓥ 당황스럽게[쑥스럽게] 만들다

0252 • ashamed
[əʃéimd]

ⓐ 부끄러워하는, 수치스러운　↔ proud 자랑스러워하는

I was **ashamed** of my rude behavior at the party.
나는 파티에서 내가 한 무례한 행동이 **부끄러웠다**.

★ embarrassed: 타인 앞에서 자신이 한 행동에 부끄러움을 느끼는 것
ashamed: 자신의 잘못된 행동에 대해 수치스러움을 느끼는 것

0253 • envy
[énvi]

ⓥ 부러워하다; 질투하다　ⓝ 부러움, 선망

Don't **envy** other people for their success.
다른 사람들의 성공을 **부러워하지** 마라.

be green with **envy** 몹시 샘을 내다

0254 · **offend**
[əfénd]

ⓥ 기분 상하게 하다 ⊜ upset

His jokes **offended** every one of his colleagues.
그의 농담은 모든 동료들의 **기분을 상하게 했다.**

0255 · **regret**
[rigrét]

ⓝ 유감; 후회 ⓥ 유감으로 생각하다; 후회하다

I have no **regrets** about leaving this place.
나는 이곳을 떠나는 것에 대해 **후회**는 없다.

I **regret** that I cannot help you.
제가 도와드릴 수 없어서 **유감입니다.**

✤ 긴장과 두려움

0256 · **nervous**
[nə́:rvəs]

ⓐ 1 긴장한, 불안해하는 2 신경이 과민한

I did not feel **nervous** about the interview.
나는 인터뷰에 대해 **긴장**을 느끼지 않았다.

Our teacher is a **nervous** person.
우리 선생님은 **신경이 예민한** 분이다.

0257 · **tension**
[ténʃən]

ⓝ 1 긴장 (상태), 불안 2 갈등

Smiling can help reduce **tension**.
웃는 것은 **긴장**을 줄이는 데 도움을 줄 수 있다.

There is often **tension** between science and religion.
과학과 종교 사이에 종종 **갈등**이 있다.

0258 · **anxious**
[ǽŋkʃəs]

ⓐ 불안해하는, 걱정하는 ⊜ worried

an **anxious** look **불안해하는** 표정
Everyone is **anxious** about the future.
모든 사람들이 미래를 **걱정한다.**

0259 · **concerned**
[kənsə́:rnd]

ⓐ 걱정하는, 염려하는

She was **concerned** about her mother's health.
그녀는 엄마의 건강을 **걱정했다.**

★ concerned: 사람이나 사회 문제가 해결되기를 바라고 걱정할 때 씀
worried: 문제점이나 안 좋은 일이 생길까 봐 걱정할 때 씀

0260 · **frightened**
[fráitnd]

ⓐ 겁먹은, 무서워하는 ⊜ afraid, scared

She was **frightened** by the strange sound.
그녀는 이상한 소리에 **겁을 먹었다.**

✤ frighten ⓥ 겁먹게 만들다

Daily Check-up

A 빈칸에 알맞은 우리말 뜻 또는 영어 단어를 써넣어 워드맵을 완성하시오.

1 _____ mood

2 _____ 감정; 정서

기쁨과 슬픔

3 _____ 기쁨, 즐거움

4 _____ satisfied

5 _____ 슬픔

6 _____ 우울한

위로와 감사

7 _____ 위로; 위로하다

8 _____ sincere

9 _____ 동정(심), 연민

10 _____ grateful

부끄러움과 후회

11 e_____ 당황스러운

12 _____ ashamed

13 _____ 부러워하다; 부러움

14 _____ offend

15 _____ 유감; 후회하다

두려움

18 a_____ 불안해하는

19 _____ frightened

20 _____ 걱정하는, 염려하는

긴장

16 _____ tension

17 _____ 긴장한, 불안해하는

B 우리말을 참고하여 문장을 완성하시오. (필요하면 단어 형태를 바꾸시오.)

1 I'm really _____ for your support.
여러분의 지지에 대단히 감사드립니다.

2 She was _____ by the strange sound.
그녀는 이상한 소리에 겁을 먹었다.

3 Don't _____ other people for their success.
다른 사람들의 성공을 부러워하지 마라.

4 I was _____ of my rude behavior at the party.
나는 파티에서 내가 한 무례한 행동이 부끄러웠다.

5 She looked for _____ when her mother passed away.
그녀는 엄마가 돌아가셨을 때 위안을 찾고 싶어 했다.

MP3 듣기

0261 • **reason**
[ríːzən]

ⓝ 1 이유; 근거   2 이성, 사고력

I wanted to know the **reason** for her decision.
나는 그녀가 내린 결정에 대한 **이유**를 알고 싶었다.

Humans are capable of **reason**.
인간은 **이성적인 생각**을 할 수 있다.

🔍 2 the ability to think in a logical way (논리적으로 생각하는 능력)

✚ reasonable ⓐ 타당한, 합리적인

0262 • **logic**
[ládʒik]

ⓝ 논리

What is the **logic** behind this decision?
이 결정을 뒷받침하는 **논리**는 무엇인가요?

✚ logical ⓐ 타당한; 논리적인

✚ 추측과 생각

0263 • **imagine**
[imǽdʒin]

ⓥ 상상하다

Cinderella **imagined** a new life as a princess.
신데렐라는 공주로서의 새로운 삶을 **상상해 보았다**.

0264 • **expect**
[ikspékt]

ⓥ 예상하다, 기대하다

The price of oil is **expected** to fall further.
유가가 더 하락할 것으로 **예상된다**.

Don't **expect** too much from me.
나한테서 너무 많은 것을 **기대하지** 마.

✚ expectation ⓝ 예상, 기대

0265 • **consider**
[kənsídər]

ⓥ 1 고려하다, 숙고하다   2 ~로 여기다

We need to **consider** the problem first.
우리는 먼저 그 문제를 **고려해야** 한다.

She is **considered** one of the world's best players.
그녀는 세계 최고의 선수 중 한 명으로 **여겨진다**.

🔍 1 to think about something carefully to make a decision

0266 • **probably**
[prάːbəbli]

ⓐⓓ 아마   ⓔ likely, perhaps

I'll **probably** regret not attending the concert.
나는 **아마** 콘서트에 가지 않은 것을 후회할 것이다.

0267 • suppose

[səpóuz]

ⓥ 1 생각하다, 추정하다   2 가정하다

Why do you **suppose** he is innocent?
당신은 왜 그가 무죄라고 **생각합니까**?

Suppose you won the lottery. What would you do?
복권에 당첨되었다고 **가정해 봐**. 넌 뭘 하겠니?

✤ 인지와 기억

0268 • aware

[əwéər]

ⓐ 알고 있는, 알아차린

We are all **aware** of the risks.   우리 모두는 그 위험을 **알고 있다**.

0269 • conscious

[kɑ́ːnʃəs]

ⓐ 1 의식하는, 알고 있는   2 의도적인

Are you **conscious** of what's happening around the world? 전 세계에서 무슨 일이 일어나고 있는지 **알고 있나요**?

a **conscious** act 의도적인 행위

🔳 1 aware of something happening

✤ consciousness ⓝ 의식

0270 • perceive

[pərsíːv]

ⓥ 인지하다   🟰 notice, recognize

She **perceived** a change in her son's behavior.
그녀는 아들의 행동에 변화가 있음을 **인지했다**.

0271 • recognize

[rékəgnàiz]

ⓥ 1 (사람·사물을) 알아보다   2 인정[인식]하다

I **recognized** him by his beard.
나는 턱수염을 보고 그를 **알아보았다**.

Nobody **recognized** how serious the car accident was.
차 사고가 얼마나 심각했는지 그 누구도 **인식하지** 못했다.

0272 • recall

[rikɔ́ːl]

ⓥ 기억해 내다, 상기하다

I cannot **recall** where I put my jacket.
나는 내 재킷을 어디에 두었는지 **기억이 나지** 않는다.

🔳 to remember something from the past

🔳 re(다시) + call(부르다) → (생각을) 다시 부르다 → 기억해 내다

0273 • remind

[rimáind]

ⓥ 생각나게 하다, 상기시키다

The city **reminds** her of her hometown.
그 도시는 그녀에게 자신의 고향을 **생각나게 한다**.

🔄 remind A of B: A에게 B를 생각나게 하다

♣ 합리적 판단

0274 • compare
[kəmpéər]

ⓥ 비교하다

Never **compare** yourself to others.
절대 자신을 남들과 **비교하지** 마세요.

📖 to consider how people or things are similar or different
(사람이나 사물이 얼마나 비슷하거나 다른지를 고려하다)

0275 • contrast
ⓥ [kəntrǽst]
ⓝ [kάːntræst]

ⓥ 대조하다   ⓝ 대조, 대비

Let's compare and **contrast** the good and bad points of the Internet.
인터넷의 장단점을 비교하고 **대조해** 봅시다.

The **contrast** of colors made the painting stand out.
색채의 **대비**가 그 그림을 눈에 띄게 했다.

📖 ⓥ to compare two people or things to show the differences between them (차이점을 보여주기 위해서 두 사람이나 사물을 비교하다)

0276 • view
[vjuː]

ⓝ 1 견해, 생각   2 경치, 전망   ⓥ ~을 보다

In my **view**, they are wrong. 내 **생각**에는 그들이 틀렸어.

a room with a **view** of the lake 호수 **전망**의 방

He **viewed** several movies at the local theater.
그는 동네 극장에서 영화 몇 편을 **봤다**.

0277 • sensible
[sénsəbl]

ⓐ 합리적인, 분별 있는

A **sensible** person is wise and makes good decisions.
합리적인 사람은 현명하며, 올바른 결정을 내린다.

📖 based on reason rather than on feeling or emotion
(기분이나 감정 보다는 이성에 근거한)

0278 • realize
[ríːəlàiz]

ⓥ 깨닫다

He **realized** that he wasn't fit for the job.
그는 그 일에 맞지 않다는 것을 **깨달았다**.

0279 • judge
[dʒʌdʒ]

ⓥ 판단하다   ⓝ 판사

Don't **judge** a book by its cover.
겉모습만 보고 **판단하지** 마라.

a fair **judge** 공정한 **판사**

0280 • conclude
[kənklúːd]

ⓥ 1 결론을 내리다 ⊜ decide   2 끝내다

Let's **conclude** this matter.
이 문제의 **결론을 내립시다**.

➕ conclusion ⓝ 결론

Daily Check-up

A 빈칸에 알맞은 우리말 뜻 또는 영어 단어를 써넣어 워드맵을 완성하시오.

1 _____ 이유; 이성

2 _____ logic

추측과 생각

3 _____ imagine

4 _____ 예상하다, 기대하다

5 _____ consider

6 _____ 생각하다; 가정하다

7 _____ 아마

인지

8 _____ 알고 있는, 알아차린

9 _____ conscious

10 r_____ 알아보다; 인정하다

11 _____ 인지하다

기억

12 _____ recall

13 _____ 생각나게 하다

합리적 판단

14 _____ compare

15 _____ 대조하다; 대조

16 _____ view

17 _____ 깨닫다

18 _____ judge

19 _____ 합리적인

20 _____ conclude

B 우리말을 참고하여 문장을 완성하시오. (필요하면 단어 형태를 바꾸시오.)

1 In my _____, they are wrong.
내 생각에는 그들이 틀렸어.

2 I cannot _____ where I put my jacket.
나는 내 재킷을 어디에 두었는지 기억이 나지 않는다.

3 She p_____ a change in her son's behavior.
그녀는 아들의 행동에 변화가 있음을 인지했다.

4 What is the _____ behind this decision?
이 결정을 뒷받침하는 논리는 무엇인가요?

5 _____ you won the lottery. What would you do?
복권에 당첨되었다고 가정해 봐. 넌 뭘 하겠니?

MP3 듣기

0281 • opinion
[əpínjən]

ⓝ 의견, 견해　ⓔ view, idea

in my personal **opinion** 제 개인적인 **의견**으로는
Customers' **opinions** are important to companies.
고객의 **의견**은 기업에게 중요하다.

♣ 생각과 요청

0282 • doubt
[daut]

ⓥ 의심하다　ⓝ 의문, 의심　ⓔ uncertainty

He began to **doubt** himself.
그는 자기 자신을 **의심하기** 시작했다.

There is no **doubt** that she is an excellent scholar.
그녀가 훌륭한 학자라는 것은 **의심**의 여지가 없다.

0283 • figure out

～을 이해하다[알아내다]

She **figured out** how to play the new game.
그녀는 새 게임을 하는 방법을 **알아냈다**.

📖 to understand or solve something by thinking about it

0284 • request
[rikwést]

ⓥ (정중히) 요청하다　ⓝ 요청

You can **request** a free copy of the map.
무료 지도 한 부를 **요청할** 수 있습니다.

reject a **request** **요청**을 거절하다

📖 ⓥ to politely ask for something

0285 • require
[rikwáiər]

ⓥ 1 필요로 하다　2 요구하다

require attention 주의를 **필요로 하다**
Bikers are **required** to wear helmets.
오토바이를 타는 사람들은 헬멧 착용이 **요구된다**.

★ require: (법률·규정 등에 따라) 요구하다
demand: (누군가에게 무언가를 할 것을 단호히) 요구하다

0286 • call for

～을 요구하다

call for help 도움을 **요청하다**
The leader **called for** cooperation among the members.
그 리더는 팀원들 사이의 협력을 **요구했다**.

♣ 주장 및 제안

0287 • claim
[kleim]

ⓥ 1 주장하다　2 요구하다　ⓝ 1 주장　2 요구

He **claimed** to be an expert in his field.
그는 그의 분야에서 전문가라고 **주장했다**.

an unreasonable **claim** 부당한 **요구**

> 📻 ⓥ 1 to say that something is true without certain evidence
> (확실한 증거도 없이 무언가가 사실이라고 말하다)

0288 • insist
[insíst]

ⓥ 고집하다, 주장하다

The Japanese **insist** that Dokdo is theirs.
일본인들은 독도가 자신들 것이라고 **주장한다**.

0289 • force
[fɔːrs]

ⓥ 강요하다　⊜ compel　ⓝ 힘

Don't **force** a sick child to go to school.
아픈 아이를 학교에 가라고 **강요하지** 마세요.

the **force** of waves 파도의 **힘**

> 📻 ⓥ to make someone do something that he or she does not
> want to (누군가에게 원하지 않는 것을 하게 하다)

0290 • argument
[ɑ́ːrgjumənt]

ⓝ 1 논쟁　2 논거, 주장

She got into an **argument** with her employer.
그녀는 상사와 **논쟁**을 벌였다.

There were strong **arguments** for and against the war.
그 전쟁에 대해서 강한 찬반 **주장들**이 있었다.

0291 • propose
[prəpóuz]

ⓥ 1 제안하다　2 청혼하다

They **proposed** a plan to build a new airport.
그들은 신공항을 건설하자는 계획을 **제안했다**.

He **proposed** to her in front of a crowd.
그는 많은 사람들 앞에서 그녀에게 **청혼했다**.

0292 • suggest
[sədʒést]

ⓥ 제안하다　⊜ propose

She **suggested** several ways to deal with stress.
그녀는 스트레스를 다루는 몇 가지 방법을 **제안했다**.

✛ suggestion ⓝ 제안

0293 • recommend
[rèkəménd]

ⓥ 추천하다

This book is highly **recommended** for students.
이 책은 학생들에게 많이 **추천된다**.

0294 • convey
[kənvéi]

ⓥ 1 (생각 등을) 전달하다 2 나르다, 운반하다

She **conveyed** her ideas clearly.
그녀는 자신의 생각을 분명하게 **전달했다**.

They **conveyed** the packages to the office.
그들은 그 상자들을 사무실로 **운반했다**.

✦ 설득과 동의

0295 • discuss
[diskʌ́s]

ⓥ 논의하다, 토론하다

The leaders **discussed** environmental issues.
지도자들은 환경 문제에 대해 **논의했다**.

✦ discussion ⓝ 논의, 토론

★ discuss: 어떤 문제에 대해 의견을 나눌 때 사용
debate: 어떤 문제에 대해 찬반을 토론할 때 사용

0296 • emphasize
[émfəsàiz]

ⓥ 강조하다

He **emphasized** the importance of this meeting.
그는 이번 회의의 중요성을 **강조했다**.

0297 • persuade
[pərswéid]

ⓥ 설득하다

My friends kept **persuading** me to take the course.
친구들이 내게 그 강좌를 들으라고 계속 **설득했다**.

0298 • convince
[kənvíns]

ⓥ 1 납득[확신]시키다 2 설득하다

His arguments **convinced** her that she was wrong.
그의 주장은 그녀가 틀렸다는 것을 그녀에게 **납득시켰다**.

Josh **convinced** his sister to lend him her bicycle.
Josh는 여동생에게 자전거를 자신에게 빌려달라고 **설득했다**.

0299 • disagree
[dìsəgríː]

ⓥ 동의하지 않다 ↔ agree 동의하다

If you **disagree** with him, he will get upset.
그의 의견에 **동의하지 않으면**, 그는 화를 낼 것이다.

어원 dis(부정, 반대) + agree(동의하다) → 동의하지 않다

0300 • support
[səpɔ́ːrt]

ⓥ 1 지지하다; 지원하다 2 부양하다 ⓝ 지지

We **support** his decisions.
우리는 그의 결정을 **지지한다**.

He began working to **support** his family.
그는 가족을 **부양하기** 위해서 일을 하기 시작했다.

get public **support** 대중의 **지지**를 얻다

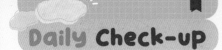

Daily Check-up

A 빈칸에 알맞은 우리말 뜻 또는 영어를 써넣어 워드맵을 완성하시오.

1 _____ 의견, 견해

생각과 요청

2 _____ ~을 이해하다 [알아내다]

3 _____ doubt

4 _____ 필요로 하다; 요구하다

5 _____ (정중히) 요청하다

6 _____ call for

주장 및 제안

7 c_____ 주장하다; 요구

8 _____ 논쟁; 논거, 주장

9 _____ force

10 _____ 고집하다

11 _____ 전달하다; 나르다

12 _____ propose

13 _____ 추천하다

14 _____ suggest

설득과 동의

15 _____ 설득하다

16 _____ 논의하다, 토론하다

17 _____ emphasize

18 _____ 납득[확신]시키다

19 _____ disagree

20 _____ 지지하다; 부양하다

B 우리말을 참고하여 어구 또는 문장을 완성하시오. (필요하면 단어 형태를 바꾸시오.)

1 _____ for help   도움을 요청하다

2 He _____ the importance of this meeting.
그는 이번 회의의 중요성을 강조했다.

3 Bikers are _____ to wear helmets.
오토바이를 타는 사람들은 헬멧 착용이 요구된다.

4 There were strong _____ for and against the war.
그 전쟁에 대해서 강한 찬반 주장들이 있었다.

5 There is no _____ that she is an excellent scholar.
그녀가 훌륭한 학자라는 것은 의심의 여지가 없다.

Review Test

A 들려주는 영어 단어를 쓴 후 우리말 뜻을 쓰시오.

영단어	뜻	영단어	뜻
1		**2**	
3		**4**	
5		**6**	
7		**8**	
9		**10**	
11		**12**	
13		**14**	
15		**16**	
17		**18**	
19		**20**	

B 다음 영영 풀이에 해당하는 알맞은 단어를 골라 쓰시오.

> 보기 conscious   sincere   considerate   bold   claim   request

1 not afraid of risk or danger   _____

2 to politely ask for something   _____

3 aware of something happening   _____

4 thinking about other people's feelings   _____

5 honest and showing what you really think   _____

6 to say that something is true without certain evidence   _____

C 밑줄 친 단어의 동의어(=) 또는 반의어(↔)를 골라 쓰시오.

| 보기 | proud | impolite | agree | decided |

1 We concluded the argument was wrong.　　　　= _____

2 It is rude to avoid eye contact during a
discussion.　　　　= _____

3 Are you ashamed of me?　　　　↔ _____

4 Nobody can disagree with the idea.　　　　↔ _____

D 다음을 읽고, 빈칸에 알맞은 단어를 우리말을 참고하여 쓰시오.

1 I became d_____ after I received my report card.
성적표를 받고 나서 나는 기분이 **우울해졌다.**

2 My uncle bought a new car and _____ it off.
삼촌은 새 차를 사서 그것을 **자랑했다.**

3 His outgoing _____ makes him popular with people.
그의 외향적인 **성격**은 그를 사람들에게 인기 있게 한다.

4 Kevin was e_____ by his classmates' attention.
Kevin은 반 친구들의 주목에 **쑥스러워했다.**

E 다음을 읽고, 빈칸에 들어갈 말을 골라 문장을 완성하시오.

| 보기 | temper | called for | persuade | sorrow |

1 The woman _____ help when she saw the accident.

2 How did you _____ your mother to agree to this?

3 He felt annoyed, but he was trying to control his _____.

4 Her face was filled with _____ when she heard the bad
news.

✿ 예문에서 뽑은 최중요 핵심 표현

핵심 표현 다시 점검하며 빈칸 완성해 보기

1 fall to one's knees 무릎을 꿇다

He _____ to his _____ and cried
for joy. 그는 **무릎을 꿇고** 기쁨의 눈물을 흘렸다.

2 sign up 등록하다, 가입하다

_____ to be an organ donor
장기 기증자로 **등록하다**

3 have an effect on ~에 영향을 끼치다

Alcohol has a direct _____ the liver.
술은 간에 직접적인 **영향을 끼친다.**

4 on one's own 혼자서

I can't lift the furniture _____.
나 혼자서 그 가구를 들어 올릴 수 없다.

5 make fun of ~를 놀리다

Jim _____ of his sister.
Jim은 여동생을 **놀려 댄다.**

6 be in a good/bad mood 기분이 좋다/나쁘다

Charlie was in a _____ today.
Charlie는 오늘 **기분이 좋지 않았다.**

7 break up with ~와 헤어지다

Tim feels depressed because he
_____ with Kate.
Tim은 Kate와 **헤어져서** 기분이 우울하다.

8 pass away   사망하다

She looked for comfort when her mother
_____. 그녀는 엄마가 **돌아가셨을** 때 위안을 찾고 싶어 했다.

9 remind *A* of *B*   A에게 B를 생각나게 하다

The city _____ her _____ her hometown.
그 도시는 그녀에게 고향을 **생각나게 한다**.

10 stand out   눈에 띄다

The contrast of colors made the painting
_____. 색채의 대비가 그림을 **눈에 띄게 했다**.

✿ 발음이나 철자가 유사한 혼동어

⁰¹⁸⁷ **roll** [roul] ⓥ 구르다; 뒹굴다 | **role** [roul] ⓝ 역할; 배역

★ 두 단어는 발음은 같지만 철자와 뜻이 다르다.

⁰²²⁵ **bold** [bould] ⓐ 용감한, 대담한 | **bald** [bɔːld] ⓐ (머리가) 벗겨진, 대머리의

★ 두 단어는 철자와 발음이 비슷해 보이지만 뜻이 완전히 다르다.

⁰²²⁸ **sensitive** [sénsətiv] ⓐ 세심한; 예민한 | ⁰²⁷⁷ **sensible** [sénsəbl] ⓐ 합리적인, 분별 있는

★ 철자가 비슷한 두 단어의 뜻과 발음 차이에 유의하자.

⁰²²⁹ **considerate** [kənsídərət] ⓐ 사려 깊은 | **considerable** [kənsídərəbəl] ⓐ 상당한, 많은

★ 철자가 비슷한 두 단어의 뜻과 발음 차이에 유의하자.

정답   **1** fell, knees **2** sign up **3** effect on **4** on my own **5** makes fun **6** bad mood
　　　7 broke up **8** passed away **9** reminds, of **10** stand out

PLAN 5

교통과 여가

architecture 건축(학)
entrance (출)입구
interior 내부(의)

crosswalk 횡단보도
automobile 자동차
steer 조종하다

건물

교통 1

교통과
여가

교통 2

여행

vehicle 운송 수단, 탈것
flight 비행; 항공기
destination 목적지

passport 여권
sightseeing 관광
attraction 명소; 매력

PASSPORT

MP3 듣기

✦ 건물과 위치

0301 • architecture
[ɑ́ːrkətèktʃər]

ⓝ 1 건축(학) 2 건축 양식

She decided to study **architecture** at her university.
그녀는 대학교에서 **건축학**을 공부하기로 결심했다.

Notre Dame Cathedral in Paris is the best example of Gothic **architecture**.
파리의 노트르담 대성당은 고딕 **건축 양식**의 가장 좋은 예이다.

0302 • landmark
[lǽndmɑ̀ːrk]

ⓝ 주요 지형지물

N Seoul Tower is a **landmark** in Seoul.
N 서울 타워는 서울의 **주요 지형지물**이다.

🗨 an object or building that you can easily see from a distance
(멀리서 쉽게 볼 수 있는 물체나 건물)

0303 • address
[ǽdres / ədrés]

ⓝ 1 주소 2 연설

Don't forget to write your home **address**.
너의 집 **주소**를 적는 걸 잊지 마.

The president delivered an **address** on TV.
대통령은 TV에서 **연설**을 했다.

0304 • locate
[lóukeit]

ⓥ 1 (위치 등을) 찾아내다 2 ~에 위치하다

The police are trying to **locate** the missing person.
경찰은 실종자를 **찾으려고** 애쓰고 있다.

The watch company is **located** in Geneva, Switzerland.
그 시계 회사는 스위스의 제네바에 **위치해 있다**.

✦ location ⓝ 장소, 위치

0305 • site
[sait]

ⓝ 장소, 부지

a building **site** 건축 **부지**
Machu Picchu in Peru is a UNESCO World Heritage **site**.
페루에 있는 마추픽추는 유네스코 세계 문화유산 보호 **지역[장소]**이다.

0306 • neighborhood
[néibərhùd]

ⓝ 근처, 이웃

A new school is going to be built in my **neighborhood**.
우리 집 **근처**에 새로운 학교가 지어질 예정이다.

✦ neighbor ⓝ 이웃 (사람)

0307 • rural
[rúərəl]

ⓐ 시골의, 전원의

Rural areas have more fields and fewer buildings.
시골 지역은 밭이 더 많고 건물이 더 적다.

0308 • urban
[ə́:rbən]

ⓐ 도시의

The **urban** environment is noisy and crowded.
도시의 환경은 시끄럽고 붐빈다.

✦ 건물 입구와 주변

0309 • entrance
[éntrəns]

ⓝ (출)입구 ↔ exit 출구

a main **entrance** 정문

There are many **entrances** to the subway station.
지하철역 안으로 들어가는 **입구**가 많다.

0310 • gate
[geit]

ⓝ 대문; 출입구

The security guard locks the palace **gate** at 9:00 p.m.
경비원은 저녁 9시에 궁궐의 **대문**을 잠근다.

★ gate: 주로 담이나 울타리에 연결되어 있는 문
door: 건물, 방 등에 연결된 문

0311 • porch
[pɔːrtʃ]

ⓝ 현관

a front / back **porch** 앞 / 뒤 **현관**

I sat waiting on the **porch** for my friend to come.
나는 **현관**에 앉아서 친구가 오기를 기다렸다.

0312 • garage
[gərɑ́ːʒ]

ⓝ 차고

My aunt sometimes parks her car in our **garage**.
이모는 가끔 우리 **차고**에 이모 차를 주차한다.

garage sale **차고** 세일(중고 물품 세일)

★ garage sale은 미국에서 볼 수 있는 모습으로, 집에서 더 이상 안 쓰는 옷, 책 등과
같은 물건을 자신의 집 차고에서 저렴한 가격에 파는 것을 말한다.

0313 • lawn
[lɔːn]

ⓝ 잔디밭

My mother mows our **lawn** twice a month.
엄마는 한 달에 두 번 **잔디밭**을 깎으신다.

✦ 건물 내부

0314 • **interior**
[intíriər]

ⓐ 내부의 **ⓝ** 내부 ↔exterior 외부의; 외부

interior design 실내 장식
The **interior** of the building was painted white.
그 건물의 **내부**는 하얀색으로 페인트칠 되어 있었다.

ⓝ the inside or inner part of a building

0315 • **staircase**
[stéərkèis]

ⓝ 계단

This **staircase** leads to the second floor of the library.
이 **계단**은 도서관 2층으로 이어진다.

★ staircase는 건물 내부에 난간이 있는 계단을 말한다.

0316 • **column**
[kɑ́:ləm]

ⓝ 기둥 ⊜pillar

The **columns** of most Greek temples were
made of marbles.
대부분의 그리스 신전의 **기둥들**은 대리석으로 만들어졌다.

0317 • **hallway**
[hɔ́:lwèi]

ⓝ 복도 ⊜hall, corridor

Do not run in the **hallway** because it will be noisy.
시끄러울 것이기 때문에 **복도**에서 뛰지 마세요.

0318 • **aisle**
[ail]

ⓝ 통로

an **aisle** seat 통로 쪽 좌석
Please clear the **aisle** so that people can pass by.
사람들이 지나갈 수 있도록 **통로**를 비워주세요.

★ aisle은 보통 교회, 극장, 비행기 등의 좌석 사이의 사람들이 지나다니는 통로를
말한다.

0319 • **basement**
[béismənt]

ⓝ 지하실, 지하층

Store all your winter clothes in the **basement**.
네 모든 겨울옷은 **지하실**에 보관하렴.

★ cf. attic 다락방

0320 • **exit**
[égzit / éksit]

ⓝ 출구 ⊜way out **ⓥ** 나가다

There are two **exits** at the back of this airplane.
이 비행기 뒤쪽에 두 개의 **출구**가 있다.

They **exited** through the back door.
그들은 뒷문으로 **나갔다**.

Daily Check-up

A 빈칸에 알맞은 우리말 뜻 또는 영어 단어를 써넣어 워드맵을 완성하시오.

건물

건물과 위치

1 _____
건축; 건축 양식

2 _____
address

3 _____
주요 지형지물

4 _____
locate

5 _____
근처, 이웃

6 _____
site

7 _____
도시의

8 _____
rural

건물 입구와 주변

9 _____
(출)입구

10 _____
gate

11 _____
현관

12 _____
garage

13 _____
잔디밭

건물 내부

14 _____
내부의; 내부

15 _____
staircase

16 _____
기둥

17 _____
복도

18 _____
aisle

19 _____
지하실, 지하층

20 _____
exit

B 우리말을 참고하여 문장을 완성하시오. (필요하면 단어 형태를 바꾸시오.)

1 My mother mows our _____ twice a month.
엄마는 한 달에 두 번 잔디밭을 깎으신다.

2 The _____ of the building was painted white.
그 건물의 내부는 하얀색으로 페인트칠 되어 있었다.

3 I sat waiting on the _____ for my friend to come.
나는 현관에 앉아서 친구가 오기를 기다렸다.

4 The watch company is _____ in Geneva, Switzerland.
그 시계 회사는 스위스의 제네바에 위치해 있다.

5 Notre Dame Cathedral in Paris is the best example of Gothic _____.
파리의 노트르담 대성당은 고딕 건축 양식의 가장 좋은 예이다.

MP3 듣기

✦ 도로와 인도

0321 • highway
[háiwèi]

ⓝ 고속 도로

The speed limit on this **highway** is 80km per hour.
이 **고속 도로**에서의 제한 속도는 시속 80km이다.

★ highway는 미국에서 쓰며, 영국에서는 고속 도로를 motorway라고 한다.

0322 • crossroad
[krɔ́:sròud]

ⓝ 교차로

There are a lot of cars at the **crossroads**.
교차로에 차가 많이 있다.

🔲 a place where two roads cross each other
(두 도로가 서로 교차하는 곳)

0323 • crosswalk
[krɔ́:swɔ:k]

ⓝ 횡단보도

Drivers should pay a fine when they stop on a
crosswalk on purpose.
운전자들이 일부러 **횡단보도**에 차를 정차하면 벌금을 내야 한다.

🔲 a path where people can walk to the other side of a street
(사람들이 도로 반대편으로 걸어갈 수 있는 길)

0324 • sidewalk
[sáidwɔ̀:k]

ⓝ 보도, 인도

walk along the **sidewalk** 인도를 걷다

Sometimes people ride their bikes on the **sidewalk**.
가끔 사람들이 **보도**에서 자전거를 탄다.

0325 • pedestrian
[pədéstriən]

ⓝ 보행자 ⓐ 보행자의

As long as dangerous drivers exist, **pedestrians** are
not safe from cars.
위험한 운전자들이 존재하는 한 **보행자들**은 차로부터 안전하지 않다.

a **pedestrian** zone **보행자** 전용 구역

🔲 a person walking on the street

0326 • traffic light
[trǽfik làit]

ⓝ 신호등

Wait for the **traffic light** to turn green.
신호등이 초록불로 바뀔 때까지 기다리세요.

✤ 자동차

0327 • automobile
[ɔ́ːtəməbìːl]

ⓝ 자동차

automobile industry 자동차 산업
The first modern **automobile** was built by Karl Benz.
최초의 현대식 **자동차**는 칼 벤츠가 만들었다.

0328 • brake
[breik]

ⓝ 브레이크, 제동 장치

Use the **brakes** when driving downhill.
내리막길을 운전할 때는 **브레이크**를 사용하세요.

0329 • wheel
[wiːl]

ⓝ 바퀴

front / back **wheels** 앞 / 뒷**바퀴**
There are three **wheels** on a tricycle.
세발자전거는 **바퀴**가 세 개이다.

0330 • electric
[iléktrik]

ⓐ 전기의

an **electric** car 전기 자동차
The power of an **electric** motor is measured in kilowatts.
전기 모터의 전력은 킬로와트로 측정된다.

0331 • seatbelt
[síːtbèlt]

ⓝ 안전벨트

Always put on your **seatbelt** when you're in a car.
차 안에서는 **안전벨트**를 항상 착용하세요.

✤ 운전

0332 • steer
[stíər]

ⓥ (배·비행기·자동차 등을) 조종하다, 몰다

The captain **steered** the ship away from the iceberg.
선장은 빙하를 피해 배를 **조종했다**.

🔲 to control the direction of a vehicle
   (운송 수단의 방향을 조절하다)

★ steering wheel 핸들

0333 • license
[láisns]

ⓝ 면허(증)   ⓥ (공식적으로) 허가하다

I got my driver's **license** when I was eighteen.
나는 18살에 운전**면허**를 땄다.

The drug has been **licensed** for use.
그 약은 사용이 **허가되었다**.

0334 • accelerate
[əksélərèit]

ⓥ 1 속도를 높이다 2 가속화하다

The car **accelerated** to its top speed as the driver stepped on the pedal.
운전자가 페달을 밟자 차가 최고 속도로 **속도를 높였다**.

plans to **accelerate** business growth
사업 성장을 **가속화하는** 계획들

0335 • recharge
[ri:tʃɑ́:rdʒ]

ⓥ 재충전하다

You need to **recharge** your car's battery before you head out tomorrow.
내일 출발하기 전에 너는 자동차 전지를 **재충전해야** 해.

0336 • gas station
[gǽs stèiʃən]

ⓝ 주유소

Remind me to stop by the **gas station**.
주유소에 들르라고 내게 얘기 좀 해줘.

🔄 stop by a gas station 주유소에 들르다

0337 • pick up

〜를 (차에) 태우러 가다

I'm on my way to **pick** her **up**.
나는 그녀를 **태우러 가는** 중이다.

0338 • flat
[flæt]

ⓐ 1 평평한 2 바람이 빠진

flat ground 평평한 땅

We got a **flat** tire on our way to our grandmother's.
우리는 할머니 댁에 가는 길에 타이어에 **바람이 빠졌다**.

0339 • break down

(기계·차량이) 고장 나다

Our car **broke down**, so we had to take a taxi.
우리 차가 **고장이 나서** 우리는 택시를 타야 했다.

0340 • parking lot
[pá:rkiŋ la:t]

ⓝ 주차장

The **parking lot** was full even before the store opened.
상점이 열기 전부터 이미 **주차장**은 꽉 찼다.

★ parking lot: 건물 밖의 주차장
parking garage: 실내 주차장, 주차장 건물

Daily Check-up

A 빈칸에 알맞은 우리말 뜻 또는 영어를 써넣어 워드맵을 완성하시오.

교통

도로와 인도

1 _____ 고속 도로

2 _____ crossroad

3 _____ 횡단보도

4 _____ sidewalk

5 _____ 보행자; 보행자의

6 _____ traffic light

자동차

7 _____ 자동차

8 _____ brake

9 _____ wheel

10 _____ 안전벨트

11 _____ electric

운전

12 _____ 면허(증); 허가하다

13 _____ steer

14 _____ 속도를 높이다

15 _____ recharge

16 _____ 주유소

17 _____ pick up

18 _____ 평평한; 바람이 빠진

19 _____ break down

20 _____ 주차장

B 우리말을 참고하여 문장을 완성하시오. (필요하면 단어 형태를 바꾸시오.)

1 Remind me to stop by the _____.
주유소에 들르라고 내게 얘기 좀 해줘.

2 The captain _____ the ship away from the iceberg.
선장은 빙하를 피해 배를 조종했다.

3 Always put on your _____ when you're in a car.
차 안에서는 안전벨트를 항상 착용하세요.

4 We got a _____ tire on our way to our grandmother's.
우리는 할머니 댁에 가는 길에 타이어에 바람이 빠졌다.

5 As long as dangerous drivers exist, _____ are not safe from cars.
위험한 운전자들이 존재하는 한 보행자들은 차로부터 안전하지 않다.

MP3 듣기

0341 • **traffic**
[trǽfik]

ⓝ (차·사람 등의) 교통(량), 통행

a **traffic** jam 교통 체증
The police restricted **traffic** during the event.
행사 동안에 경찰은 **통행**을 제한했다.

✚ 대중교통

0342 • **vehicle**
[víːhikl / víːəkl]

ⓝ 운송 수단, 탈것, 차

The **vehicle** was parked in a no-parking zone.
그 **차**는 주차 금지 구역에 주차되어 있었다.

0343 • **passenger**
[pǽsindʒər]

ⓝ 승객

a **passenger** train 여객 열차
Passengers on the plane should turn off their cellphones.
비행기에 탑승한 **승객**은 휴대폰을 꺼야 한다.

영영 a person traveling on a plane, bus, or another vehicle

0344 • **transport**
ⓥ [trænspɔ́ːrt]
ⓝ [trǽnspɔːrt]

ⓥ 수송하다 ⓝ 수송 (수단)

Our products are safely **transported** by ship.
우리 제품은 배로 안전하게 **수송된다**.
public **transport** [transportation] 대중**교통** 수단

✚ transportation ⓝ 수송 (수단)

★ '수송, 운송'을 표현할 때 영국 영어에서는 transport, 미국 영어는 transportation으로 주로 쓴다.

0345 • **transfer**
[trænsfə́r]

ⓥ 1 이동하다 2 환승하다

The painting was **transferred** to the national museum.
그 그림은 국립 박물관으로 **옮겨졌다**.

He **transferred** to the blue line on the subway to get to Myeongdong.
그는 명동에 가기 위해서 지하철의 파란 노선으로 **환승했다**.

0346 • **fare**
[feər]

ⓝ (교통) 요금

a half / full **fare** 반액/전액 요금
How much is the bus **fare**? 버스 **요금**은 얼마입니까?

✤ 비행 및 선박

0347 • **flight**

[flait]

ⓝ 1 비행 　2 항공기

A **flight** from Seoul to New York takes about 14 hours.
서울에서 뉴욕까지의 **비행**은 14시간 정도 걸린다.

Passengers miss their **flights** for a variety of reasons.
승객들은 다양한 이유로 **비행기**를 놓친다.

🔲 1 a journey by flying to a place

0348 • **aircraft**

[éərkræ̀ft]

ⓝ 항공기

a military **aircraft** 군용기

We had to remain on the **aircraft** until the pilot turned off the safety sign.
조종사가 안전 표시를 끄기 전까지 우리는 **항공기** 안에 있어야만 했다.

🔲 a plane, helicopter, or other vehicle that can fly

0349 • **ferry**

[féri]

ⓝ 연락선, 여객선

The **ferry** to Positano departs from the terminal every 30 minutes.
Positano로 가는 **연락선**은 터미널에서 30분마다 출발한다.

🔲 a ship that transports people or items short distances
(사람이나 물건을 근거리로 수송하는 배)

0350 • **crew**

[kru:]

ⓝ 승무원

The **crew** assisted the young child in finding her seat.
승무원은 어린아이가 자리 찾는 것을 도와주었다.

🔲 the people who work on a ship, plane, etc.

0351 • **cabin**

[kǽbin]

ⓝ 객실, 선실

cabin crew (비행기의) **객실** 승무원

The captain of the ship went inside his **cabin** to get some rest.
선장은 휴식을 취하기 위해 **객실**로 들어갔다.

🔲 a room on a ship or boat

0352 • **deck**

[dek]

ⓝ (배의) 갑판

The children played hide-and-seek on the **deck**.
아이들은 **갑판**에서 숨바꼭질을 하면서 놀았다.

✈ 운항

0353 • board
[bɔːrd]

ⓥ 탑승하다

He **boarded** the plane on time.
그는 제시간에 비행기에 **탑승했다**.

📢 to get onto a ship, airplane, train, etc.

0354 • take off

이륙하다

The plane could not **take off** due to technical problems.
비행기가 기술적인 문제 때문에 **이륙할** 수 없었다.

0355 • delay
[diléi]

ⓝ 지연, 지체   ⓥ 지연시키다

The two-hour **delay** made the passengers upset.
2시간 **지연**은 승객들을 화나게 했다.

The subway was **delayed** by 30 minutes this morning.
오늘 아침 지하철이 30분 **지연됐다**.

0356 • via
[váiə / víːə]

prep ~을 경유하여, ~을 거쳐

My uncle flew to Turkey **via** China.
삼촌은 비행기를 타고 중국을 **경유하여** 터키로 갔다.

0357 • route
[ruːt / raut]

ⓝ 1 경로   2 노선

This **route** is the fastest way to my house from yours.
이 **경로**가 너의 집에서 우리 집까지 가장 빠른 길이야.

a bus **route**   버스 노선

0358 • land
[lænd]

ⓥ 착륙[도착]하다   = arrive   ⓝ 육지, 땅

I called my parents right after we **landed** in Korea.
우리가 한국에 **착륙하고** 나서 바로 나는 부모님께 전화 드렸다.

A hotel will be built on the **land** near the river.
호텔이 강 근처의 **땅**에 지어질 것이다.

0359 • destination
[dèstənéiʃən]

ⓝ 목적지, 행선지

It takes 3 hours to reach our **destination**.
우리의 **목적지**에 도착하는 데 3시간이 걸린다.

0360 • journey
[dʒə́ːrni]

ⓝ 여정, 여행

I want to go on this **journey** on my own.
나는 이번 **여행**을 혼자 하고 싶다.

★ journey는 먼 곳으로 오래 하는 여행을 표현할 때 쓰며, trip은 journey보다는
비교적 짧은 여행을 뜻한다. trip은 여행을 갔다 되돌아오는 것까지의 의미가
포함되어 있지만, journey는 편도의 의미만 있다.

Daily Check-up

A 빈칸에 알맞은 우리말 뜻 또는 영어를 써넣어 워드맵을 완성하시오.

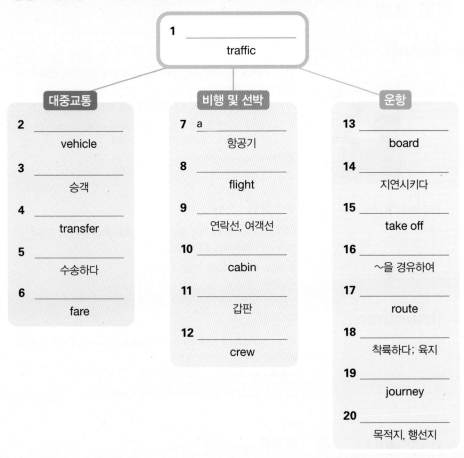

1 _____
traffic

대중교통

2 _____
vehicle

3 _____
승객

4 _____
transfer

5 _____
수송하다

6 _____
fare

비행 및 선박

7 a _____
항공기

8 _____
flight

9 _____
연락선, 여객선

10 _____
cabin

11 _____
갑판

12 _____
crew

운항

13 _____
board

14 _____
지연시키다

15 _____
take off

16 _____
~을 경유하여

17 _____
route

18 _____
착륙하다; 육지

19 _____
journey

20 _____
목적지, 행선지

B 우리말을 참고하여 문장을 완성하시오. (필요하면 단어 형태를 바꾸시오.)

1 He _____ the plane on time.
그는 제시간에 비행기에 **탑승했다**.

2 My uncle flew to Turkey _____ China.
삼촌은 비행기를 타고 중국을 **경유하여** 터키로 갔다.

3 The police restricted _____ during the event.
행사 동안에 경찰은 **통행**을 제한했다.

4 The children played hide-and-seek on the _____.
아이들은 **갑판**에서 숨바꼭질을 하면서 놀았다.

5 _____ on the plane should turn off their cellphones.
비행기에 탑승한 **승객**은 휴대폰을 꺼야 한다.

MP3 듣기

♣ 여행 준비

0361 • **agent**
[èidʒənt]

🄝 대리인, 중개상

The travel **agent** suggested several destinations for our honeymoon.
여행사 **직원**은 신혼여행으로 여러 행선지를 추천해줬다.

📖 a person who acts in the place of another person or group (다른 사람이나 단체를 대신해서 행동하는 사람)

★ travel agency 여행사

0362 • **schedule**
[skédʒuːl]

🄝 1 일정 2 시간표

Did you receive the **schedule** for this family trip?
너는 이번 가족 여행 **일정**을 받았니?

a train **schedule** 기차 **시간표**

0363 • **insurance**
[inʃúərəns]

🄝 보험

It is important to buy travel **insurance** before going on a trip.
여행을 가기 전에 여행 **보험**에 가입하는 것이 중요하다.

🔁 buy travel insurance 여행 보험에 가입하다

0364 • **passport**
[pǽspɔ̀ːrt]

🄝 여권

Don't forget to bring your **passport** to the airport.
공항에 **여권** 챙겨가는 것을 잊지 마세요.

0365 • **baggage**
[bǽgidʒ]

🄝 수하물 ⫴luggage

You have to check your **baggage** before boarding the plane.
비행기에 탑승하기 전에 **수하물**을 부쳐야 한다.

🔁 check something (비행기, 기차 등을 탈 때 수하물을) 부치다

📖 the bags, suitcases, and personal things that someone carries when traveling (여행할 때 가지고 다니는 가방, 여행 가방, 개인적인 것들)

0366 • **suitcase**
[súːtkèis]

🄝 여행 가방

How many **suitcases** are you bringing with you?
당신은 몇 개의 **여행 가방**을 가지고 가나요?

✤ 휴가

0367 **vacation**
[veikéiʃən]

ⓝ 방학, 휴가 🟰holiday

I'm planning to visit my aunt in Austria during **vacation**.
나는 **방학** 동안 오스트리아에 계신 이모 댁을 방문할 계획이다.

📖 a break from work or school

0368 **foreign**
[fɔ́:rən]

ⓐ 외국의

Have you ever visited a **foreign** country?
당신은 **외국**을 간 적이 있습니까?

✚ foreigner ⓝ 외국인

0369 **cancel**
[kǽnsəl]

ⓥ 취소하다

Our flight was **canceled** due to bad weather conditions.
악천후 때문에 우리 비행기가 **취소됐다**.

0370 **reservation**
[rèzərvéiʃən]

ⓝ 예약

Did you make **reservations** for dinner at the restaurant?
식당에 저녁 식사 **예약**을 했나요?

📖 an arrangement to use a hotel, restaurant, or plane
(호텔, 식당, 비행기를 이용하기 위한 준비)

0371 **check in**

탑승[투숙] 수속을 밟다

You can **check in** four hours before your flight's departure time.
비행 출발 시간 네 시간 전부터 **탑승 수속을 밟을** 수 있습니다.

0372 **sightseeing**
[sáitsì:iŋ]

ⓝ 관광

go **sightseeing** 관광을 하다[가다]

I took a **sightseeing** bus to make my trip easier.
편하게 여행을 하기 위해서 나는 **관광**버스를 탔다.

✤ 관광지

0373 **tourist**
[túərist]

ⓝ 관광객

tourist office 관광 안내소

Tourists love to try the country's street food.
관광객들은 그 나라의 길거리 음식을 맛보기를 좋아한다.

0374 • background
[bǽkgraùnd]

ⓝ 배경

The **background** of the photo is a beautiful beach in Hawaii.
그 사진의 **배경**은 하와이의 아름다운 해변이다.

Tourists have different cultural **backgrounds**.
관광객들은 다양한 문화적 **배경**을 가지고 있다.

0375 • scenery
[síːnəri]

ⓝ 경치, 풍경 ⓔ landscape

The **scenery** in Tuscany was breathtaking.
토스카나 지역의 **경치**는 숨이 멎을 정도로 아름다웠다.

0376 • impressive
[imprésiv]

ⓐ 인상적인, 감명 깊은

The lake was **impressive** with its beautiful scenery.
그 호수는 아름다운 경치로 **인상적**이었다.

0377 • amusement park
[əmjúːzmənt pɑːrk]

ⓝ 놀이공원

Lotte World is a famous **amusement park** in Seoul.
롯데월드는 서울에 있는 유명한 **놀이공원**이다.

0378 • attraction
[ətrǽkʃən]

ⓝ 1 명소 2 매력

There are so many tourist **attractions** to visit in Rome.
로마에는 방문해야 할 관광 **명소**가 아주 많다.

What is the **attraction** of the job?
그 일의 **매력**은 무엇인가요?

➕ attract ⓥ 끌어 모으다 | attractive ⓐ 매력적인

0379 • souvenir
[sùːvəníər]

ⓝ 기념품

souvenir shop **기념품** 가게

He bought some **souvenirs** at the gift shop.
그는 선물 가게에서 **기념품**을 좀 샀다.

🗒 an object that is sold at tourist sites to remind tourists of their trip (관광객들이 여행을 떠올리게 하기 위해 관광지에서 파는 물건)

0380 • customs
[kʌ́stəmz]

ⓝ 세관; 관세

All the tourists flying in from Beijing had to pass through **customs**.
베이징에서 들어오는 모든 관광객들은 **세관**을 통과해야 했다.

customs duty **관세**

Daily Check-up

A 빈칸에 알맞은 우리말 뜻 또는 영어를 써넣어 워드맵을 완성하시오.

여행

여행 준비
1 _____ 대리인, 중개상
2 _____ 일정; 시간표
3 _____ insurance
4 _____ 여권
5 _____ suitcase
6 _____ 수하물

휴가
7 _____ 방학, 휴가
8 _____ foreign
9 _____ 예약
10 _____ cancel
11 _____ 탑승[투숙] 수속을 밟다
12 _____ 관광

관광지
13 _____ attraction
14 _____ 놀이공원
15 _____ scenery
16 _____ 관광객
17 _____ impressive
18 _____ 배경
19 _____ souvenir
20 _____ 세관; 관세

B 우리말을 참고하여 문장을 완성하시오. (필요하면 단어 형태를 바꾸시오.)

1 Have you ever visited a _____ country?
당신은 **외국**을 간 적이 있습니까?

2 Lotte World is a famous _____ in Seoul.
롯데월드는 서울에 있는 유명한 **놀이공원**이다.

3 The _____ in Tuscany was breathtaking.
토스카나 지역의 **경치**는 숨이 멎을 정도로 아름다웠다.

4 Our flight was _____ due to bad weather conditions.
악천후 때문에 우리 비행기가 **취소됐다**.

5 You have to check your _____ before boarding the plane.
비행기에 탑승하기 전에 **수하물**을 부쳐야 한다.

Review Test

A 들려주는 영어 단어와 어구를 쓴 후 우리말 뜻을 쓰시오.

영단어	뜻	영단어	뜻
1		2	
3		4	
5		6	
7		8	
9		10	
11		12	
13		14	
15		16	
17		18	
19		20	

B 다음 영영 풀이에 해당하는 알맞은 단어를 골라 쓰시오.

보기 landmark   crew   passenger   steer   souvenir   pedestrian

1 a person walking on the street   _____

2 to control the direction of a vehicle   _____

3 the people who work on a ship, plane, etc.   _____

4 a person traveling on a plane, bus, or another vehicle _____

5 an object or building that you can easily see
   from a distance   _____

6 an object that is sold at tourist sites to remind
   tourists of their trip   _____

C 밑줄 친 단어의 동의어(=) 또는 반의어(↔)를 골라 쓰시오.

| 보기 | exterior   holiday   land   landscape |

1 I'm going to Canada during winter vacation.   = _____

2 We drove through some beautiful scenery.   = _____

3 The plane is going to take off.   ↔ _____

4 I want the interior of this building painted yellow.   ↔ _____

D 다음을 읽고, 두 문장에 공통으로 들어갈 단어를 골라 쓰시오.

| 보기 | column   exit   address   flat |

1 We had to stop to fix a(n) _____ tire.

I need a(n) _____ surface to write on.

2 There was no return _____ on the envelope.

He prepared a(n) _____ for the special event.

E 다음을 읽고, 빈칸에 알맞은 단어를 우리말을 참고하여 쓰시오.

1 _____ to line number 3 at this stop.
이번 역에서 3호선으로 **갈아타세요**.

2 Every year, Paris is flooded with _____.
매년 파리는 **관광객들**로 넘쳐난다.

3 I had to _____ my dinner reservation.
나는 저녁 식사 예약을 **취소해야** 했다.

4 Our flight was _____ed due to mechanical problems.
기계적 결함 때문에 우리의 비행이 **지연되었다**.

PLAN

6

문화 예술

artwork 미술품
exhibition 전시회; 전시
appreciate 감상하다

broadcast 방송(하다)
mass media 대중 매체
affect 영향을 미치다

예술

방송과
언론

문화
예술

패션

jewelry 보석류
formal 격식을 차린
costume 의상

MP3 듣기

✤ 예술 작품

0381 • artwork
[ɑ́ːrtwə̀ːrk]

ⓝ 미술품, 예술품

She bought a piece of **artwork** from the gallery.
그녀는 화랑에서 **미술품** 하나를 구입했다.

🔳 paintings, sculptures, photographs, etc. produced by artists

0382 • sculpture
[skʌ́lptʃər]

ⓝ 조각품

The garden is beautifully decorated with **sculptures**.
정원은 **조각품들**로 아름답게 꾸며져 있다.

🔳 a piece of art made out of stone, wood, etc.

0383 • masterpiece
[mǽstərpìːs]

ⓝ 걸작, 명작

The *Mona Lisa* is one of the world's greatest
masterpieces. '모나리자'는 전 세계의 위대한 **걸작** 중 하나이다.

0384 • craft
[kræft]

ⓝ 1 공예, (복수로) 공예품 2 기술

a **craft** fair 공예 전시회

The writer learned his **craft** by practicing writing every day.
그 작가는 매일 글쓰기를 연습하면서 자신의 **기술**을 배웠다.

🔳 1 an activity during which one makes things by using one's
hands (손을 사용하여 무언가를 만드는 활동)

0385 • represent
[rèprizént]

ⓥ 1 대표[대신]하다 2 나타내다, 상징하다

The manager will **represent** the company at the meeting.
그 매니저가 회의에서 회사를 **대표할** 것이다.

The artist's paintings **represent** love and hope.
그 예술가의 그림은 사랑과 희망을 **나타낸다**.

✤ 창작

0386 • creation
[kriéiʃən]

ⓝ 1 창조, 창작 2 창작물

the **creation** of a unique artwork 독특한 미술품의 **창작**

A sculpture is the artistic **creation** of a sculptor.
조각품은 조각가의 예술 **창작물**이다.

✚ create ⓥ 창조[창작]하다 | creative ⓐ 창의적인

0387 • **imaginative**

[imǽdʒənətiv]

ⓐ 창의적인, 상상력이 풍부한   ⊜ creative

Salvador Dali is famous for his **imaginative** approach to the world of art.
살바도르 달리는 예술 세계에 대한 **창의적인** 접근법으로 유명하다.

0388 • **abstract**

[ǽbstrækt]

ⓐ 추상적인

an **abstract** painting   추상화
For me, art is an **abstract** concept.
나에게 미술은 **추상적인** 개념이다.

0389 • **original**

[ərídʒənəl]

ⓐ 1 원래의   2 독창적인

My **original** plan was to visit the Louvre Museum.
내 **원래** 계획은 루브르 박물관에 방문하는 것이었다.

an **original** idea   독창적인[기발한] 생각

✦ 전시와 공연

0390 • **exhibition**

[èksəbíʃən]

ⓝ 전시회; 전시

We went to see the Van Gogh art **exhibition** yesterday.
우리는 어제 반 고흐 미술 **전시회**를 보러 갔다.

✦ exhibit ⓥ 전시하다   ⓝ 전시회; 전시품

0391 • **display**

[displéi]

ⓥ 전시하다   ⊜ show, exhibit   ⓝ 전시, 진열

Michelangelo's artwork is **displayed** in museums all over Italy.
미켈란젤로의 예술품은 이탈리아 전역의 박물관에 **전시되어** 있다.

a **display** of ice sculptures   얼음 조각품의 **전시**

0392 • **performance**

[pərfɔ́ːrməns]

ⓝ 공연; 연주회

The ballet **performance** will start at 7:00 at the art center.
발레 **공연**은 아트 센터에서 7시에 시작할 것이다.

🗨 an activity such as acting, singing, or dancing

0393 • **classical**

[klǽsikəl]

ⓐ 1 고전적인   2 (음악이) 클래식의

classical dance   고전 무용

I am a fan of **classical** music, especially Mozart.
나는 **클래식** 음악, 특히 모차르트 음악의 팬이다.

0394 • stage
[steidʒ]

ⓝ 1 단계   2 무대

the early **stages** of economic development
경제 개발의 초기 **단계**

The actors passionately sang and danced on **stage**.
배우들은 **무대** 위에서 열정적으로 노래하고 춤을 췄다.

0395 • audience
[ɔ́ːdiəns]

ⓝ 관중; 청중

a large **audience**   많은 **관중**

The **audience** sang along with the band.
관중은 밴드에 맞춰 노래를 불렀다.

✚ 감상과 평가

0396 • appreciate
[əpríːʃièit]

ⓥ 1 진가를 알아보다; 감상하다   2 고마워하다

appreciate a poem   시를 **감상하다**

Thank you for your help. I **appreciate** it.
도와줘서 고마워. 정말 **고마워**.

📖 1 to understand how good someone or something is

0397 • impression
[impréʃən]

ⓝ 인상, 느낌   ⊜ idea, feeling

What was your first **impression** of Munch's famous
painting *The Scream*?
뭉크의 유명한 그림 '절규'에 대한 너의 첫 **인상**은 어땠니?

0398 • inspire
[inspáiər]

ⓥ 고무하다, 격려하다

The story **inspired** me to become a writer.
그 이야기는 내가 작가가 되도록 **고무했다**.

✚ inspiration ⓝ 영감

0399 • value
[vǽljuː]

ⓝ 가치   ⓥ 가치 있게 생각하다

Most of Monet's paintings have a very high **value**.
대부분의 모네 그림들은 아주 높은 **가치**가 있다.

Gold has been highly **valued** throughout history.
금은 역사상 아주 **가치 있게 생각되어** 왔다.

0400 • critic
[krítik]

ⓝ 비평가, 평론가

an art **critic**   미술 **평론가**

The **critic** wrote a review of the performer's acting.
비평가는 그 공연자의 연기에 대한 논평을 썼다.

Daily Check-up

A 빈칸에 알맞은 우리말 뜻 또는 영어 단어를 써넣어 워드맵을 완성하시오.

예술

예술 작품

1 _____ 미술품, 예술품

2 _____ masterpiece

3 _____ 조각품

4 _____ craft

5 _____ 나타내다

전시와 공연

10 _____ exhibition

11 _____ 전시하다; 전시

12 _____ classical

13 _____ 공연; 연주회

14 _____ audience

15 _____ 단계; 무대

감상과 평가

16 _____ 진가를 알아보다; 감상하다

17 _____ impression

18 _____ 가치 (있게 생각하다)

19 _____ inspire

20 _____ 비평가, 평론가

창작

6 _____ creation

7 _____ 창의적인

8 _____ 원래의; 독창적인

9 _____ abstract

B 우리말을 참고하여 어구 또는 문장을 완성하시오. (필요하면 단어 형태를 바꾸시오.)

1 an _____ painting 추상화

2 The _____ sang along with the band.
관중은 밴드에 맞춰 노래를 불렀다.

3 Gold has been highly _____ throughout history.
금은 역사상 아주 가치 있게 생각되어 왔다.

4 My _____ plan was to visit the Louvre Museum.
내 원래 계획은 루브르 박물관에 방문하는 것이었다.

5 The garden is beautifully decorated with _____.
정원은 조각품들로 아름답게 꾸며져 있다.

PLAN 6

DAY 20 예술 ★ **115**

MP3 듣기

0401 · broadcast
[brɔ́ːdkæst]
broadcast-broadcast(ed)
-broadcast(ed)

ⓥ 방송하다   ⓝ 방송

Her concert was **broadcast** live on TV yesterday.
그녀의 공연은 어제 TV에서 생**방송되었다**.

a news **broadcast** 뉴스 **방송**

0402 · press
[pres]

ⓝ 신문, 언론   ⓥ 누르다

The **press** mainly reported on the issue.
언론은 그 문제에 대해 주로 보도했다.

Press the button to turn on the light.
불을 켜려면 버튼을 **누르세요**.

✤ TV와 방송

0403 · advertise
[ǽdvərtàiz]

ⓥ 광고하다

The company spent millions of dollars **advertising** its products.
그 회사는 자사 제품을 **광고하는** 데 수백만 달러를 썼다.

✤ advertisement ⓝ 광고

0404 · entertainment
[èntərtéinmənt]

ⓝ (영화·음악 등의) 오락(물)

Music is a form of **entertainment**.
음악은 **오락**의 한 형태이다.

🔲 films, television programs, and performances that give people pleasure

---

0405 · trend
[trend]

ⓝ 1 동향, 추세   2 유행

the growing **trend** of reality TV shows
리얼리티 TV 쇼의 증가 **추세**

It's so hard to keep up with new **trends** these days.
요즘 새로운 **유행**을 따라가는 게 너무 힘들다.

0406 · celebrity
[səlébrəti]

ⓝ (유명) 연예인; 유명 인사

Have you ever dreamed of marrying your favorite **celebrity**?
네가 좋아하는 **연예인과** 결혼하는 상상을 해본 적이 있니?

🔲 a famous person who usually appears on TV

0407 · fame
[feim]

ⓝ **명성**

Bill Gates earned his **fame** as the co-founder of Microsoft.
빌 게이츠는 마이크로소프트사의 공동 창립자로 **명성**을 얻었다.

0408 · script
[skript]

ⓝ **대본, 각본**

a film **script** 영화 **대본**
The actor has a hard time memorizing the **script**.
그 배우는 **대본**을 외우는 데 힘들어한다.

0409 · adapt
[ədǽpt]

ⓥ 1 **적응하다[시키다]**　2 **각색하다**

It takes time to **adapt** to a new system.
새로운 시스템에 **적응하는** 것은 시간이 걸린다.

His novel was **adapted** into a TV drama.
그의 소설은 TV 드라마로 **각색되었다**.

0410 · visual
[víʒuəl]

ⓐ **시각의**

visual aid **시각** 자료
The movie was boring, but the **visual** effects were amazing.
그 영화는 지루했지만 **시각** 효과는 놀라웠다.

✦ 언론 기사

0411 · mass media
[mǽs míːdiə]

ⓝ **대중 매체**

The royal wedding got a lot of attention from the **mass media**.
그 왕실 결혼식은 **대중 매체**로부터 많은 관심을 받았다.

🔲 newspapers, television, and radio that provide information to the public

0412 · journal
[dʒə́ːrnl]

ⓝ 1 **학술지, (전문) 잡지**　2 **일기**

He had his work published in a scientific **journal**.
그는 자신의 연구를 과학 **잡지**에 실었다.

keep a **journal** **일기**를 쓰다

0413 · journalist
[dʒə́ːrnəlist]

ⓝ **기자**

My aunt worked as a **journalist** at the *Economist*.
우리 이모는 Economist 지의 **기자**로 일했다.

0414 • headline
[hédlàin]

ⓝ (신문 기사의) 표제

The **headline** in today's newspaper caught my attention.
오늘 신문의 **표제**가 내 주목을 끌었다.

0415 • article
[ɑ́ːrtikl]

ⓝ (신문·잡지의) 기사, 글

a magazine **article** 잡지 기사

Journalists write news **articles** for news websites.
기자들은 뉴스 사이트에 실을 뉴스 **기사**를 쓴다.

0416 • current
[kɔ́ːrənt]

ⓐ 현재의; 최신의

Our homework is to read and summarize the **current** issue. 우리 숙제는 현 이슈(시사)를 읽고 요약하는 것이다.

➕ currently ⓐⓓ 현재

0417 • feature
[fíːtʃər]

ⓝ 1 특징 2 특집 기사 ⓥ 특징으로 삼다, 특별히 포함하다

Vogue is planning a special **feature** on *hanbok*.
Vogue 지는 한복에 대한 **특집 기사**를 계획 중이다.

The exhibition **featured** paintings by Van Gogh.
그 전시회는 반 고흐의 그림들을 **선보였다**.

✦ 언론의 영향

0418 • affect
[əfékt]

ⓥ 영향을 미치다

The news media can **affect** public opinion.
뉴스 매체는 여론에 **영향을 줄** 수 있다.

0419 • monitor
[mɑ́ːnitər]

ⓝ 화면 ⓥ 감시[관리]하다

How do I look on the TV **monitor**?
텔레비전 **화면**에 내가 어떻게 나오니?

The press has to **monitor** itself to provide reliable news.
언론은 믿을 만한 뉴스를 제공하기 위해 스스로를 **감시해야** 한다.

🔲 ⓥ to carefully watch and check something over a period of time (일정 기간 동안 무언가를 주의 깊게 보고 확인하다)

0420 • knowledge
[nɑ́ːlidʒ]

ⓝ 지식

We gain a variety of **knowledge** through mass media.
우리는 대중 매체를 통해 다양한 **지식**을 얻는다.

Daily Check-up

A 빈칸에 알맞은 우리말 뜻 또는 영어 단어를 써넣어 워드맵을 완성하시오.

1 _____ 신문, 언론   **2** _____ broadcast

TV와 방송

3 _____ advertise

4 _____ 오락(물)

5 _____ trend

6 _____ 명성

7 _____ script

8 _____ 시각의

9 _____ celebrity

10 _____ 각색하다

언론 기사

11 _____ mass media

12 _____ 학술지; 일기

13 _____ journalist

14 _____ 기사, 글

15 _____ headline

16 _____ 특징; 특집 기사

17 _____ current

언론의 영향

18 _____ affect

19 _____ 지식

20 _____ monitor

B 우리말을 참고하여 문장을 완성하시오. (필요하면 단어 형태를 바꾸시오.)

1 We gain a variety of _____ through mass media.
우리는 대중 매체를 통해 다양한 지식을 얻는다.

2 The company spent millions of dollars _____ its products.
그 회사는 자사 제품을 광고하는 데 수백만 달러를 썼다.

3 Our homework is to read and summarize the _____ issue.
우리 숙제는 현 이슈(시사)를 읽고 요약하는 것이다.

4 The movie was boring, but the _____ effects were amazing.
그 영화는 지루했지만 시각 효과는 놀라웠다.

5 The _____ in today's newspaper caught my attention.
오늘 신문의 표제가 내 주목을 끌었다.

MP3 듣기

✤ 패션 소품

0421 • jewelry
[dʒúːəlri]

ⓝ 보석류

My sister likes to wear a lot of **jewelry**.
우리 언니는 **보석**을 많이 착용하는 것을 좋아한다.

0422 • bracelet
[bréislət]

ⓝ 팔찌

I love this glow-in-the-dark **bracelet**.
나는 이 야광 **팔찌**가 마음에 들어.

★ cf. necklace 목걸이

0423 • backpack
[bǽkpæk]

ⓝ 배낭 ⓥ 배낭여행을 하다

Wear your **backpack** in the front when you visit Rome.
로마를 방문할 때 **배낭**을 앞에 매라.

I'll **backpack** around Eastern Europe.
나는 동유럽을 **배낭여행할** 거야.

0424 • wallet
[wɑ́ːlət / wɔ́ːlət]

ⓝ 지갑

This **wallet** is made from soft calfskin.
이 **지갑**은 부드러운 송아지 가죽으로 만들어졌다.

🇬🇧 a small folding case in which one keeps money and credit cards

★ wallet: 돈이나 신용 카드를 넣는 천이나 가죽으로 된 접는 지갑
　purse: 여성들 용으로 영국에서는 동전 지갑, 미국에서는 돈이나 소지품을 넣는 핸드백을 의미함

✤ 옷의 특징과 옷감

0425 • clothes
[klouðz]

ⓝ 옷

I'm going to give away my **clothes** to my friends.
나는 내 **옷**을 친구들에게 나눠 줄 거야.

★ clothes와 clothing 모두 '옷'을 가리킨다. clothing은 좀 더 격식을 차릴 때 쓰며, 보통 말할 때는 clothing을 잘 쓰지 않는다. cloth는 '옷감'을 뜻한다.

0426 • casual
[kǽʒuəl]

ⓐ 평상시의

We wear **casual** clothes to work on Fridays.
우리는 금요일마다 **평상복**을 입고 출근한다.

0427 • **formal**
[fɔ́:rməl]

ⓐ 1 격식을 차린   2 공식적인

Do we have to wear **formal** evening clothes to the party?
저희는 파티에 **격식을 차린** 야회복을 입어야 하나요?

a **formal** agreement between two companies
두 기업 사이의 **공식적인** 합의

0428 • **loose**
[lu:s]

ⓐ 1 풀린   2 헐렁한   ↔ tight 딱 붙은, 꽉 조이는

Will you sew this **loose** button back on my shirt?
이 실이 **풀린** 단추를 내 셔츠에 다시 달아줄래?

These jogging pants are too **loose**.
이 조깅 바지는 너무 **헐렁해**.

0429 • **neat**
[ni:t]

ⓐ 단정한, 정돈된   ↔ untidy 단정치 못한

I think that black skirt looks **neat** on you.
내 생각에는 저 검정색 치마가 네게 **단정해** 보이는 것 같아.

My brother always keeps his room tidy and **neat**.
우리 형은 항상 방을 깔끔하고 **단정하게** 정돈한다.

📖 clean and organized

0430 • **striped**
[straipt]

ⓐ 줄무늬가 있는

Jason likes to wear blue-**striped** shirts to work.
Jason은 파란색 **줄무늬가 있는** 셔츠를 입고 출근하는 것을 좋아한다.

＋ stripe ⓝ 줄무늬, 줄

0431 • **leather**
[léðər]

ⓝ 가죽

a **leather** wallet   가죽 지갑

We usually don't wear **leather** pants during summer.
우리는 보통 여름에는 **가죽** 바지를 입지 않는다.

0432 • **fabric**
[fǽbrik]

ⓝ 천, 직물   ＝ cloth

Cinderella made herself a dress with leftover **fabric**.
신데렐라는 여분의 **천**으로 자신의 드레스를 만들었다.

✛ 옷의 종류

0433 • **costume**
[kɑ́:stu:m]

ⓝ 의상

My mother is making my Halloween **costume**.
엄마는 내 핼러윈 **의상**을 만들고 계신다.

📖 clothes worn on a special occasion (특별한 행사에 입는 옷)

0434 • suit
[su:t]

ⓝ 정장 ⓥ (옷·색상 등이) 어울리다

I wore a black **suit** to the meeting.
나는 회의에 검정색 **정장**을 입고 갔다.

The tuxedo **suits** you perfectly.
턱시도가 당신에게 아주 잘 **어울리네요**.

0435 • uniform
[júːnəfɔ̂ːrm]

ⓝ 교복, 제복 ⓐ 한결같은, 균일한

Wearing a school **uniform** saves me time in the morning.
교복을 입어서 나는 아침에 시간을 절약한다.

They should be **uniform** in size and color.
그것들은 크기와 색깔이 **균일해야** 한다.

🔲 ⓝ a set of clothing worn at a workplace or a school
🔲 uni(단일의) + form(형태) → 단일한 형태의 옷 → 교복

0436 • knit
[nit]

ⓥ (실로 옷 등을) 뜨다 ⓝ 뜨개질한 옷, 니트

I **knitted** this red muffler myself.
나는 이 빨간 목도리를 직접 **떴다**.

winter **knits** 뜨개질한 겨울 옷들

0437 • trousers
[tráuzərz]

ⓝ 바지 ⊜ pants

I need new **trousers** for the interview.
면접을 위해 나는 새 **바지**가 필요하다.

★ trousers는 영국식, pants는 미국식 표현이다.

0438 • vest
[vest]

ⓝ 조끼

The boy had a hard time buttoning his **vest**.
남자아이는 **조끼**의 단추를 잠그는 데 쩔쩔맸다.

★ 미국에서는 재킷 안쪽에 입는 소매가 없는 옷을 vest라고 하며, 영국에서는 이를
waistcoat라고 한다. 영국 영어에서 vest는 undershirt 즉 '속옷 셔츠'를 뜻한다.

0439 • sleeve
[sliːv]

ⓝ 소매

She wore a blue dress with short **sleeves**.
그녀는 짧은 **소매**의 파란색 드레스를 입었다.

✛ sleeveless ⓐ 소매 없는

0440 • collar
[káːlər]

ⓝ 칼라, 깃

She turned up the **collar** of her coat as the cold wind blew.
차가운 바람이 불자 그녀는 코트 **깃**을 세웠다.

a white/blue-**collar** job 사무직/생산직

Daily Check-up

A 빈칸에 알맞은 우리말 뜻 또는 영어 단어를 써넣어 워드맵을 완성하시오.

패션

패션 소품

1 _____ 보석류

2 _____ bracelet

3 _____ 배낭

4 _____ wallet

옷의 특징과 옷감

5 _____ 옷

6 _____ casual

7 _____ 격식을 차린

8 _____ loose

9 _____ 줄무늬가 있는

10 _____ neat

11 _____ 천, 직물

12 _____ leather

옷의 종류

13 _____ costume

14 _____ 정장; 어울리다

15 _____ 뜨다; 뜨개질한 옷

16 _____ vest

17 _____ 교복, 제복

18 _____ trousers

19 _____ 소매

20 _____ 칼라, 깃

B 우리말을 참고하여 문장을 완성하시오. (필요하면 단어 형태를 바꾸시오.)

1 These jogging pants are too _____.
이 조깅 바지는 너무 헐렁해.

2 I wore a black _____ to the meeting.
나는 회의에 검정색 정장을 입고 갔다.

3 I think that black skirt looks _____ on you.
내 생각에는 저 검정색 치마가 네게 단정해 보이는 것 같아.

4 She wore a blue dress with short _____.
그녀는 짧은 소매의 파란색 드레스를 입었다.

5 We wear _____ clothes to work on Fridays.
우리는 금요일마다 회사에 평상복을 입고 출근한다.

Review Test

A 들려주는 영어 단어를 쓴 후 우리말 뜻을 쓰시오.

영단어	뜻	영단어	뜻
1		**2**	
3		**4**	
5		**6**	
7		**8**	
9		**10**	
11		**12**	
13		**14**	
15		**16**	
17		**18**	
19		**20**	

B 다음 영영 풀이에 해당하는 알맞은 단어를 골라 쓰시오.

보기   artwork   performance   costume   celebrity   mass media   neat

1 clean and organized   _____

2 clothes worn on a special occasion   _____

3 an activity such as acting, singing, or dancing   _____

4 paintings, sculptures, etc. produced by artists   _____

5 a famous person who usually appears on TV   _____

6 newspapers, television, and radio that provide information to the public   _____

C 밑줄 친 단어의 동의어(=) 또는 반의어(↔)를 골라 쓰시오.

보기	formal	tight	creative	feeling

1 My first <u>impression</u> of him wasn't that good. = _____

2 His <u>imaginative</u> thoughts were made into inventions. = _____

3 You can wear <u>casual</u> clothes to the party. ↔ _____

4 I like to wear <u>loose</u> shirts during summer. ↔ _____

D 다음을 읽고, 빈칸에 알맞은 단어를 우리말을 참고하여 쓰시오.

1 I can't figure out what those _____ paintings mean.
저 **추상적인** 그림들이 무엇을 의미하는지 나는 모르겠다.

2 She is wearing a beautiful _____ on her wrist.
그녀는 팔목에 아름다운 **팔찌**를 차고 있다.

3 Most police officers wear a _____ and a badge.
대부분의 경찰관은 **제복**을 입고 배지를 달고 다닌다.

4 The _____ burst into tears because of the sad ending.
슬픈 결말로 **관객[관중]**이 울음을 터뜨렸다.

E 다음을 읽고, 빈칸에 들어갈 말을 골라 문장을 완성하시오.

보기	represents	wallet	jewelry	sculpture

1 I'll buy a gold ring at a _____ shop.

2 The sun _____ life and energy.

3 He carried a photo of his children in his _____.

4 She trained in painting and _____ at the college.

✿ 예문에서 뽑은 최중요 핵심 표현

핵심 표현 다시 점검하며 빈칸 완성해 보기

1   lead to
~으로 이어지다

This staircase _____ the second floor of the library. 이 계단은 도서관 2층으로 **이어진다.**

2   pass by
지나가다

Please clear the aisle so that people can _____. 사람들이 **지나갈** 수 있도록 통로를 비워주세요.

3   on purpose
일부러, 고의로

Drivers should not stop on a crosswalk _____.
운전자들은 **일부러** 횡단보도에 차를 정차하면 안 된다.

4   put on
착용하다

Always _____ your seatbelt when you're in a car. 차 안에서는 안전벨트를 항상 **착용하세요.**

5   stop by
~에 들르다

Remind me to _____ the gas station.
주유소에 **들르라고** 내게 얘기 좀 해줘.

6   on one's way to
~로 가는 길[중]에

I'm _____ to pick her up.
나는 그녀를 태우러 **가는 중이다.**

7   a variety of
여러 가지의, 각가지의

Passengers miss their flights for _____ reasons. 승객들은 **다양한** 이유로 비행기를 놓친다.

8 **due to**   ～ 때문에

The plane could not take off _____ technical problems.
비행기가 기술적인 문제 **때문에** 이륙할 수 없었다.

9 **keep up with**   (～의 증가 속도 등을) 따라가다

_____ with new trends
새로운 유행을 **따라가다**

10 **catch one's attention**   ～의 주목[주의]을 끌다

The headline in today's newspaper _____ my _____.
오늘 신문의 표제가 내 **주목을 끌었다**.

✿ 발음이나 철자가 유사한 혼동어

0346 **fare** [feər] ⓝ (교통) 요금 | 0212 **fair** [feər] ⓐ 공정한, 공평한 | **pair** [peər] ⓝ 한 쌍

★ 유사해 보이는 세 단어의 철자, 발음, 뜻 차이에 유의하자. fare와 fair는 발음이 같다.

0357 **route** [ruːt] ⓝ 경로; 노선 | **root** [ruːt] ⓝ 뿌리

★ 두 단어의 발음은 동일하지만 철자와 뜻이 완전히 다르다.

0409 **adapt** [ədǽpt] ⓥ 적응하다; 각색하다 | 0094 **adopt** [ədɑ́ːpt] ⓥ 입양하다; 채택하다

★ 철자가 비슷한 두 단어의 발음과 뜻 차이에 유의하자.

0418 **affect** [əfékt] ⓥ 영향을 미치다 | **effect** [ifékt] ⓝ 영향; 결과

★ 첫 철자의 차이에 따라 뜻이 동사와 명사로 달라지는 것에 유의하자.

정답 **1** leads to **2** pass by **3** on purpose **4** put on **5** stop by **6** on my way
 7 a variety of **8** due to **9** keep up **10** caught, attention

PLAN

7

자연과 환경

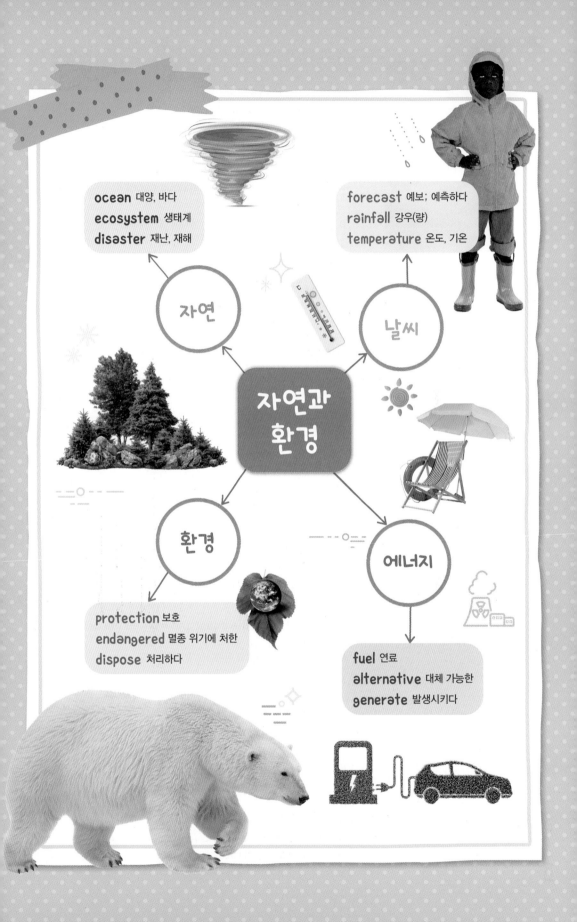

ocean 대양, 바다
ecosystem 생태계
disaster 재난, 재해

forecast 예보; 예측하다
rainfall 강우(량)
temperature 온도, 기온

자연

날씨

자연과
환경

환경

에너지

protection 보호
endangered 멸종 위기에 처한
dispose 처리하다

fuel 연료
alternative 대체 가능한
generate 발생시키다

MP3 듣기

0441 • natural
[nǽtʃərəl]

ⓐ 1 **자연의** ↔ artificial 인공적인 2 **당연한** 3 **타고난**

natural environment **자연**환경

It is **natural** that they feel anxious about it.
그들이 그것에 대해 걱정을 느끼는 것은 **당연하다**.

a **natural** talent for music 음악에 대한 **타고난** 재능

✛ nature ⓝ 자연; 성질; 본질

✛ 육지와 바다

0442 • continent
[kά:ntənənt]

ⓝ **대륙**

Asia is the largest **continent** in terms of area and population. 아시아는 면적과 인구 면에서 제일 큰 **대륙**이다.

0443 • ocean
[óuʃən]

ⓝ **대양, 바다**

the Pacific **Ocean** 태평양

I have seen a lot of dolphins swimming in the **ocean**.
나는 **바다**에서 많은 돌고래들이 헤엄치는 것을 봤다.

0444 • marine
[mərí:n]

ⓐ **해양의, 바다의**

Whales are known to be amazing **marine** animals.
고래는 놀라운 **해양** 동물로 알려져 있다.

0445 • coast
[koust]

ⓝ **해안, 연안** ⊜ shore

We walked along the **coast** and enjoyed the beautiful scenery.
우리는 **해안**을 따라 걸었고 아름다운 경치를 즐겼다.

✛ 생태계

0446 • ecosystem
[í:kousìstəm]

ⓝ **생태계**

Plants and animals depend on one another in an **ecosystem**.
식물과 동물은 **생태계**에서 서로 의존한다.

🔳 all the living things, such as plants and animals, and nonliving things, such as rocks and soil, in an area

0447 • species
[spíːʃiːz]

ⓝ 종

rare species of plants 희귀 식물 종

Many species of animals have been disappearing each year. 많은 동물 **종**이 매해 사라지고 있다.

🔖 a group of plants or animals that have similar characteristics
(비슷한 특징을 지닌 식물이나 동물의 집단)

0448 • wildlife
[wáildlàif]

ⓝ 야생 생물

We are working hard to save the wildlife.
우리는 **야생 생물**을 보호하기 위해서 열심히 일하고 있다.

0449 • habitat
[hǽbətæt]

ⓝ 서식지 =home

wildlife habitat 야생 생물 서식지

Some species are losing their habitats due to global warming.
지구 온난화로 인해 일부 종들은 **서식지**를 잃고 있다.

0450 • tropical
[trάːpikəl]

ⓐ 열대 지방의, 열대의

Nowadays, tropical fish can be caught around Jeju-do.
요즘 제주도 근방에서 **열대**어를 잡을 수 있다.

0451 • rainforest
[réinfɔ̀ːrist]

ⓝ 열대 우림

The Amazon Rainforest is home to millions of species.
아마존 **열대 우림**은 수백만 종들의 서식지이다.

🔖 a tropical forest with tall trees where it rains a lot
(비가 많이 오는 키가 큰 나무들이 있는 열대 지방의 숲)

0452 • desert
ⓝ [dézərt]
ⓥ [dizə́ːrt]

ⓝ 사막   ⓥ 버리다, 방치하다

The Sahara Desert is one of the hottest and driest places in the world.
사하라 **사막**은 세상에서 가장 뜨겁고 건조한 곳 중 하나이다.

The island was deserted for a long time after people left. 그 섬은 사람들이 떠난 후 오랫동안 **방치되었다**.

0453 • polar
[póulər]

ⓐ 북극/남극의, 극지의

polar regions 극지방

Coca-Cola used polar bears in its commercials.
코카콜라는 광고에 **북극곰**을 사용했다.

➕ pole ⓝ (지구의) 극

★ the North / South Pole 북극 / 남극

✤ 자연재해

0454 • disaster
[dizǽstər]

ⓝ 재난, 재해

A hurricane is a natural **disaster** that forms over warm ocean waters.
허리케인은 따뜻한 바닷물에 위에 형성하는 자연 **재해**이다.

📖 a sudden event, such as a flood, fire, or plane crash, that causes a lot of damage

0455 • phenomenon
[finá:mənà:n]

ⓝ 현상

This **phenomenon** can't be explained by science.
이 **현상**은 과학으로 설명될 수 없다.

★ 복수형은 phenomena이다.

0456 • earthquake
[ə́:rəkwèik]

ⓝ 지진

an **earthquake** zone **지진** 지대

Thousands of people died in the **earthquake**.
수천 명의 사람들이 **지진**으로 사망했다.

📖 earth(땅) + quake(흔들리다) → 땅이 흔들리는 것 → 지진

0457 • volcano
[vɑlkéinou]

ⓝ 화산

The **volcano** erupted, killing at least 10 people.
화산이 폭발해서 최소 10명이 사망했다.

There are many active **volcanoes** in Indonesia.
인도네시아에는 활**화산**이 많이 있다.

✚ volcanic ⓐ 화산의

0458 • typhoon
[taifú:n]

ⓝ 태풍

The **typhoon** hit our village so hard that thousands of homes were destroyed.
태풍이 우리 마을에 크게 강타해서 수천 가구가 파괴되었다.

0459 • flood
[flʌd]

ⓝ 홍수 ⓥ 물에 잠기다[잠기게 하다]

flash **flood** 갑작스런 **홍수**

The road was **flooded** after the heavy rain last night.
어젯밤 호우가 내린 후 도로가 **물에 잠겼다**.

0460 • drought
[draut]

ⓝ 가뭄

Farming has suffered due to a serious **drought**.
농사가 심각한 **가뭄**으로 인해 피해를 입었다.

📖 a period when there is no rain for a long time

Daily Check-up

학습 Check	MP3 듣기	본문 학습	Daily Check-up	누적 테스트 Days 22-23

A 빈칸에 알맞은 우리말 뜻 또는 영어 단어를 써넣어 워드맵을 완성하시오.

1 _____
자연의

육지와 바다

2 _____
대륙

3 _____
ocean

4 _____
해양의, 바다의

5 _____
coast

생태계

6 _____
생태계

7 _____
species

8 _____
야생 생물

9 _____
서식지

10 _____
polar

11 _____
열대 우림

12 _____
tropical

13 _____
desert

자연재해

14 _____
재난, 재해

15 _____
phenomenon

16 _____
홍수; 물에 잠기다

17 _____
drought

18 _____
지진

19 _____
typhoon

20 _____
화산

B 우리말을 참고하여 문장을 완성하시오. (필요하면 단어 형태를 바꾸시오.)

1 We are working hard to save the _____.
우리는 야생 생물을 보호하기 위해서 열심히 일하고 있다.

2 This _____ can't be explained by science.
이 현상은 과학으로 설명될 수 없다.

3 The _____ erupted, killing at least 10 people.
화산이 폭발해서 최소 10명이 사망했다.

4 Whales are known to be amazing _____ animals.
고래는 놀라운 해양 동물로 알려져 있다.

5 Asia is the largest _____ in terms of area and population.
아시아는 면적과 인구 면에서 제일 큰 대륙이다.

MP3 듣기

0461 • **weather**

[wéðər]

ⓝ 날씨

What's the **weather** like in London during summer?
런던의 여름 **날씨**는 어떠니?

♣ 날씨 예보

0462 • **forecast**

[fɔ́:rkæst]

forecast-forecast(ed)-
forecast(ed)

ⓝ 예보, 예측 ⊟prediction **ⓥ 예측[예보]하다**

You can check the hourly weather **forecast** online.
온라인에서 매시간 날씨 **예보**를 확인할 수 있다.

Extreme weather is **forecast** for the following year.
다음 해에 기상 이변이 일어날 것으로 **예측된다**.

╋ forecaster ⓝ 기상 요원

0463 • **predict**

[pridíkt]

ⓥ 예측하다 ⊟forecast

Can you **predict** what the weather will be like tomorrow?
내일 날씨가 어떨지 **예측할** 수 있니?

╋ prediction ⓝ 예측

어원 pre(미리, 먼저) + dict(말하다) → 미리 말하다 → 예측하다

0464 • **accurate**

[ǽkjurət]

ⓐ 정확한; 정밀한 ⊟exact, correct

Weather forecasts are getting more **accurate** thanks to technology.
날씨 예보가 기술 덕분에 더 **정확해지고** 있다.

0465 • **climate**

[kláimət]

ⓝ 기후

For the past few years, the **climate** has been changing in Korea. 지난 몇 년 동안 한국의 **기후**가 변하고 있다.

♣ 날씨 특징

0466 • **foggy**

[fɔ́:gi / fɑ́:gi]

ⓐ 안개가 낀

It was too **foggy** to drive this morning.
오늘 아침에 너무 **안개가 껴서** 운전하기가 힘들었다.

╋ fog ⓝ 안개

0467 • **hail** [heil]	ⓝ 우박 I have never seen this amount of **hail** falling upon us. 나는 이 정도 양의 **우박**이 우리에게 떨어지는 것을 전에 보지 못했다.
0468 • **rainfall** [réinfɔ̀:l]	ⓝ 강우; 강우량 This year's **rainfall** was below average. 올해 **강우량**은 평균 이하였다. ★ cf. snowfall 강설; 강설량
0469 • **snowstorm** [snóustɔ̀:rm]	ⓝ 눈보라 We could not drive through the heavy **snowstorm**. 우리는 심한 **눈보라**를 뚫고 운전할 수 없었다.
0470 • **lightning** [láitniŋ]	ⓝ 번개 a flash of **lightning** 번갯불의 번쩍임 Getting hit by **lightning** rarely happens. **번개**에 맞는 것은 거의 일어나지 않는다.
0471 • **thunder** [θʌ́ndər] 	ⓝ 천둥 The **thunder** rumbled all night, so I was scared to go to sleep. 밤새 **천둥**소리가 요란하게 쳐서 나는 잠들기가 무서웠다. ✚ thunderstorm ⓝ 뇌우(천둥, 번개를 동반한 비)
0472 • **breeze** [bri:z]	ⓝ 산들바람 I love feeling the **breeze** on top of the mountain. 나는 산 정상에서 **산들바람**을 느끼는 것을 좋아한다. 📝 a light and gentle wind

♣ 온도와 습도

0473 • **degree** [digrí:] 	ⓝ 1 (온도 단위의) 도 2 정도 3 학위 It's hot. How many **degrees** is it today? 덥군요. 오늘 몇 **도**예요? a high **degree** of knowledge 고도의 지식 a **degree** in geography 지리학 학위

0474 • **temperature**
[témprətʃuər]

ⓝ 온도, 기온

The global temperature has risen more than 1 degree since the early 1990s.
전 세계 **온도**가 1990년대 초 이래로 1도 이상 올랐다.

Keep tomatoes at room temperature.
토마토는 상**온**에 보관하세요.

0475 • **thermometer**
[θərmάːmitər]

ⓝ 온도계

My mom put a thermometer under my armpit to see if I had a fever.
열이 있는지 보기 위해 엄마는 **온도계**를 내 겨드랑이 밑에 꽂아두셨다.

🔲 an instrument used to measure the temperature

0476 • **moisture**
[mɔ́istʃər]

ⓝ 수분, 습기

How can I keep moisture out of closets?
어떻게 옷장에서 **습기**를 제거할 수 있을까요?

0477 • **evaporate**
[ivǽpərèit]

ⓥ 증발하다 ⊟ disappear

When steam evaporates, it changes into water vapor.
증기가 **증발할** 때 증기는 수증기로 변한다.

➕ evaporation ⓝ 증발

🔲 e(바깥으로) + vapor(증기) + ate(~으로 되다) → 바깥으로 증기가
　　나가다 → 증발하다

0478 • **humid**
[hjúːmid]

ⓐ (날씨가) 습한

Summer in Korea is hot and humid.
한국의 여름은 덥고 **습하다**.

➕ humidity ⓝ 습도

0479 • **melt**
[melt]

ⓥ 녹다; 녹이다

The snow on the mountain began to melt.
산에 눈이 **녹기** 시작했다.

0480 • **freeze**
[friːz]
freeze-froze-frozen

ⓥ 얼다; 얼리다

The lake was frozen and covered with snow.
호수가 **얼고** 눈으로 덮여 있었다.

Did you freeze the ice cubes like I asked you to?
내가 네게 부탁한 대로 얼음 조각을 **얼렸니**?

Daily Check-up

A 빈칸에 알맞은 우리말 뜻 또는 영어 단어를 써넣어 워드맵을 완성하시오.

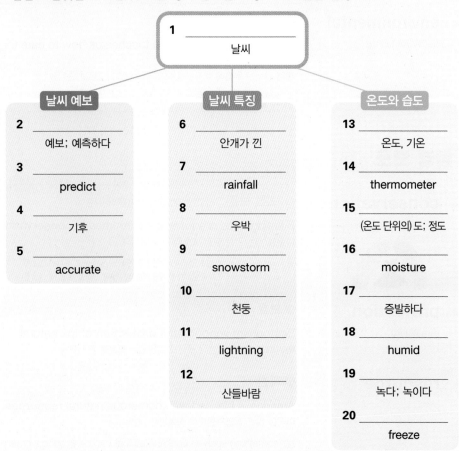

1 _____
날씨

날씨 예보

2 _____
예보; 예측하다

3 _____
predict

4 _____
기후

5 _____
accurate

날씨 특징

6 _____
안개가 낀

7 _____
rainfall

8 _____
우박

9 _____
snowstorm

10 _____
천둥

11 _____
lightning

12 _____
산들바람

온도와 습도

13 _____
온도, 기온

14 _____
thermometer

15 _____
(온도 단위의) 도; 정도

16 _____
moisture

17 _____
증발하다

18 _____
humid

19 _____
녹다; 녹이다

20 _____
freeze

B 우리말을 참고하여 문장을 완성하시오. (필요하면 단어 형태를 바꾸시오.)

1 It was too _____ to drive this morning.
오늘 아침에 너무 안개가 껴서 운전하기가 힘들었다.

2 It's hot. How many _____ is it today?
덥군요. 오늘 몇 도예요?

3 The lake was _____ and covered with snow.
호수가 얼고 눈으로 덮여 있었다.

4 When steam _____, it changes into water vapor.
증기가 증발할 때 증기는 수증기로 변한다.

5 Extreme weather is _____ for the following year.
다음 해에 기상 이변이 일어날 것으로 예측된다.

MP3 듣기

0481 • **environmental**
[invàiərənméntl]

ⓐ (자연) 환경의

Environmental education teaches us how to care for our planet.
환경 교육은 우리에게 지구를 보호하는 방법을 가르쳐준다.

✛ environment ⓝ 환경

✛ 환경 보호

0482 • **conservation**
[kɑ̀:nsərvéiʃən]

ⓝ 보호, 보존   ⊜ preservation, protection

Planting trees is a form of environmental **conservation**.
나무를 심는 것은 환경 **보호**의 한 형태이다.

★ conservation: 자연환경이나 자원을 적절하게 이용하고 아끼며 보호함
preservation: 문화유산, 자원 등을 원래의 형태 그대로 보존 및 보호함

0483 • **protection**
[prətékʃən]

ⓝ 보호

Ecotourism supports the **protection** of the natural environment.   생태 관광은 자연환경 **보호**를 지지한다.

0484 • **resource**
[rí:sɔ:rs / rí:sòərs]

ⓝ 자원

America is blessed with numerous natural **resources**.
미국은 많은 천연**자원**으로 축복받은 나라이다.

🔲 something such as coal and oil that can be used to increase wealth (부를 늘리기 위해 사용될 수 있는 석탄, 석유와 같은 것)

✛ 환경 오염의 원인

0485 • **pollution**
[pəlú:ʃən]

ⓝ 오염, 공해

Water **pollution** is caused by human activities.
수질 **오염**은 인간의 활동으로 생긴다.

✛ pollute ⓥ 오염시키다

0486 • **poisonous**
[pɔ́izənəs]

ⓐ 유독한, 독성이 있는   ⊜ toxic, deadly

Poisonous gases from factories harmed the communities.
공장에서 나온 **유독** 가스가 지역사회에 해를 입혔다.

✛ poison ⓝ 독

0487 · exhaust
[igzɔ́ːst]

ⓝ 배기가스　ⓥ 다 써버리다　🟰 use up

The car **exhaust** filled the underground parking lot.
자동차 **배기가스**가 지하 주차장을 가득 메웠다.

exhaust resources　자원을 **다 써버리다**

✚ exhaustion ⓝ 배출; 고갈

0488 · overuse
[òuvərjúːz]

ⓥ 남용하다

We tend to **overuse** water in our daily activities.
우리는 일상 활동에서 물을 **남용하는** 경향이 있다.

0489 · waste
[weist]

ⓥ 낭비하다　ⓝ 1 낭비　2 쓰레기

Let's only buy what we can eat to avoid **wasting** food.
음식 **낭비**를 방지하기 위해서 우리가 먹을 수 있는 것만 사자.

household **waste**　가정용 **쓰레기[폐기물]**

0490 · garbage
[gɑ́ːrbidʒ]

ⓝ 쓰레기　🟰 trash, waste

throw away **garbage**　쓰레기를 버리다
We cleaned up the **garbage** in the park.
우리는 공원에 있는 **쓰레기**를 치웠다.

0491 · carbon
[kɑ́ːrbən]

ⓝ 탄소

carbon footprint　**탄소** 발자국(활동에 의해 발생하는 탄소의 양)
Too much **carbon** dioxide can cause global warming.
너무 많은 이산화**탄소**는 지구온난화를 야기할 수 있다.

✚ 환경 오염의 결과

0492 · endangered
[indéindʒərd]

ⓐ 멸종 위기에 처한

Pandas were once on the **endangered** species list of animals.
판다는 한때 **멸종 위기에 처한** 동물 종 목록에 있었다.

📖 used to describe animals or plants at risk of no longer existing

---

0493 · greenhouse
[gríːnhàus]

ⓝ 온실

the **greenhouse** effect　온실 효과
We can enjoy strawberries at any time thanks to **greenhouses**.
온실 덕분에 우리는 언제든 딸기를 먹을 수 있다.

0494 • shortage
[ʃɔ́ːrtidʒ]

ⓝ 부족 ↔ excess 과잉

Many countries are suffering from a **shortage** of water.
많은 나라들이 물 **부족**으로 고통 받고 있다.

0495 • acid
[ǽsid]

ⓐ 산성의 ⓝ 산

acid rain 산성비

When an **acid** reacts with an alkali, it produces salt and water. 산이 알칼리와 반응하면 소금과 물이 생긴다.

✦ 환경 보호 방법

0496 • dispose
[dispóuz]

ⓥ 1 처리하다 2 배치하다

He **disposed** of the trash in the morning.
그는 아침에 쓰레기를 **버렸다**.

🔄 dispose of ~: ~을 없애다[처리하다]

dispose soldiers near the village
마을 근처에 군인들을 **배치하다**

0497 • recycle
[riːsáikəl]

ⓥ 재활용하다

Glass bottles and water bottles are items you can **recycle**.
유리병과 생수병은 **재활용할** 수 있는 품목들이다.

🔢 to make used objects new and to reuse them

0498 • reuse
[riːjúːz]

ⓥ 재사용하다

Plastic bags can be **reused** again and again.
비닐봉지는 계속해서 **재사용할** 수 있다.

★ recycle: 사용한 물건을 처리 과정을 거쳐 새로운 다른 물건으로 만드는 것
　reuse: 같은 물건을 다시 사용하는 것

0499 • reduce
[ridúːs]

ⓥ (규모·크기·양 등을) 줄이다 ＝ lessen, lower

You need to **reduce** the use of electricity in your office.
사무실에서 전기 사용을 **줄여야** 한다.

0500 • renewable
[rinúːəbl]

ⓐ 재생 가능한

Renewable energy is energy from natural resources, such as sunlight, wind, and rain.
재생 가능한 에너지는 햇빛, 바람, 비와 같은 천연자원에서 얻는 에너지이다.

Daily Check-up

A 빈칸에 알맞은 우리말 뜻 또는 영어 단어를 써넣어 워드맵을 완성하시오.

1 _____
환경의

환경 오염의 원인

2 _____
오염, 공해

3 _____
poisonous

4 _____
배기가스; 다 써버리다

5 _____
waste

6 _____
남용하다

7 _____
garbage

8 _____
탄소

환경 오염의 결과

9 _____
멸종 위기에 처한

10 _____
온실

11 _____
acid

12 _____
부족

환경 보호

13 _____
conservation

14 p_____
보호

15 _____
자원

환경 보호 방법

16 _____
dispose

17 _____
재활용하다

18 _____
reuse

19 _____
줄이다

20 _____
renewable

B 우리말을 참고하여 어구 또는 문장을 완성하시오. (필요하면 단어 형태를 바꾸시오.)

1 _____ resources   자원을 다 써버리다

2 Plastic bags can be _____ again and again.
비닐봉지는 계속해서 재사용할 수 있다.

3 Too much _____ dioxide can cause global warming.
너무 많은 이산화탄소는 지구온난화를 야기할 수 있다.

4 Pandas were once on the _____ species list of animals.
판다는 한때 멸종 위기에 처한 동물 종 목록에 있었다.

5 _____ gases from factories harmed the communities.
공장에서 나온 유독 가스가 지역사회에 해를 입혔다.

MP3 듣기

✦ 화석 연료

0501 • fuel
[fjúːəl]

ⓝ 연료   ⓥ 연료를 공급하다

Fuel prices are getting expensive.
연료 가격이 점점 비싸지고 있다.

Hydrogen can be used to **fuel** automobiles.
수소는 자동차에 **연료를 공급하는** 데 사용될 수 있다.

0502 • coal
[koul]

ⓝ 석탄

In the 1960s, some Koreans went to Germany to work in **coal** mines.
1960년대에 일부 한국인들은 **탄**광에서 일하려고 독일에 갔다.

0503 • fossil
[fάːsəl]

ⓝ 화석

Fossil fuels are widely used because they are relatively cheap.
화석 연료는 비교적 저렴해서 널리 사용된다.

a dinosaur **fossil** 공룡 화석

★ fossil fuel(화석 연료): 오래전 지구에 서식했던 동식물의 잔존물로 생성된 석유, 석탄, 천연가스 등의 에너지

0504 • run out of

∼을 다 써버리다; ∼을 바닥내다

What would happen if we **ran out of** natural resources?
우리가 천연자원을 **다 써버리**면 무슨 일이 벌어질까?

We are about to **run out of** gas.
휘발유가 **바닥나려고** 하고 있어.

0505 • finite
[fáinait]

ⓐ 유한한, 한정된 ⟷ infinite 무한한

Petroleum is a **finite** source of energy.
석유는 **유한한** 에너지원이다.

🔤 having a limit

0506 • crisis
[kráisis]

ⓝ 위기

The world is now facing an energy **crisis**.
지금 세계는 에너지 **위기**에 직면하고 있다.

an economic **crisis** 경제 위기

0507 • cut down

줄이다 (=) reduce

LED bulbs can **cut down** on the cost of your electric bill.
LED 전구는 전기 요금을 **줄일** 수 있게 한다.

cut down on the use of fossil fuels 화석 연료 사용을 **줄이다**

✚ 대체 에너지

0508 • alternative
[ɔ:ltə́rnətiv]

ⓐ 대체 가능한   ⓝ 대안

alternative sources of energy **대체** 에너지원

An **alternative** to fossil fuels is making good use of wind power.
화석 연료의 **대안**은 풍력을 잘 활용하는 것이다.

0509 • solar
[sóulər]

ⓐ 태양의

Solar power is a clean and renewable source of energy.
태양(열) 에너지는 깨끗하고 재생가능한 에너지원이다.

0510 • tidal
[táidl]

ⓐ 조수의

Tidal energy is a stable source of energy since the tides are mostly predictable.
조수는 대개 예측 가능하기 때문에 **조석** 에너지는 안정적인 에너지원이다.

tidal wave 해일

0511 • vapor
[véipər]

ⓝ 증기

Water **vapor** can be directly changed into energy.
수**증기**는 바로 에너지로 바뀔 수 있다.

0512 • nuclear
[nú:kliər]

ⓐ 1 원자력의   2 핵(무기)의

Nuclear energy can easily replace fossil fuels.
원자력은 화석 연료를 쉽게 대체할 수 있다.

nuclear weapons **핵무기**

0513 • abundant
[əbʌ́ndənt]

ⓐ 풍부한 (↔) scarce 부족한

Coal used to be America's most **abundant** resource.
석탄은 한때 미국에서 가장 **풍부한** 자원이었다.

📖 existing in large amounts

✚ abundance ⓝ 풍부

0514 • **efficient**
[ifíʃənt]

ⓐ 효율적인, 능률적인

a fuel-**efficient** car 연료 **효율성이 높은** 차
This refrigerator is highly energy **efficient**.
이 냉장고는 에너지 **효율**이 아주 **높다**.

 ✚ efficiently ⓐⓓ 효율적으로

✤ 에너지 생성

0515 • **electricity**
[ilèktrísəti]

ⓝ 전기

Electricity is needed to turn on the heating system.
난방 시스템을 켜기 위해서는 **전기**가 필요하다.

0516 • **generate**
[ʤénərèit]

ⓥ 발생시키다 ⓔproduce

We use generators to **generate** electricity when the power goes out.
전기가 나가면 우리는 발전기를 사용해서 전기를 **발생시킨다**.

 ✚ generation ⓝ 발생 | generator ⓝ 발전기

0517 • **transform**
[trænsfɔ́:rm]

ⓥ 변형시키다 ⓔchange

Scientists have found a way to **transform** solar energy directly into fuel.
과학자들은 태양 에너지를 바로 연료로 **변형시키는** 방법을 발견했다.

 📖 to completely change into a different state or form

0518 • **flow**
[flou]

ⓝ 흐름 ⓔcurrent **ⓥ 흐르다**

the **flow** of electricity 전기의 **흐름**
Energy **flows** through wires, allowing us to use electricity.
에너지는 전선을 통해 **흘러서** 우리가 전기를 사용할 수 있게 한다.

 📖 ⓥ to constantly move somewhere

0519 • **power plant**
[páuər plænt]

ⓝ 발전소

a water / wind **power plant** 수력/풍력 **발전소**
The worst nuclear disaster happened at the Chernobyl nuclear **power plant**.
최악의 원전 참사가 체르노빌 원자력 **발전소**에서 일어났다.

0520 • **windmill**
[wíndmil]

ⓝ 풍차

How is energy collected by those **windmills**?
어떻게 에너지가 저 **풍차**에 의해 모아질까?

Daily Check-up

A 빈칸에 알맞은 우리말 뜻 또는 영어를 써넣어 워드맵을 완성하시오.

에너지

화석 연료

1 _____
fuel

2 _____
화석

3 _____
coal

4 _____
유한한, 한정된

5 _____
crisis

6 _____
~을 다 써버리다

7 _____
cut down

대체 에너지

8 _____
대체 가능한; 대안

9 _____
solar

10 _____
조수의

11 _____
nuclear

12 _____
증기

13 _____
abundant

14 _____
효율적인, 능률적인

에너지 생성

15 _____
전기

16 _____
generate

17 _____
흐름; 흐르다

18 _____
transform

19 _____
power plant

20 _____
풍차

B 우리말을 참고하여 문장을 완성하시오. (필요하면 단어 형태를 바꾸시오.)

1 This refrigerator is highly energy _____.
이 냉장고는 에너지 효율이 아주 높다.

2 Petroleum is a _____ source of energy.
석유는 유한한 에너지원이다.

3 Coal used to be America's most _____ resource.
석탄은 한때 미국에서 가장 풍부한 자원이었다.

4 Water _____ can be directly changed into energy.
수증기는 바로 에너지로 바뀔 수 있다.

5 We use generators to _____ electricity when the power goes out.
전기가 나가면 우리는 발전기를 사용해서 전기를 발생시킨다.

Review Test

A 들려주는 영어 단어를 쓴 후 우리말 뜻을 쓰시오.

영단어	뜻	영단어	뜻
1		2	
3		4	
5		6	
7		8	
9		10	
11		12	
13		14	
15		16	
17		18	
19		20	

B 다음 영영 풀이에 해당하는 알맞은 단어를 골라 쓰시오.

보기	finite	transform	drought	recycle	resource	species

1 having a limit   _____

2 to make used objects new and to reuse them   _____

3 to completely change into a different form   _____

4 a period when there is no rain for a long time   _____

5 a group of plants or animals that have similar characteristics   _____

6 something such as coal and oil that can be used to increase wealth   _____

C 밑줄 친 단어의 동의어(=) 또는 반의어(↔)를 골라 쓰시오.

| 보기 | artificial | reduce | freeze | waste |

1 It's difficult to cut down on electricity usage. 　　　= _____

2 Throw away the garbage before it attracts flies. 　　= _____

3 I don't want the butter to melt. 　　　　　　　　↔ _____

4 This soap is made of natural ingredients. 　　　　↔ _____

D 다음을 읽고, 빈칸에 알맞은 단어를 우리말을 참고하여 쓰시오.

1 London is famous for its _____ weather.
런던은 **안개가 낀** 날씨로 유명하다.

2 A natural _____ is an event that happens in nature.
자연 **현상**은 자연에서 일어나는 일이다.

3 Please _____ cans, bottles, and paper to save energy.
에너지를 절약하기 위해서 캔, 병, 종이를 **재활용하세요**.

4 South Korea's climate is turning into a _____ one.
한국의 기후가 **열대 지방** 기후로 변하고 있다.

E 다음을 읽고, 빈칸에 들어갈 말을 골라 문장을 완성하시오.

| 보기 | thermometer | volcano | coasts | windmills |

1 Ashes from the _____ fall over a wide area.

2 The storm is heading toward Florida's _____.

3 _____ spin in the wind and produce electricity.

4 The _____ showed that it was 30 degrees Celsius.

PLAN

8

역사와 종교

ancient 고대의
civilization 문명
liberty 자유

faith 믿음
priest 신부, 사제
superstition 미신

역사

종교

**역사와
종교**

전쟁

military 군사의; 군대
enemy 적, 적군
victory 승리

MP3 듣기

0521 • historic
[histɔ́:rik / histórik]

ⓐ 역사적인, 역사적으로 중요한 ＝ significant

a **historic** moment 역사적인 순간

August 15th is a **historic** day for Koreans.
8월 15일은 한국인들에게 **역사적으로 중요한** 날이다.

0522 • historical
[histɔ́:rikəl / histórikəl]

ⓐ 역사상의, 역사적인

Many **historical** buildings in Europe are well preserved today.
유럽의 많은 **역사적인** 건물들은 오늘날 잘 보존되어 있다.

★ historic: 역사적으로 중요하거나 역사적 가치가 있는 일을 나타냄
historical: 과거와 관련된 것, 과거에 일반적으로 일어난 일을 나타냄

✤ 과거와 유산

0523 • ancient
[éinʃənt]

ⓐ 고대의

The sun and the moon were considered gods in **ancient** times.
고대에는 태양과 달이 신으로 여겨졌다.

0524 • era
[írə / érə]

ⓝ 시대 ＝ age, period

the Cold War **era** 냉전 **시대**

We live in a digital **era** where almost everything can be done online.
우리는 거의 모든 것을 온라인상에서 할 수 있는 디지털 **시대**에 살고 있다.

0525 • document
ⓥ [dɑ́:kjəmènt]
ⓝ [dɑ́:kjəmənt]

ⓥ 기록하다 ⓝ 서류, 문서

The causes of the disaster were well **documented**.
그 재해의 원인들이 잘 **기록되어** 있었다.

an official **document** 공문서

📖 ⓥ to record or write about something

0526 • heritage
[héritidʒ]

ⓝ 유산

Italy has more World **Heritage** sites than any other country.
이탈리아는 다른 어느 나라보다도 세계 문화**유산**을 더 많이 보유하고 있다.

🔄 World Heritage Site 세계 문화유산 (보호 지역)

✦ 문명과 제국

0527 • **civilization**
[sìvələzéiʃən /
sìvəlaizéiʃən]

ⓝ **문명** ⊜ society

ancient **civilization** 고대 문명
Sumer was a city built during the
Mesopotamian **civilization**.
수메르는 메소포타미아 **문명** 때 지어진 도시였다.

0528 • **empire**
[émpaiər]

ⓝ **제국**

Augustus was the first emperor of the Roman **Empire**.
아우구스투스는 로마 **제국**의 초대 황제였다.

0529 • **dynasty**
[dáinəsti]

ⓝ **왕조, 왕가**

Women had more freedom during the Goryeo **Dynasty**
than during the Joseon **Dynasty**.
조선 **왕조** 때보다 고려 **왕조** 때 여성들은 더 많은 자유를 누렸다.

0530 • **royal**
[rɔ́iəl]

ⓐ **국왕의, 왕실의**

Many people admire the **royal** family for their charity
work.
많은 사람들이 **왕실** 가족의 자선 활동으로 그들을 존경한다.

✦ royalty ⓝ 왕족

0531 • **noble**
[nóubəl]

ⓐ 1 **귀족의** 2 **고결한, 숭고한**

The **noble** family had a long history in the country.
그 **귀족** 가문은 그 나라에서 긴 역사를 가지고 있었다.

a **noble** character 고귀한 인품

0532 • **conquer**
[kɑ́:ŋkər]

ⓥ **정복하다**

Rome was once **conquered** by barbarians.
한때 로마는 야만족들에 의해 **정복되었다**.

🔳 to take over another country or territory
(다른 나라 또는 영토를 장악하다)

0533 • **establish**
[istǽbliʃ]

ⓥ **설립하다**

Kublai Khan **established** a powerful Mongol Empire in
1271.
쿠빌라이 칸은 1271년에 강력한 몽골 제국을 **세웠다**.

The committee was **established** in 1970.
그 위원회는 1970년에 **설립되었다**.

PLAN 8

0534 • rule
[ru:l]

ⓥ 통치하다, 다스리다 ⓝ 통치

Napoleon **ruled** France for about 16 years.
나폴레옹은 프랑스를 약 16년 동안 **통치했다**.

military **rule** 군부 **통치**

0535 • colony
[kɑ́:ləni]

ⓝ 식민지

Britain had many **colonies** all over the world in the 18th century.
영국은 18세기에 전 세계적으로 많은 **식민지**를 가졌다.

0536 • slave
[sleiv]

ⓝ 노예

Anti-slavery activist Harriet Tubman helped **slaves** escape through the Underground Railroad.
반 노예 운동가인 헤리엇 터브만은 지하 철로를 통해 **노예들**이 탈출할 수 있도록 도왔다.

➕ slavery ⓝ 노예 제도; 노예 신분

✧ 자유와 혁명

0537 • liberty
[líbərti]

ⓝ 자유

The colors of the American flag stand for life, **liberty**, and the pursuit of happiness.
미국 국기에 있는 색들은 생명, **자유**, 그리고 행복 추구를 상징한다.

0538 • pioneer
[pàiəníər]

ⓝ 개척자 ⓥ 개척하다

Marco Polo was a **pioneer** who traveled throughout Asia.
마르코 폴로는 아시아 전역을 여행한 **개척자**였다.

He **pioneered** techniques in heart surgery.
그는 심장 수술 기법을 **개척했다**.

0539 • independence
[ìndipéndəns]

ⓝ 독립 ⊜ freedom, liberty ⟷ dependence 의존

Korean **Independence** Day is on August 15.
한국의 **독립** 기념일은 8월 15일이다.

➕ independent ⓐ 독립된

0540 • revolution
[rèvəlú:ʃən]

ⓝ 혁명

The Industrial **Revolution** brought about many changes to our present-day lives.
산업 **혁명**은 오늘날의 우리의 삶에 많은 변화를 가져왔다.

🔳 an event or period of changing from something old to something new (오래된 것에서 새로운 것으로 변하는 사건이나 시기)

Daily Check-up

A 빈칸에 알맞은 우리말 뜻 또는 영어 단어를 써넣어 워드맵을 완성하시오.

1 _____ 역사적으로 중요한
2 _____ 역사상의

과거와 유산

3 _____ ancient
4 _____ 시대
5 _____ document
6 _____ 유산

문명과 제국

7 _____ 문명
8 _____ empire
9 _____ 왕조, 왕가
10 _____ royal
11 _____ 귀족의; 고결한
12 _____ rule
13 _____ 정복하다
14 _____ colony

자유와 혁명

17 _____ 자유
18 _____ pioneer
19 _____ 독립
20 _____ revolution

15 _____ 설립하다
16 _____ slave

B 우리말을 참고하여 문장을 완성하시오. (필요하면 단어 형태를 바꾸시오.)

1 Rome was once _____ by barbarians.
한때 로마는 야만족들에 의해 정복되었다.

2 The causes of the disaster were well _____.
그 재해의 원인들이 잘 기록되어 있었다.

3 Napoleon _____ France for about 16 years.
나폴레옹은 프랑스를 약 16년 동안 통치했다.

4 August 15th is a _____ day for Koreans.
8월 15일은 한국인들에게 역사적으로 중요한 날이다.

5 The Industrial _____ brought about many changes to our present-day lives.
산업 혁명은 오늘날의 우리의 삶에 많은 변화를 가져왔다.

MP3 듣기

0541 · religion
[rilídʒən]

ⓝ 종교

Islam is one of the major **religions** in the world.
이슬람교는 세계의 주요 **종교** 중 하나이다.

+ religious ⓐ 종교의
★ 세계 4대 종교: Christianity(기독교), Islam(이슬람교), Hinduism(힌두교),
  Buddhism(불교)

♣ 신앙

0542 · believe in

~을 믿다

Do you **believe in** the afterlife?
당신은 사후 세계가 존재한다고 **믿나요**?

📖 to think that someone or something exits

0543 · faith
[feiθ]

ⓝ 1 믿음 2 신앙심

I don't have **faith** in you. 난 널 **믿지** 않아.

Christians believe that having **faith** in God is the only
way to Heaven.
기독교인들은 하나님에 대한 **믿음**이 천국으로 가는 유일한 길이라고 믿는다.

📖 1 strong trust or belief in someone or something

0544 · spiritual
[spíritʃuəl]

ⓐ 1 정신적인 2 종교적인

spiritual development 정신적인 발달

The Dalai Lama is the **spiritual** leader of Tibet.
달라이 라마는 티베트의 **종교적인** 지도자이다.

0545 · absolute
[ǽbsəlùːt]

ⓐ 1 완전한, 완벽한 2 절대적인 ↔ relative 상대적인

absolute trust 완전한 신뢰

The pope has **absolute** power over the Catholic Church.
교황은 가톨릭교회에 대한 **절대적인** 권력을 가지고 있다.

0546 · mercy
[mə́rsi]

ⓝ 자비

beg for **mercy** 자비를 빌다

Buddhism emphasizes **mercy** on all living things.
불교는 모든 살아있는 것에 **자비**를 강조한다.

0547 · holy
[hóuli]

ⓐ 신성한, 성스러운

Jerusalem is considered **holy** by both Jews and Muslims.
예루살렘은 유대인과 이슬람교도들 모두에게 **신성하게** 여겨진다.

0548 · sacred
[séikrid]

ⓐ 성스러운, 종교적인

The Koran is the most **sacred** book in Islamic culture.
코란은 이슬람 문화에서 가장 **성스러운** 책이다.

0549 · endure
[indjúər]

ⓥ 견디다, 인내하다

Religious faith helps people **endure** difficult times.
종교적 신앙심은 사람들이 힘든 시기를 **견디도록** 도와준다.

✦ 종교 의식

0550 · ritual
[rítʃuəl]

ⓝ 의식

A bar mitzvah is a Jewish **ritual** during which people celebrate the coming of age of a boy.
바르미츠바는 소년의 성인식을 축하하는 유대교의 **의식**이다.

📖 a religious service or a formal ceremony that is always performed in the same way
(같은 방식으로 늘 거행되는 예배 또는 공식적인 의식)

0551 · ceremony
[sérəmòuni]

ⓝ 의식, 식

The temple held a **ceremony** to celebrate the Buddhist New Year.
그 사원은 불교의 새해를 축하하는 **의식**을 거행했다.

I attended my cousin's wedding **ceremony** yesterday.
나는 어제 사촌의 결혼**식**에 참석했다.

0552 · priest
[pri:st]

ⓝ 신부, 사제

The **priest** blessed the child with holy water.
신부는 성수로 아이에게 축복을 내렸다.

0553 · pray
[prei]

ⓥ 기도하다

pray to God 신에게 **기도하다**

We **prayed** for our friend who is fighting cancer.
우리는 암 투병 중인 친구를 위해 **기도했다**.

✦ prayer ⓝ 기도

0554 • **worship**
[wə́:rʃip]

ⓥ 예배하다, 숭배하다   **ⓝ** 예배, 숭배

The Aztecs **worshiped** the sun god Tezcatlipoca.
아즈텍 사람들은 태양의 신인 테스카틀리포카를 **숭배했다**.

a house of **worship** 예배 장소

0555 • **choir**
[kwáiər]

ⓝ 합창단, 성가대

My mom is a member of the church **choir**.
우리 엄마는 교회 **성가대**의 단원이시다.

0556 • **fascinate**
[fǽsənèit]

ⓥ 마음을 사로잡다

The stained-glass windows in the cathedral **fascinated** the tourists.
대성당의 스테인드글라스 유리창이 관광객들의 **마음을 사로잡았다**.

💬 to catch someone's attention

✛ 미신

0557 • **superstition**
[sù:pərstíʃən]

ⓝ 미신

According to Korean **superstition**, shaking your legs constantly brings bad luck.
한국 **미신**에 따르면, 계속 다리를 떠는 것은 불운을 가져온다.

✛ superstitious ⓐ 미신을 믿는

0558 • **supernatural**
[sù:pərnǽtʃərəl]

ⓐ 초자연적인

Witches are believed to have **supernatural** powers, which is why they can fly.
마녀들에게는 **초자연적인** 힘이 있기 때문에 그들이 하늘을 날 수 있는 것이라고 여겨진다.

0559 • **evil**
[í:vəl]

ⓝ 악   **ⓐ** 사악한   ↔ good 선; 선한

forces of **evil** 악의 힘

Those who commit **evil** acts will someday pay a price.
사악한 행위를 저지른 자들은 언젠가는 대가를 치를 것이다.

0560 • **extreme**
[ikstrí:m]

ⓐ 1 극심한 2 극단적인

He is working under **extreme** pressure.
그는 **극도의** 압박을 받으며 일을 하고 있다.

extreme religious beliefs **극단적인** 종교적 믿음

A 빈칸에 알맞은 우리말 뜻 또는 영어를 써넣어 워드맵을 완성하시오.

1 _____
종교

신앙

2 _____
믿음; 신앙심

3 _____
~을 믿다

4 _____
spiritual

5 _____
완전한; 절대적인

6 _____
mercy

7 _____
성스러운, 종교적인

8 _____
holy

9 _____
견디다, 인내하다

종교 의식

10 _____
ritual

11 _____
의식, 식

12 _____
pray

13 _____
신부, 사제

14 _____
worship

15 _____
마음을 사로잡다

16 _____
choir

미신

17 _____
미신

18 _____
supernatural

19 _____
악; 사악한

20 _____
extreme

B 우리말을 참고하여 문장을 완성하시오. (필요하면 단어 형태를 바꾸시오.)

1 Do you _____ the afterlife?
당신은 사후 세계가 존재한다고 믿나요?

2 Buddhism emphasizes _____ on all living things.
불교는 모든 살아있는 것에 자비를 강조한다.

3 We _____ for our friend who is fighting cancer.
우리는 암 투병 중인 친구를 위해 기도했다.

4 The Aztecs _____ the sun god Tezcatlipoca.
아즈텍 사람들은 태양의 신인 테스카틀리포카를 숭배했다.

5 Those who commit _____ acts will someday pay a price.
사악한 행위를 저지른 자들은 언젠가는 대가를 치를 것이다.

MP3 듣기

0561 · war
[wɔ:r]

ⓝ 전쟁

World **War** II lasted for six years.
2차 세계 **대전**은 6년 동안 지속됐다.

The Korean **War** broke out on June 25, 1950.
한국 **전쟁**은 1950년 6월 25일에 발발했다.

♣ 군대

0562 · army
[ɑ́:rmi]

ⓝ 1 군; 군대 2 육군

The **army** trains hard to protect its country.
군은 나라를 보호하기 위해 열심히 훈련한다.

The **army** fights on land while the navy fights at sea.
육군은 육지에서 싸우는 반면 해군은 바다에서 싸운다.

0563 · military
[mílətèri]

ⓐ 군사의 ⓝ 군대 ⊜ forces

Shooting is a part of **military** training.
사격은 **군사** 훈련의 일부이다.

Korean men are required to serve in the **military** for about 2 years.
한국 남자들은 약 2년간 **군대**에 복무해야 한다.

0564 · battle
[bǽtl]

ⓝ 전투 ⓥ 싸우다

Over a million soldiers were killed during the **battle**.
백만 명이 넘는 군인들이 **전투**에서 사망했다.

The army **battled** hard for control of the city.
군대는 그 도시의 장악을 위해 열심히 **싸웠다**.

0565 · threat
[θret]

ⓝ 위협, 협박

The **threat** of war made people in the country afraid.
전쟁의 **위협**이 그 나라의 사람들을 두렵게 만들었다.

♣ 전쟁터

0566 · enemy
[énəmi]

ⓝ 적, 적군

The general told his soldiers not to fear their **enemies**.
장군은 자신의 병사들에게 **적군**을 두려워하지 말라고 말했다.

0567 • **invade**
[invéid]

ⓥ 침략하다 ⊜ attack

Some countries **invaded** other countries to gain more power.
일부 국가들은 더 많은 권력을 얻기 위해 다른 나라들을 **침략했다**.

✚ invasion ⓝ 침략

0568 • **command**
[kəmǽnd]

ⓥ 명령하다, 지시하다   ⓝ 명령

He **commanded** his soldiers to get ready for battle.
그는 병사들에게 전투에 나갈 채비를 하라고 **명령했다**.

obey a **command**   **명령**을 따르다

✚ commander ⓝ 사령관

0569 • **attack**
[ətǽk]

ⓥ 공격하다   ⓝ 공격

The commander planned to **attack** the enemy at the break of dawn.
사령관은 동이 틀 때 적군을 **공격하기**로 계획했다.

a terrorist **attack**   테러 **공격**

0570 • **bomb**
[bɑːm]

ⓝ 폭탄

The country used atomic **bombs** during a war.
그 나라는 전쟁에서 원자 **폭탄**을 사용했다.

0571 • **explode**
[iksplóud]

ⓥ (폭탄이) 터지다, 폭발하다 ⊜ blow up

The bomb **exploded**, killing many innocent people in the village.
폭탄이 **터지고** 마을의 무고한 많은 사람들이 죽었다.

✚ explosion ⓝ 폭발

0572 • **weapon**
[wépən]

ⓝ 무기

Nuclear **weapons** are the most dangerous weapons in the world.
핵**무기**는 세계에서 가장 위험한 무기이다.

🔖 an object used to attack or kill people, such as a gun or bomb

---

0573 • **target**
[tɑ́ːrgit]

ⓝ 1 (공격의) 목표물   2 목표 ⊜ goal

Hospitals and schools are common **targets** during war.
병원과 학교는 전쟁에서 일반적인 **목표물**이다.

meet a sales **target**   판매 **목표**를 달성하다

0574 · defense
[diféns]

ⓝ 방어 ⟷offense 공격

We should improve our **defenses** against the threat.
우리는 그 위협에 대한 **방어**를 향상시켜야 한다.

✤ 전쟁 결과

0575 · defeat
[difíːt]

ⓥ 패배시키다, 이기다 ⓝ 패배

Napoleon was **defeated** at the Battle of Waterloo.
나폴레옹은 워털루 전투에서 **패했다**.

The mayor admitted **defeat** in the election.
그 시장은 선거에서 **패배**를 인정했다.

0576 · occupy
[ɑ́ːkjəpài]

ⓥ 1 (공간·시간을) 차지하다 2 점령하다

Climbing **occupies** most of her spare time.
등산은 그녀의 여가 시간 대부분을 **차지한다**.

The capital city was **occupied** by the enemy.
그 수도는 적군에 의해 **점령되었다**.

0577 · victim
[víktim]

ⓝ 피해자, 희생자

Children are the main **victims** of war.
아이들이 전쟁의 주 **희생자**이다.

🔍 a person who has been harmed or killed

0578 · victory
[víktəri]

ⓝ 승리

Admiral Yi Sun-sin led his army to **victory** during the
Imjin War. 이순신 장군은 자신의 군을 임진왜란에서 **승리**로 이끌었다.

0579 · unite
[junáit]

ⓥ 통합하다

When will South Korea and North Korea **unite** to
become one? 남한과 북한은 언제 **통일이 되어** 한 나라가 될까요?

🔍 to join or work together to achieve something
✚ unity ⓝ 통합, 통일

0580 · memorial
[məmɔ́ːriəl]

ⓐ 기념의, 추도의 ⓝ 기념비, 기념관

We attended the **memorial** service to pay our respects
to veterans.
우리는 참전 용사들에게 경의를 표하기 위해 **기념[추도]**식에 참석했다.

a war **memorial** 전쟁 **기념비**

학습 Check	MP3 듣기	본문 학습	Daily Check-up	누적 테스트 Days 28-29	Review Test/Plus

A 빈칸에 알맞은 우리말 뜻 또는 영어 단어를 써넣어 워드맵을 완성하시오.

1 _____ 전쟁

군대

2 _____ 군사의; 군대

3 _____ army

4 _____ 전투; 싸우다

5 _____ 위협, 협박

12 _____ 목표(물)

13 _____ 무기

14 _____ defense

전쟁터

6 _____ 적, 적군

7 _____ invade

8 _____ 명령하다, 지시하다

9 _____ attack

10 _____ 폭탄

11 _____ explode

전쟁 결과

15 _____ 점령하다; 차지하다

16 _____ defeat

17 _____ 피해자, 희생자

18 _____ 승리

19 _____ unite

20 _____ 추도의; 기념비

B 우리말을 참고하여 문장을 완성하시오. (필요하면 단어 형태를 바꾸시오.)

1 Shooting is a part of _____ training.
사격은 군사 훈련의 일부이다.

2 The general told his soldiers not to fear their _____.
장군은 자신의 병사들에게 적군을 두려워하지 말라고 말했다.

3 The capital city was _____ by the enemy.
그 수도는 적군에 의해 점령되었다.

4 Admiral Yi Sun-sin led his army to _____ during the Imjin War.
이순신 장군은 자신의 군을 임진왜란에서 승리로 이끌었다.

5 The bomb _____, killing many innocent people in the village.
폭탄이 터지고 마을의 무고한 많은 사람들이 죽었다.

Review Test

A 들려주는 영어 단어를 쓴 후 우리말 뜻을 쓰시오.

영단어	뜻	영단어	뜻
1		**2**	
3		**4**	
5		**6**	
7		**8**	
9		**10**	
11		**12**	
13		**14**	
15		**16**	
17		**18**	
19		**20**	

B 다음 영영 풀이에 해당하는 알맞은 단어를 골라 쓰시오.

보기   victim   fascinate   weapon   document   revolution   conquer

1 to catch someone's attention   _____

2 to record or write about something   _____

3 a person who has been harmed or killed   _____

4 to take over another country or territory   _____

5 an event or period of changing from something
old to something new   _____

6 an object used to attack or kill people, such
as a gun or bomb   _____

C 밑줄 친 단어의 동의어(=) 또는 반의어(↔)를 골라 쓰시오.

보기	significant	relative	offense	attack

1 The army was ready to invade France.　　　= _____

2 The fall of the Berlin Wall was a historic moment.　= _____

3 Who is responsible for our nation's defense?　　↔ _____

4 Their influence in the community is absolute.　　↔ _____

D 다음을 읽고, 빈칸에 알맞은 단어를 우리말을 참고하여 쓰시오.

1 This company was _____ed in 1845.
　이 회사는 1845년에 **설립되었다**.

2 The dynamite _____d as soon as it hit the ground.
　다이너마이트가 땅에 닿는 순간 바로 **폭발했다**.

3 The coach led his team to _____ in the finals.
　그 코치는 자신의 팀을 결승전에서 **승리**로 이끌었다.

4 People should pay their respects in s_____ temples.
　사람들은 **성스러운** 사원에서는 예를 표해야 한다.

E 다음을 읽고, 빈칸에 들어갈 말을 골라 문장을 완성하시오.

보기	civilizations	choir	threat	pray

1 The news reported the _____ of war in the region.

2 Its church has a _____ dating from the fifth century.

3 I thank you for it and _____ that God will bless you.

4 Egypt is one of the places where ancient _____ began.

✿ 예문에서 뽑은 최중요 핵심 표현

핵심 표현 다시 점검하며 빈칸 완성해 보기

1 **depend on** ～에 의존하다[기대다]

Plants and animals ＿＿＿＿＿＿＿ one another in an ecosystem. 식물과 동물은 생태계에서 서로 **의존한다.**

2 **below/above average** 평균 이하/이상의

This year's rainfall was ＿＿＿＿＿＿＿. 올해 강우량은 **평균 이하**였다.

3 **dispose of** ～을 없애다[처리하다]

He ＿＿＿＿＿＿＿ the trash in the morning. 그는 아침에 쓰레기를 **버렸다.**

4 **again and again** 계속해서, 몇 번이고

Plastic bags can be reused again ＿＿＿＿＿＿. 비닐봉지는 **계속해서** 재사용할 수 있다.

5 **make good use of** ～을 잘 활용하다

make ＿＿＿＿＿＿＿ wind power 풍력을 **잘 활용하다**

6 **stand for** ～을 상징하다

＿＿＿＿＿＿＿ life, liberty, and the pursuit of happiness 생명, 자유, 그리고 행복 추구를 **상징하다**

7 **bring about** 가져오다, 초래하다

＿＿＿＿＿＿＿ many changes to our lives 우리의 삶에 많은 변화를 **가져오다**

8 pay a price 대가를 치르다

Those who commit evil acts will _____.
사악한 행위를 저지른 자들은 **대가를 치를** 것이다.

9 under pressure 압박을 받는

He is working _____ extreme _____.
그는 극도의 **압박을 받으며** 일을 하고 있다.

10 break out 발발[발생]하다

The Korean War _____ on June 25, 1950.
한국 전쟁은 1950년 6월 25일에 **발발했다**.

✿ 발음이나 철자가 유사한 혼동어

0445 **coast** [koust] ⓝ 해안, 연안 │ 0798 **cost** [kɔːst] ⓝ 값, 비용

★ 두 단어는 발음과 철자가 비슷해 보이지만 뜻은 완전히 다르다.

0514 **efficient** [ifíʃənt] ⓐ 효율적인, 능률적인 │ **effective** [iféktiv] ⓐ 효과적인, 유효한

★ 철자가 비슷해 보이는 두 단어의 뜻과 발음 차이에 유의하자.

0548 **sacred** [séikrid] ⓐ 성스러운, 종교적인 │ **scared** [skɛərd] ⓐ 무서워하는, 겁먹은

★ 두 단어의 철자는 비슷해 보이지만 발음과 뜻이 완전히 다르다.

0553 **pray** [prei] ⓥ 기도하다 │ **prey** [prei] ⓝ 먹이

★ 두 단어는 발음은 동일하지만 모음의 철자와 뜻 차이에 유의하자.

정답 **1** depend on **2** below average **3** disposed of **4** and again **5** good use of **6** stand for
7 bring about **8** pay a price **9** under, pressure **10** broke out

PLAN 9

과학 기술

chemistry 화학
biology 생물학
theory 이론

galaxy 은하계
satellite 위성
atmosphere 대기

과학

우주

과학
기술

기술

컴퓨터와
정보 통신

advance 발전; 증진되다
electronic 전자의
research 연구; 연구하다

laptop 휴대용 컴퓨터
browse 검색하다
download 내려받다

MP3 듣기

0581 • **scientific**
[sàiəntífik]

ⓐ 과학의; 과학적인

scientific knowledge 과학 지식

The magnet is my favorite **scientific** instrument.
자석은 내가 제일 좋아하는 **과학** 도구이다.

✚ 물리·화학

0582 • **physics**
[fíziks]

ⓝ 물리학

Marie Curie was the first woman to be awarded a Nobel Prize for **physics**.
마리 퀴리는 노벨 **물리학**상을 수상한 최초의 여성이었다.

0583 • **chemistry**
[kémistri]

ⓝ 화학

Chemistry helps us understand how things work.
화학은 우리가 사물이 어떻게 작동하는지 이해하도록 돕는다.

✚ chemical ⓐ 화학의 ⓝ 화학 물질

0584 • **element**
[éləmənt]

ⓝ 1 요소, 성분 2 원소

Water is an important **element** for all living things.
물은 모든 생물체의 중요한 **요소**이다.

a chemical **element** 화학 **원소**

0585 • **atom**
[ǽtəm]

ⓝ 원자

Is it true that humans are just **atoms** in motion?
인간은 그저 움직이는 **원자**라는 것이 사실인가요?

0586 • **interact**
[ìntərǽkt]

ⓥ 상호 작용하다

Can you explain to me how ions **interact** with water?
이온이 물과 어떻게 **상호 작용하는**지 제게 설명해주실 수 있나요?

🔲 to affect each other

✚ interaction ⓝ 상호 작용 | interactive ⓐ 상호 작용하는

✤ 생물학

0587 biology
[baiɑ́:lədʒi]

ⓝ 생물학

I learned about the life cycle of a frog in **biology** class.
나는 **생물학** 시간에 개구리의 생애 주기에 대해 배웠다.

0588 evolve
[ivɑ́:lv]

ⓥ 1 진화하다   2 (서서히) 발전[진전]하다

Darwin claimed that humans **evolved** from apes.
다윈은 인간은 원숭이로부터 **진화했다**고 주장했다.

The education system has **evolved** over the years.
교육 제도가 수년에 걸쳐 **발전되어 왔다**.

✤ evolution ⓝ 진화

0589 gene
[dʒi:n]

ⓝ 유전자

Genes influence skin and hair color.
유전자는 피부와 머리 색에 영향을 준다.

0590 cell
[sel]

ⓝ 세포

All living things are made up of **cells**.
모든 생물체는 **세포**로 이루어져 있다.

✤ 과학 실험

0591 laboratory
[lǽbrətɔ̀:ri]

ⓝ 실험실

Please put on your safety goggles before entering the **laboratory**. **실험실**에 들어가기 전에 안전 고글을 착용해주세요.

📖 a room where a scientist conducts experiments

0592 curiosity
[kjùriɑ́:səti]

ⓝ 호기심

It was Edison's **curiosity** that helped him become the most famous inventor.
에디슨이 가장 유명한 발명가가 되게 한 것은 바로 그의 **호기심**이었다.

📖 a strong interest in learning about something

0593 experiment
ⓝ [ikspérəmənt]
ⓥ [ikspérəmènt]

ⓝ 실험   ⓥ 실험하다

a chemical **experiment**   화학 **실험**
We **experimented** with rats in mazes.
우리는 미로에 있는 쥐를 가지고 **실험했다**.

0594 · **material**
[mətíriəl]

ⓝ 재료, 물질

Let's buy the **materials** we need for the science experiment.
과학 실험에 필요한 **재료들**을 사자.

raw **materials** 원자재, 원료

0595 · **conduct**
ⓥ [kəndʌ́kt]
ⓝ [kɑ́:ndʌkt]

ⓥ (특정 활동을) 하다　🟰 carry out　ⓝ 행동

The experiment was **conducted** to study the effects of GM foods.
그 실험은 유전자 조작 식품의 영향을 연구하기 위해 **이루어졌다**.

professional **conduct** 전문가다운 **행동**

0596 · **method**
[méθəd]

ⓝ 방법

They are using the scientific **method** to understand the natural world.
그들은 자연 세계를 이해하기 위해서 과학적인 **방법**을 사용하고 있다.

0597 · **microscope**
[máikrəskòup]

ⓝ 현미경

We studied some fish cells by using a **microscope**.
우리는 **현미경**을 사용해서 일부 물고기 세포를 연구했다.

🔳 scientific equipment which makes very small things look larger

---

✤ 실험 결과

0598 · **theory**
[θíːəri]

ⓝ 이론

Scientists test new **theories** to learn about the world.
과학자들은 세상에 대해 알기 위해 새로운 **이론**을 실험한다.

0599 · **prove**
[pruːv]

ⓥ 증명[입증]하다

The scientist tried his best to **prove** his theory correct.
과학자는 자신의 이론이 맞다고 **증명하기** 위해 최선을 다했다.

✤ proof ⓝ 증거, 증명

0600 · **principle**
[prínsəpəl]

ⓝ 1 원리, 원칙　2 신념, 신조

We learned about the **principle** of solar energy.
우리는 태양 에너지의 **원리**에 대해 배웠다.

It is against my **principles** to tell a lie.
거짓말을 하는 것은 내 **신조**에 어긋난다.

Daily Check-up

A 빈칸에 알맞은 우리말 뜻 또는 영어 단어를 써넣어 워드맵을 완성하시오.

1 _____
scientific

물리 · 화학

2 _____
physics

3 _____
화학

4 _____
interact

5 _____
원자

6 _____
요소; 원소

생물학

7 _____
생물학

8 _____
gene

9 _____
세포

10 _____
evolve

실험 결과

18 _____
theory

19 _____
증명[입증]하다

20 _____
원리; 신념

과학 실험

11 _____
laboratory

12 _____
실험; 실험하다

13 _____
curiosity

14 _____
재료, 물질

15 _____
conduct

16 _____
방법

17 _____
현미경

B 우리말을 참고하여 문장을 완성하시오. (필요하면 단어 형태를 바꾸시오.)

1 Water is an important _____ for all living things.
물은 모든 생명체의 중요한 요소이다.

2 We learned about the _____ of solar energy.
우리는 태양 에너지의 원리에 대해 배웠다.

3 I learned about the life cycle of a frog in _____ class.
나는 생물학 시간에 개구리의 생애 주기에 대해 배웠다.

4 The experiment was _____ to study the effects of GM foods.
그 실험은 유전자 조작 식품의 영향을 연구하기 위해 이루어졌다.

5 It was Edison's _____ that helped him become the most famous inventor.
에디슨이 가장 유명한 발명가가 되게 한 것은 바로 그의 호기심이었다.

MP3 듣기

0601 · **universe**
[júːnəvəːrs]

ⓝ 우주 ⊜ space

The **universe** is much older than all of our ages combined.
우주의 나이는 우리 모두의 나이를 합한 것보다 훨씬 많다.

✛ universal ⓐ 일반적인; 전 세계적인

★ 별, 행성이 존재하는 '우주'의 뜻으로 쓸 때는 앞에 the를 쓰고, 단수 취급한다.

0602 · **outer space**
[áutər speis]

ⓝ (대기권 외) 우주 공간

How fun it would be to fly in **outer space**!
우주 공간을 날면 얼마나 신이 날까!

🔊 the area outside the Earth's atmosphere where the planets and the stars are (행성과 별이 있는 지구의 대기권 밖의 공간)

✛ 우주의 구성

0603 · **galaxy**
[gǽləksi]

ⓝ 은하계

There are about 200 billion stars in our **galaxy**.
우리 **은하계**에는 약 2천억 개의 별이 있다.

The name of our **galaxy** is the Milky Way.
우리 **은하계**의 이름은 '밀키웨이(은하수)'이다.

🔊 a very large group of stars and planets

0604 · **planet**
[plǽnət]

ⓝ 행성

Do you think that life exists on other **planets** besides the Earth?
지구 이외에 다른 **행성**에 생명체가 존재한다고 생각하니?

0605 · **solar system**
[sóulər sístəm]

ⓝ 태양계

There are eight planets in our **solar system**.
우리 **태양계**에는 8개의 행성이 있다.

0606 · **spin**
[spin]
spin-spun-spun

ⓥ 회전하다, (빙빙) 돌다 ⊜ revolve, turn

Earth **spins** on its axis continuously.
지구는 끊임없이 축을 중심으로 **회전한다**.

How does an ice skater **spin** so fast?
아이스 스케이트 선수는 어떻게 그렇게 빨리 **돌까**?

✤ 우주 관측

0607 • astronomy
[əstrɑ́:nəmi]

ⓝ 천문학

The history of **astronomy** dates back thousands of years.
천문학의 역사는 수천 년 전으로 거슬러 올라간다.

🔲 the scientific study of stars, planets, and other natural objects in outer space

🔲 astro(별[천체]의) + nomy(-학) → 별을 연구하는 학문 → 천문학

0608 • astronomer
[əstrɑ́:nəmər]

ⓝ 천문학자

Copernicus was the **astronomer** who discovered that Earth revolves around the sun.
코페르니쿠스는 지구가 태양 주위를 돈다는 것을 발견한 **천문학자**였다.

0609 • satellite
[sǽtəlàit]

ⓝ 위성

communications **satellite** 통신 **위성**

Earth has one large natural **satellite**: the moon.
지구에는 큰 자연 **위성**인 달이 있다.

0610 • spacecraft
[spéiskræ̀ft]

ⓝ 우주선

a manned **spacecraft** 유인 **우주선**

Spacecrafts take humans into space.
우주선은 인간을 우주 속으로 데려간다.

0611 • space station
[spéis stèiʃən]

ⓝ 우주 정거장

The spacecraft stopped by the **space station** to fuel its tanks.
우주선은 탱크에 연료를 넣기 위해서 **우주 정거장**에 들렀다.

0612 • explore
[ikspló:r]

ⓥ 1 탐사[탐험]하다   2 (문제 등을) 탐구[분석]하다

We want to **explore** Mars to look for signs of life.
우리는 생명체의 흔적을 찾기 위해 화성을 **탐사하고** 싶다.

explore the possibility of starting a business
사업 시작의 가능성을 **분석하다**

0613 • footprint
[fútprìnt]

ⓝ 발자국

Neil Armstrong was the first man to leave a **footprint** on the moon.
닐 암스트롱은 달에 **발자국**을 남긴 최초의 사람이었다.

0614 · telescope
[téləskòup]

ⓝ 망원경

We can look at the stars through a telescope.
우리는 **망원경**을 통해서 별을 볼 수 있다.

0615 · observe
[əbzə́ːrv]

ⓥ 관찰하다 ⊜ monitor

To observe the stars, you need a clear and dark sky.
별을 **관찰하기** 위해서는 하늘이 맑고 어두워야 한다.

➕ observation ⓝ 관찰

✜ 지구

0616 · atmosphere
[ǽtməsfìər]

ⓝ 대기

pollution of the atmosphere 대기 오염
There are several layers in the Earth's atmosphere.
지구의 **대기**에는 몇 개의 층이 있다.

0617 · gravity
[grǽvəti]

ⓝ 중력

Without gravity, we could all be flying on the Earth.
중력이 존재하지 않는다면 우리는 모두 지구에서 날고 있을 것이다.

🔎 the force that pulls objects to the ground
(물체를 땅으로 끌어당기는 힘)

0618 · surface
[sə́ːrfis]

ⓝ 표면

The astronaut could see the surface of the Earth from outer space.
우주 비행사는 우주 공간에서 지구의 **표면**을 볼 수 있었다.

a slippery road surface 미끄러운 도로 **표면**

🔎 the top layer of an area or the outside part of something
(한 지역의 최상층 또는 무언가의 바깥 부분)

0619 · lunar
[lúːnər]

ⓐ 달의 ⟷ solar 태양의

a lunar eclipse 월식
Koreans adopted the lunar calendar from the Chinese.
한국은 **음력**을 중국으로부터 들여왔다.

0620 · oxygen
[áːksidʒən]

ⓝ 산소

As long as there is enough oxygen, humans can live on the Earth.
풍부한 **산소**가 있는 한, 인간은 지구에 살 수 있다.

Daily Check-up

A 빈칸에 알맞은 우리말 뜻 또는 영어 단어를 써넣어 워드맵을 완성하시오.

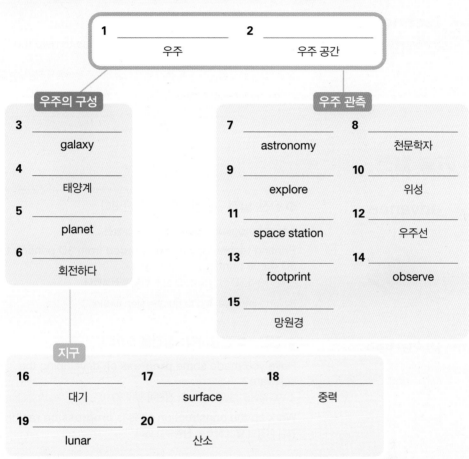

1 _____ 우주

2 _____ 우주 공간

우주의 구성

3 _____ galaxy

4 _____ 태양계

5 _____ planet

6 _____ 회전하다

우주 관측

7 _____ astronomy

8 _____ 천문학자

9 _____ explore

10 _____ 위성

11 _____ space station

12 _____ 우주선

13 _____ footprint

14 _____ observe

15 _____ 망원경

지구

16 _____ 대기

17 _____ surface

18 _____ 중력

19 _____ lunar

20 _____ 산소

B 우리말을 참고하여 문장을 완성하시오. (필요하면 단어 형태를 바꾸시오.)

1 There are several layers in the Earth's _____.
지구의 대기에는 몇 개의 층이 있다.

2 There are about 200 billion stars in our _____.
우리 은하계에는 약 2천억 개의 별이 있다.

3 Without _____, we could all be flying on the Earth.
중력이 존재하지 않는다면 우리는 모두 지구에서 날고 있을 것이다.

4 We want to _____ Mars to look for signs of life.
우리는 생명체의 흔적을 찾기 위해 화성을 탐사하고 싶다.

5 The _____ is much older than all of our ages combined.
우주의 나이는 우리 모두의 나이를 합한 것보다 훨씬 많다.

MP3 듣기

0621 · technology
[teknάːlədʒi]

ⓝ 기술

Technology is being applied in all areas to help the disabled walk and see.
장애인들이 걷고 볼 수 있도록 돕기 위해 **기술**이 모든 분야에서 적용되고 있다.

＋ technological ⓐ 기술의

✚ 기술 발전

0622 · advance
[ədvǽns]

ⓝ 진전, 발전　ⓥ 진보하다, 증진되다

a technological **advance** 기술의 **발전**

Printing technology has **advanced** from 3D printing to 3D metal printing.
인쇄 기술이 3D 인쇄에서 3D 금속 인쇄로 **진보했다**.

🔤 ⓥ to improve and to go one step further

0623 · progress
ⓝ [prάːgrəs]
ⓥ [prəgrés]

ⓝ 진전　ⓥ 진행하다; 진전을 보이다

Have you made some **progress** on developing the software?
소프트웨어를 개발하는 데 좀 **진전**이 있나요?

Work on the construction sites is **progressing** rapidly.
건설 현장의 일이 빠르게 **진행되고** 있다.

0624 · technician
[tekníʃən]

ⓝ 기술자

The **technician** fixed the Internet cable in seconds.
기술자가 인터넷 전용선을 몇 초 만에(매우 빨리) 고쳤다.

0625 · precise
[prisáis]

ⓐ 정확한, 정밀한　↔ inexact 부정확한

Thanks to the invention of clocks, we can tell the **precise** time. 시계의 발명 덕분에 우리는 **정확한** 시간을 알 수 있다.

🔤 very accurate and exact

0626 · virtual
[və́ːrtʃuəl]

ⓐ 가상의

virtual world 가상 세계

Have you been to a **virtual** reality game room?
너는 **가상** 현실 게임방에 가본 적이 있니?

🔤 occurring on computers or on the Internet

0627 • **artificial**
[à:rtəfíʃəl]

ⓐ 인공의　↔ natural 자연의

launch an **artificial** satellite　인공위성을 발사하다
Artificial intelligence is used in many smartphone apps.
인공 지능은 많은 스마트폰 앱에서 사용된다.

0628 • **innovation**
[ìnəvéiʃən]

ⓝ 혁신

Technology has advanced through **innovation**.
기술은 **혁신**을 통해 진보해왔다.

✛ innovate ⓥ 혁신하다

♣ 전자 제품

0629 • **device**
[diváis]

ⓝ 장치, 기구　⊟ gadget

We use many electrical labor-saving **devices**.
우리는 노동력을 절약하는 많은 전기 **장치**를 사용한다.

0630 • **equipment**
[ikwípmənt]

ⓝ 장비, 설비

All the medical **equipment** at the hospital is brand new.
그 병원의 모든 의료 **장비**는 완전히 새것이다.

0631 • **electronic**
[ilèktrá:nik]

ⓐ 전자의

an **electronic** book　전자책
Turn off your **electronic** devices when you board the plane.
비행기에 탑승하면 **전자** 기기의 전원을 꺼주세요.

0632 • **mobile**
[móubəl / móubail]

ⓐ 이동하는, 이동하기 쉬운

mobile phone　이동 전화(휴대폰)
Computers have become more **mobile** and compact.
컴퓨터는 더 **이동이 자유롭고** 소형화되고 있다.

✛ mobility ⓝ 이동성

0633 • **portable**
[pó:rtəbəl]

ⓐ 휴대용의

How much does a light **portable** computer weigh?
가벼운 **휴대용** 컴퓨터는 무게가 얼마나 나가나요?

🔲 able to be easily carried anywhere
🔲 port(나르다) + able(~할 수 있는) → 나를 수 있는 → 휴대가 가능한

0634 · convenient
[kənvíːniənt]

ⓐ 편리한 (↔) inconvenient 불편한

Digital technology has made our lives more **convenient**.
디지털 기술은 우리의 삶을 더 **편리하게** 만들었다.

＋ convenience ⓝ 편의, 편리

✛ 기술 개발

0635 · research
ⓝ [ríːsərtʃ]
ⓥ [risə́ːrtʃ]

ⓝ 연구, 조사 ⓥ 연구하다, 조사하다

scientific **research** 과학 **연구**

He is **researching** virtual reality applications.
그는 가상 현실 애플리케이션을 **연구하고** 있다.

0636 · analyze
[ǽnəlàiz]

ⓥ 분석하다

My job was to **analyze** the results of the experiment.
내 일은 실험 결과를 **분석하는** 것이었다.

0637 · database
[déitəbèis]

ⓝ 데이터베이스

You need to search for that information on our company's **database**.
당신은 그 정보를 저희 회사 **데이터베이스**에서 찾아야 합니다.

🔎 a collection of information stored on a computer

0638 · process
[prάːses]

ⓝ 과정, 절차 (=) procedure ⓥ 처리하다

Can you speed up the manufacturing **process**?
제조 **과정** 속도를 높일 수 있나요?

The system can **process** more data in less time.
그 시스템은 더 많은 데이터를 더 적은 시간에 **처리할** 수 있다.

0639 · replace
[ripléis]

ⓥ 1 대신[대체]하다 2 바꾸다

Can robots **replace** humans someday?
로봇이 언젠가는 인간을 **대체할** 수 있을까?

replace the old TV with a new one
오래된 TV를 새것으로 **바꾸다**

0640 · improve
[imprúːv]

ⓥ 개선되다; 향상시키다

Technology has **improved** the quality of our lives.
기술이 우리의 삶의 질을 **향상시켰다**.

Daily Check-up

A 빈칸에 알맞은 우리말 뜻 또는 영어 단어를 써넣어 워드맵을 완성하시오.

1 _____
기술

기술 발전

2 _____
advance

3 _____
진전; 진행하다

4 _____
precise

5 _____
기술자

6 _____
innovation

7 _____
가상의

8 _____
artificial

전자 제품

9 _____
전자의

10 _____
device

11 _____
장비, 설비

12 _____
mobile

13 _____
휴대용의

14 _____
convenient

기술 개발

15 _____
연구; 연구하다

16 _____
analyze

17 _____
과정; 처리하다

18 _____
데이터베이스

19 _____
replace

20 _____
개선되다; 향상시키다

B 우리말을 참고하여 문장을 완성하시오. (필요하면 단어 형태를 바꾸시오.)

1 Technology has advanced through _____.
기술은 혁신을 통해 진보해왔다.

2 Have you made some _____ on developing the software?
소프트웨어를 개발하는 데 좀 진전이 있나요?

3 Digital technology has made our lives more _____.
디지털 기술은 우리의 삶을 더 편리하게 만들었다.

4 The system can _____ more data in less time.
그 시스템은 더 많은 데이터를 더 적은 시간에 처리할 수 있다.

5 How much does a light _____ computer weigh?
가벼운 휴대용 컴퓨터는 무게가 얼마나 나가나요?

MP3 듣기

♣ 컴퓨터

0641 · laptop
[lǽptɑ̀ːp]

ⓝ 휴대용 컴퓨터

Laptops weigh around 2 kilograms these days.
요즘 **휴대용 컴퓨터** 무게는 약 2kg이다.

🔲 a small portable computer

★ lap 무릎 → laptop (무릎 위에 놓는) 휴대용 컴퓨터

0642 · personal
[pə́ːrsənəl]

ⓐ 개인의, 개인적인

personal computer 개인용 컴퓨터(PC)

Please turn off **personal** devices during the performance.
공연 중에 **개인** 기기의 전원을 꺼주세요.

0643 · tool
[tuːl]

ⓝ 도구, 연장

garden **tools** 정원용 도구

The Internet has been a **tool** for recreation, education, and shopping.
인터넷은 오락, 교육, 쇼핑의 **도구**가 되어 왔다.

0644 · essential
[isénʃəl]

ⓐ 필수적인; 가장 중요한

Basic computer skills are **essential** in the workplace.
기본적인 컴퓨터 기술은 직장에서 **필수적**이다.

0645 · shut down

1 (기계가) 정지하다 ⊜stop   2 (공장·가게가) 문을 닫다

The computer system automatically **shut down**.
컴퓨터 시스템이 저절로 **정지했다**.

Many stores **shut down** because of heavy competition.
많은 상점들이 치열한 경쟁으로 **문을 닫았다**.

♣ 이메일

0646 · password
[pǽswə̀ːrd]

ⓝ 비밀번호

You need a new **password** with a combination of numbers and letters.
너는 숫자와 문자의 조합으로 이루어진 새로운 **비밀번호**가 필요하다.

0647 • log in

접속하다, 로그인하다 　 ↔ log out, log off 나가다

I can't **log in** because I forgot my password.
나는 비밀번호를 잊어버려서 **접속을** 할 수 없다.

★ log in, log on 둘 다 쓸 수 있다.

0648 • forward
[fɔ́ːrwərd]

ⓥ 보내다; 다시 보내 주다 　 ⓐⓓ 앞으로

Can you **forward** this email to the secretary?
이 이메일을 비서에게 **다시 보내줄** 수 있나요?

Can you move **forward**? **앞으로** 이동해줄래?

📝 ⓥ to send email, information, etc. that you have received to someone (받은 이메일, 정보 등을 누군가에게 보내다)

0649 • attach
[ətǽtʃ]

ⓥ 붙이다, 첨부하다

Don't forget to **attach** the file to your email.
그 파일을 네 이메일에 **첨부하는** 것을 잊지 마.

0650 • delete
[dilíːt]

ⓥ 삭제하다

I would like to **delete** my Amazon account.
저는 제 아마존 계정을 **삭제하고** 싶어요.

★ delete는 쓰여 있거나 컴퓨터에 저장되어 있는 것을 지우거나 삭제한다는 의미이다.

♣ 인터넷

0651 • browse
[brauz]

ⓥ 1 (책 등을) 대강 훑어보다 　 2 (인터넷을) 검색하다

browse through a magazine 잡지를 **훑어보다**

I was **browsing** the Web and saw those sneakers on sale.
저는 인터넷을 **검색하다가** 할인 중인 저 운동화를 봤어요.

0652 • access
[ǽkses]

ⓝ 접근; 이용 　 ⓥ 접속하다

About 95% of teens have **access** to a smartphone.
약 95퍼센트의 십대들이 스마트폰을 **이용**한다.

Please enter the password to **access** this page.
이 페이지에 **접속하려면** 비밀번호를 입력하세요.

0653 • network
[nétwəːrk]

ⓝ 망, 네트워크

a road / railway **network** 도로/철도**망**

Instagram is one of the most popular social **networks**.
인스타그램은 가장 인기 있는 소셜 **네트워크**(사회 연결망) 중 하나이다.

0654 • wireless
[wáiərlis]

ⓐ 무선의

We can talk on our mobile phones because of the **wireless** network.
무선 네트워크 때문에 우리는 휴대폰으로 통화할 수 있다.

📖 wire(전선, 선) + less(~이 없는) → 전선이 없는 → 무선의

0655 • contribute
[kəntríbjuːt]

ⓥ 1 기부하다 2 기여하다

contribute 100 dollars to charity
자선단체에 100달러를 **기부하다**

The Internet **contributes** to sharing knowledge.
인터넷은 지식 공유에 **기여한다**.

✦ 정보

0656 • information
[ìnfərméiʃən]

ⓝ 정보

The 4th Revolution is also known as the **Information** Age.
4차 혁명은 **정보**화 시대로도 알려져 있다.

0657 • digital
[dídʒitl]

ⓐ 디지털(방식)의 ⟷ analog 아날로그식의

the **digital** era **디지털** 시대

My uncle bought me a **digital** watch for a graduation present.
삼촌은 졸업 선물로 내게 **디지털** 손목시계를 사주셨다.

0658 • download
[dáunlòud]

ⓥ 내려받다 ⟷ upload 올리다

You can **download** documents on the website.
웹사이트에서 문서를 **내려받을** 수 있다.

0659 • secure
[sikjúər]

ⓐ 1 안전한 = safe **2 안정된**

Store your important files in a **secure** folder.
여러분의 중요한 파일을 **안전한** 폴더에 저장하세요.

It is hard for senior citizens to find **secure** jobs.
노인들이 **안정된** 일자리를 찾는 것은 어렵다.

✚ security ⓝ 안전; 보안

0660 • update
[ʌ̀pdéit]

ⓥ 갱신하다 = improve

I **updated** my personal information on the website.
나는 웹사이트에 내 개인 정보를 **갱신했다**.

Daily Check-up

A 빈칸에 알맞은 우리말 뜻 또는 영어를 써넣어 워드맵을 완성하시오.

컴퓨터와 정보 통신

컴퓨터

1 _____ 휴대용 컴퓨터
2 _____ personal
3 _____ 필수적인
4 _____ tool
5 _____ 정지하다; 문을 닫다

이메일

6 _____ 접속하다
7 _____ password
8 _____ 첨부하다
9 _____ forward
10 _____ 삭제하다

인터넷

11 _____ browse
12 _____ 망, 네트워크
13 _____ access
14 _____ 무선의
15 _____ contribute

정보

16 _____ 정보
17 _____ download
18 _____ 디지털(방식)의
19 _____ 안전한; 안정된
20 _____ update

B 우리말을 참고하여 문장을 완성하시오. (필요하면 단어 형태를 바꾸시오.)

1 Can you _____ this email to the secretary?
이 이메일을 비서에게 다시 보내줄 수 있나요?

2 The computer system automatically _____.
컴퓨터 시스템이 저절로 정지했다.

3 About 95% of teens have _____ to a smartphone.
약 95퍼센트의 십대들이 스마트폰을 이용한다.

4 I was _____ the Web and saw those sneakers on sale.
저는 인터넷을 검색하다가 할인 중인 저 운동화를 봤어요.

5 It is hard for senior citizens to find _____ jobs.
노인들이 안정된 일자리를 찾는 것은 어렵다.

Review Test

A 들려주는 영어 단어를 쓴 후 우리말 뜻을 쓰시오.

영단어	뜻	영단어	뜻
1		**2**	
3		**4**	
5		**6**	
7		**8**	
9		**10**	
11		**12**	
13		**14**	
15		**16**	
17		**18**	
19		**20**	

B 다음 영영 풀이에 해당하는 알맞은 단어를 골라 쓰시오.

보기	gravity	laboratory	forward	database	interact	portable

1 to affect each other _____

2 able to be easily carried anywhere _____

3 the force that pulls objects to the ground _____

4 a room where a scientist conducts experiments _____

5 a collection of information stored on a computer _____

6 to send email, information, etc. that you have received to someone _____

C 밑줄 친 단어의 동의어(=) 또는 반의어(↔)를 골라 쓰시오.

보기	improve	carried out	upload	exact

1 We need to <u>update</u> the computer system.　　　　= _____

2 Let me know your <u>precise</u> location.　　　　= _____

3 He <u>conducted</u> research on climate change.　　　　= _____

4 <u>Download</u> the file onto your computer.　　　　↔ _____

D 다음을 읽고, 빈칸에 알맞은 단어를 우리말을 참고하여 쓰시오.

1 They needed the right _____ to build a house.
그들은 집을 짓기 위한 적절한 **장비**가 필요했다.

2 We are against using animals in scientific _____.
우리는 과학 **연구**에 동물을 사용하는 것에 반대한다.

3 The scientist's new theory has not been _____d yet.
그 과학자의 새로운 이론은 아직 **증명되지** 않았다.

4 Communication has become easier since we have _____ phones.
우리가 **이동** 전화를 가지고 있어서 의사소통이 더욱 쉬워졌다.

E 다음을 읽고, 빈칸에 들어갈 말을 골라 문장을 완성하시오.

보기	microscope	laptop	planet	telescope

1 I opened my _____ and started typing.

2 Pluto is the farthest _____ in the solar system.

3 He likes to look at the stars through a _____.

4 The bacteria were examined under the _____.

PLAN 10

문학과 언어

fiction 소설; 허구
plot 줄거리
edit 편집하다; 수정하다

dull 따분한, 재미없는
dynamic 활발한
tense 긴장한; 긴박한

문학과
출판

글의
분위기

문학과
언어

언어

phrase 구; 구절
conversation 대화
pronounce 발음하다

MP3 듣기

0661 • **literature**
[lítərətʃər]

ⓝ 문학

great works of **literature** 위대한 **문학** 작품들
I'm going to major in German **literature** in college.
나는 대학에서 독일 **문학**을 전공할 것이다.

✚ literary ⓐ 문학의

0662 • **publish**
[pʌ́bliʃ]

ⓥ 출판하다

The company finally decided to **publish** his book.
그 회사는 마침내 그의 책을 **출판하기**로 결정했다.

✚ publisher ⓝ 출판사 | publication ⓝ 출판(물)

✤ 작품

0663 • **genre**
[ʒɑ́:nrə]

ⓝ 장르

My favorite literary **genre** is mystery.
내가 제일 좋아하는 문학 **장르**는 추리 소설이다.

🔲 a particular type of literature, art, music, etc.

0664 • **fiction**
[fíkʃən]

ⓝ 소설; 허구 ⊜ novel ⟷ nonfiction 비소설

Can you recommend some interesting science **fiction** to me?
제게 재미있는 공상 과학 **소설**을 좀 추천해주실 수 있나요?

0665 • **poetry**
[póuətri]

ⓝ 시 ⊜ poems

a **poetry** reading 시 낭독
My sister loves reading **poetry** in her free time.
우리 언니는 여가 시간에 **시**를 읽는 것을 좋아한다.

★ poem은 '한 편의 시'를 뜻하고, poetry는 집합적인 의미의 '시', 또는 문학 장르로서의 '시'를 뜻한다.

0666 • **biography**
[baiɑ́:grəfi]

ⓝ 전기

Reading the **biography** of Schweitzer, I decided to pursue a career in medicine.
슈바이처의 **전기**를 읽고, 나는 의학 분야의 직업을 갖기로 결심했다.

🔲 a true life story written about a person

0667 · tale
[teil]

ⓝ 이야기　⁼ story

a fairy **tale** 동화

My mom used to read the **tale** of the country mouse and the city mouse to me.
엄마는 내게 시골 쥐와 도시 쥐 **이야기**를 읽어주시곤 했다.

0668 · fantasy
[fǽntəsi]

ⓝ 상상, 공상　⁼ imagination

Most Disney stories with happy endings only exist in the world of **fantasy**.
행복한 결말의 대부분의 디즈니 이야기는 **상상**의 세계에서만 존재한다.

0669 · tragedy
[trǽdʒədi]

ⓝ 비극　↔ comedy 희극

Shakespeare's **tragedies** 셰익스피어의 **비극(작품)**들

The love story of *Romeo and Juliet* ended in **tragedy**.
로미오와 줄리엣의 사랑 이야기는 **비극**으로 끝났다.

★ tragedy는 '비극적인 사건', 문학으로서의 '비극 작품'을 모두 뜻한다.

♣ 작품 구성

0670 · plot
[plɑːt]

ⓝ 줄거리　⁼ storyline

The **plot** of the novel was too complicated to understand.
그 소설의 **줄거리**는 너무 복잡해서 이해하기 어려웠다.

plot twist 반전

0671 · setting
[sétiŋ]

ⓝ (연극·소설 등의) 배경　⁼ scene

The **setting** of this story is Germany during World War I.
이 이야기의 **배경**은 1차 세계 대전 때의 독일이다.

0672 · compose
[kəmpóuz]

ⓥ 1 구성하다　2 (시·글을) 짓다; 작곡하다

Clouds are **composed** of ice crystals.
구름은 빙정으로 **구성되어** 있다.

He **composed** a poem for his young daughter.
그는 어린 딸을 위해 시를 **지었다**.

✚ composer ⓝ 작곡가

0673 · content
[kɑ́ːntent]

ⓝ 1 (책·연설 등의) 내용　2 (복수로) 목차

I made some changes to the **content** of my poem.
나는 내 시의 **내용**을 약간 변경했다.

Read the **contents** page first before you start reading.
읽기 시작하기 전에 **목차**를 먼저 읽어라.

0674 • **context**
[kάːntekst]

ⓝ 1 문맥　2 (사건의) 정황, 배경

Understand the meaning of the word in the **context**.
문맥에서 그 단어의 뜻을 이해하렴.

The war story was set in the **context** of Korea in the 1950s.　그 전쟁 이야기는 1950년대의 한국의 **정황**을 배경으로 했다.

✛ 편집과 출판

0675 • **edit**
[édit]

ⓥ 편집하다; 수정하다　🖃 revise

The journalist's article had to be **edited** several times.
그 기자의 기사는 몇 차례 **편집을 해야** 했다.

🖼 to prepare a book for printing by correcting mistakes and by making changes (오류를 고치고 변경해서 책의 인쇄를 준비하다)

✛ editor ⓝ 편집자

0676 • **revise**
[riváiz]

ⓥ 수정하다, 개정하다

The editor **revised** the book before it was published.
편집자는 출판되기 전에 책을 **수정했다**.

✛ revision ⓝ 개정, 수정

0677 • **author**
[ɔ́ːθər]

ⓝ 작가, 저자　🖃 writer

The **author** showed up late to her book-signing event.
작가는 자신의 책 사인회에 늦게 나타났다.

0678 • **version**
[və́ːrʒən]

ⓝ (이전의 것·다른 비슷한 것과 약간 다른) −판

I can't wait to read the Korean **version** of her first novel.
그녀의 첫 소설의 한국어**판**이 기다려진다.

0679 • **review**
[rivjúː]

ⓝ 1 검토　2 논평　ⓥ 1 (재)검토하다　2 논평하다

a book / movie **review**　서**평**/영화 **평론**
Could you **review** the revised version of my essay?
제 에세이의 수정본을 **재검토해줄** 수 있나요?

0680 • **copyright**
[kάːpiràit]

ⓝ 저작권

We can't just copy this book due to **copyright** issues.
저작권 문제로 우리는 이 책을 그냥 복사할 수 없다.

A 빈칸에 알맞은 우리말 뜻 또는 영어 단어를 써넣어 워드맵을 완성하시오.

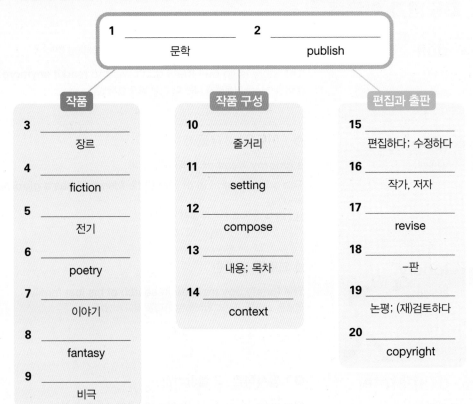

1 _____ 문학   2 _____ publish

작품

3 _____ 장르
4 _____ fiction
5 _____ 전기
6 _____ poetry
7 _____ 이야기
8 _____ fantasy
9 _____ 비극

작품 구성

10 _____ 줄거리
11 _____ setting
12 _____ compose
13 _____ 내용; 목차
14 _____ context

편집과 출판

15 _____ 편집하다; 수정하다
16 _____ 작가, 저자
17 _____ revise
18 _____ -판
19 _____ 논평; (재)검토하다
20 _____ copyright

B 우리말을 참고하여 문장을 완성하시오. (필요하면 단어 형태를 바꾸시오.)

1 I'm going to major in German _____ in college.
나는 대학에서 독일 문학을 전공할 것이다.

2 We can't just copy this book due to _____ issues.
저작권 문제로 우리는 이 책을 그냥 복사할 수 없다.

3 The journalist's article had to be _____ several times.
그 기자의 기사는 몇 차례 편집을 해야 했다.

4 The _____ of the novel was too complicated to understand.
그 소설의 줄거리는 너무 복잡해서 이해하기 어려웠다.

5 Reading the _____ of Schweitzer, I decided to pursue a career in medicine.
슈바이처의 전기를 읽고, 나는 의학 분야의 직업을 갖기로 결심했다.

MP3 듣기

♣ 지루함과 외로움

0681 • **dull**
[dʌl]

ⓐ 따분한, 재미없는 ⊜ boring ↔ interesting 흥미로운

The story is so **dull** that I don't want to read it anymore.
이야기가 너무 **따분해서** 나는 더 이상 읽고 싶지 않다.

0682 • **gloomy**
[glú:mi]

ⓐ 1 어두운 2 우울한

a **gloomy** weather 어둑어둑한 날씨

The original version of *The Little Mermaid* has a **gloomy** ending.
'인어공주'의 원래 판은 **우울한** 결말이다.

0683 • **lonely**
[lóunli]

ⓐ 외로운, 쓸쓸한

The **lonely** boy traveled in search of his lost family.
외로운 소년은 자신의 잃어버린 가족을 찾아 떠났다.

영영 sad from being left alone

0684 • **desperate**
[déspərət]

ⓐ 1 필사적인 2 절망적인

She was **desperate** to escape her difficult life.
그녀는 힘든 삶을 벗어나려고 **필사적**이었다.

The victims were in a **desperate** situation.
그 피해자들은 **절망적인** 상황이었다.

0685 • **frustrate**
[frʌ́streit]

ⓥ 좌절감을 주다; 좌절시키다

The novel's plot twists **frustrated** the readers.
그 소설의 반전은 독자들을 **좌절시켰다**.

영영 to make someone feel upset or annoyed

♣ 긍정과 생동감

0686 • **dynamic**
[dainǽmik]

ⓐ 활발한; 역동적인 ⊜ energetic

The characters in the novel are **dynamic** and witty.
그 소설 속의 인물들은 **활발하고** 재치가 있다.

0687 • active
[ǽktiv]

ⓐ 1 활동적인 2 적극적인 ⟷ passive 수동적인

My grandfather lived an **active** life and enjoyed hiking.
우리 할아버지는 **활동적인** 삶을 사셨고, 등산을 즐기셨다.

Princess Fiona is an **active** character who saves Shrek from danger.
피오나 공주는 위험에서 슈렉을 구하는 **적극적인** 인물이다.

　＋ actively ⓐⓓ 적극적으로

0688 • cheerful
[tʃíərfəl]

ⓐ 발랄한, 쾌활한

The child answered his mother in a **cheerful** voice.
아이는 엄마에게 **발랄한** 목소리로 대답했다.

0689 • hopeful
[hóupfəl]

ⓐ 희망에 찬; 희망적인 ⟷ hopeless 가망 없는, 절망적인

The message of the story was **hopeful**.
그 이야기의 교훈은 **희망적**이었다.

0690 • fantastic
[fæntǽstik]

ⓐ 환상적인, 멋진

Don Quixote is a classic novel of **fantastic** adventure.
'돈키호테'는 **환상적인** 모험의 고전 소설이다.

0691 • spectacular
[spektǽkjələr]

ⓐ 1 장관의 2 극적인

a **spectacular** sunrise 장관을 이루는 일출

The plot twist was so **spectacular** that the novel became a bestseller.
반전이 아주 **극적이어서** 그 소설은 베스트셀러가 되었다.

0692 • festive
[féstiv]

ⓐ 축제의

Everyone is in a **festive** mood during the Christmas season.
크리스마스 시즌에는 모든 사람들이 **축제** 분위기에 있다.

　＋ festival ⓝ 축제

✤ 긴장

0693 • tense
[tens]

ⓐ 긴장한; 긴박한 ＝ nervous

She looked **tense** and unhappy.
그녀는 **긴장하고** 불행해 보였다.

a **tense** situation **긴박한** 상황

0694 · stressful
[strésfəl]

ⓐ 스트레스가 많은

Having to think about a new story is so **stressful** for me.
새로운 이야기를 생각해야 하는 것은 내게 매우 **많은 스트레스를 준다**.

0695 · scary
[skéri / skéəri]

ⓐ 무서운 ⊜frightening

a **scary** scene 무서운 장면
That horror film was so **scary**.
저 공포 영화는 너무 **무서웠다**.

0696 · horrified
[hɔ́:rəfàid]

ⓐ 겁에 질린 ⊜shocked

She had a **horrified** expression on her face.
그녀는 얼굴이 **겁에 질린** 표정이었다.

╋ horrify ⓥ 소름끼치게 하다

✦ 평온함

0697 · calm
[kɑːm]

ⓐ 침착한, 차분한 ⟷nervous

The heroine of the novel was very **calm** when dealing with the problem.
소설 속의 여주인공은 문제를 해결할 때 아주 **침착했다**.

╋ calmly ⓐ𝖽 침착하게

0698 · peaceful
[píːsfəl]

ⓐ 평화로운

The setting of the novel is a **peaceful** village in Austria.
소설의 배경은 오스트리아의 어느 **평화로운** 마을이다.

╋ peace ⓝ 평화

0699 · romantic
[roumǽntik]

ⓐ 낭만적인, 애정의

a **romantic** atmosphere 낭만적인 분위기
The couple's story in the novel is very **romantic**.
소설 속의 그 커플의 이야기는 매우 **낭만적이다**.

0700 · heartwarming
[hɑ́ːrtwɔ̀:rmiŋ]

ⓐ 마음이 따스해지는

The **heartwarming** story of the two friends was made into a film.
두 친구의 **마음 따스해지는** 이야기는 영화로 만들어졌다.

A 빈칸에 알맞은 우리말 뜻 또는 영어 단어를 써넣어 워드맵을 완성하시오.

글의 분위기

지루함과 외로움

1 ＿＿＿＿＿＿＿＿
　dull

2 ＿＿＿＿＿＿＿＿
　어두운; 우울한

3 ＿＿＿＿＿＿＿＿
　lonely

4 ＿＿＿＿＿＿＿＿
　필사적인; 절망적인

5 ＿＿＿＿＿＿＿＿
　frustrate

긍정과 생동감

6 ＿＿＿＿＿＿＿＿
　활발한; 역동적인

7 ＿＿＿＿＿＿＿＿
　활동적인; 적극적인

8 ＿＿＿＿＿＿＿＿
　hopeful

9 ＿＿＿＿＿＿＿＿
　발랄한, 쾌활한

10 ＿＿＿＿＿＿＿＿
　spectacular

11 ＿＿＿＿＿＿＿＿
　축제의

12 ＿＿＿＿＿＿＿＿
　fantastic

긴장

13 ＿＿＿＿＿＿＿＿
　tense

14 ＿＿＿＿＿＿＿＿
　스트레스가 많은

15 ＿＿＿＿＿＿＿＿
　scary

16 ＿＿＿＿＿＿＿＿
　겁에 질린

평온함

17 ＿＿＿＿＿＿＿＿
　침착한, 차분한

18 ＿＿＿＿＿＿＿＿
　peaceful

19 ＿＿＿＿＿＿＿＿
　마음이 따스해지는

20 ＿＿＿＿＿＿＿＿
　romantic

B 우리말을 참고하여, 어구 또는 문장을 완성하시오. (필요하면 단어 형태를 바꾸시오.)

1 a ＿＿＿＿＿＿＿ sunrise　장관을 이루는 일출

2 The characters in the novel are ＿＿＿＿＿＿＿ and witty.
그 소설 속의 인물들은 활발하고 재치가 있다.

3 The ＿＿＿＿＿＿＿ story of the two friends was made into a film.
두 친구의 마음 따스해지는 이야기는 영화로 만들어졌다.

4 The story is so ＿＿＿＿＿＿＿ that I don't want to read it anymore.
이야기가 너무 따분해서 나는 더 이상 읽고 싶지 않다.

5 Everyone is in a ＿＿＿＿＿＿＿ mood during the Christmas season.
크리스마스 시즌에는 모든 사람이 축제 분위기에 있다.

MP3 듣기

0701 · language
[læŋgwidʒ]

ⓝ 언어　🟰 tongue

foreign **language** 외국어
It takes time and effort to master a **language**.
하나의 **언어**를 완전히 익히려면 시간과 노력이 든다.

♣ 글의 구성 요소

0702 · phrase
[freiz]

ⓝ 1 구　2 구절, 관용구

a noun **phrase** 명사구
Francis Bacon's **phrase** "Knowledge is power" is memorable.
프란시스 베이컨의 '아는 것이 힘이다'라는 **구절**은 기억할 만하다.

🔳 a group of two or more words that have a particular meaning

0703 · sentence
[séntəns]

ⓝ 문장

He learned to write complete **sentences** at school today.
그는 오늘 학교에서 완전한 **문장**을 쓰는 법을 배웠다.

0704 · paragraph
[pǽrəgræf]

ⓝ 단락

Your first **paragraph** should consist of four or more sentences.
네가 쓴 첫 번째 **단락**은 4개 또는 그 이상의 문장으로 구성되어야 한다.

♣ 말과 대화

0705 · conversation
[kàːnvərséiʃən]

ⓝ 대화

The telephone **conversation** with the receptionist was being recorded.
접수 담당자와의 전화 **대화**가 녹음되고 있었다.

★ conversation: 두 사람이나 소그룹 사이에서 격식 없이 하는 대화
dialogue: 주로 책, 영화 속의 대화
talk: 어떤 문제나 중요한 일에 대해서 나누는 긴 대화

0706 · dialect
[dáiəlèkt]

ⓝ 방언, 사투리

There are so many **dialects** in the Chinese language.
중국어에는 아주 많은 **방언**이 있다.

0707 · proverb

[prɑ́:vərb]

ⓝ 속담   ⊟ saying

Proverbs are found in most cultures.
속담은 대부분의 문화에서 발견된다.

🔤 a short sentence with a lesson to be learned

0708 · speech

[spiːtʃ]

ⓝ 1 연설   2 말; 언어 능력

Are you ready to deliver your **speech** at the graduation ceremony? 졸업식 때 **연설**할 준비가 되었니?

0709 · gesture

[dʒéstʃər]

ⓝ 몸짓   ⓥ 손[몸]짓을 하다

Practice your hand **gestures** before you go on stage.
무대 위에 서기 전에 손**동작**을 연습하세요.

She **gestured** for me to sit down.
그녀는 내게 앉으라고 **손짓했다**.

0710 · pause

[pɔːz]

ⓥ 잠시 멈추다   ⓝ 멈춤

Slow down and **pause** after reading one sentence.
속도를 늦추고 한 문장을 읽은 후 잠시 **멈추렴**.

He spoke after a short **pause**. 그는 잠깐 **멈춘** 후 말했다.

🔤 ⓥ to stop speaking or doing something for a short time

0711 · spread

[spred]

spread - spread - spread

ⓥ 1 펴다, 펼치다   2 퍼뜨리다

I **spread** the map of the city out on the table.
나는 탁자 위에 그 도시 지도를 **펼쳤다**.

She **spread** rumors about her teacher.
그녀는 선생님에 관한 소문을 **퍼뜨렸다**.

0712 · reflect

[riflékt]

ⓥ 1 비추다   2 반영하다, 나타내다

Trees were **reflected** in the water.
나무들이 물에 **비추었다**.

Your writing should **reflect** your beliefs.
너의 글은 너의 생각을 **반영해야** 한다.

✦ 언어 학습

0713 · pronounce

[prənáuns]

ⓥ 발음하다

It is so hard to **pronounce** Russian names.
러시아 사람들의 이름을 **발음하기**가 매우 어렵다.

✦ pronunciation ⓝ 발음

0714 • bilingual

[bailíŋgwəl]

ⓐ 이중 언어를 사용하는

bilingual education 이중 언어 사용 교육

Andy is **bilingual** in English and German.
Andy는 영어와 독일어 **두 개 언어를 한다.**

📝 bi(둘의) + lingual(말의) → 두 개의 말을 사용하는

0715 • spell

[spel]
spell-spelled[spelt]-
spelled[spelt]

ⓥ 철자를 말하다[쓰다]

How do you **spell** your family name?
당신의 성은 **철자가** 어떻게 **되나요?**

Appoggiatura was one of the most difficult words to **spell**.
'아포자투라'는 **철자를 말하기가** 가장 어려운 단어 중 하나였다.

✚ spelling ⓝ 철자(법)

0716 • look up

(사전, 인터넷 등에서) ~을 찾아보다

Look up the word in the dictionary when you cannot guess its meaning from the context.
문맥을 통해 단어의 뜻을 추측하지 못하면 사전에서 그 단어를 **찾아봐라.**

0717 • express

[iksprés]

ⓥ (감정·생각 등을) 표현하다

No words can **express** how much I love you.
그 어떤 단어도 내가 널 얼마나 사랑하는지 **표현할** 수 없어.

✚ expression ⓝ 표현

0718 • memorize

[méməràiz]

ⓥ 암기하다

How can I **memorize** all the words on this list?
이 목록의 모든 단어를 내가 어떻게 다 **외울** 수 있을까?

0719 • define

[difáin]

ⓥ 정의하다, (말의) 뜻을 명확히 하다

Can you clearly **define** this word?
너는 이 단어를 분명하게 **정의할** 수 있니?

📝 to explain the meaning of a word
✚ definition ⓝ 정의

0720 • intonation

[ìntənéiʃən]

ⓝ 억양

You need to listen carefully to the teacher and follow her **intonation**.
너는 선생님의 말을 유심히 듣고 **억양을** 따라해야 한다.

Daily Check-up

학습 Check	MP3 듣기	본문 학습	Daily Check-up	누적 테스트 Days 35-36	Review Test/Plus

A 빈칸에 알맞은 우리말 뜻 또는 영어를 써넣어 워드맵을 완성하시오.

1 _____
언어

글의 구성 요소

2 _____ phrase

3 _____ 문장

4 _____ 단락

말과 대화

5 _____ 대화

6 _____ dialect

7 _____ 속담

8 _____ speech

9 _____ gesture

10 _____ 잠시 멈추다; 멈춤

11 _____ 비추다; 반영하다, 나타내다

12 _____ spread

언어 학습

13 _____ 발음하다

14 _____ bilingual

15 _____ 철자를 말하다[쓰다]

16 _____ look up

17 _____ express

18 _____ 암기하다

19 _____ define

20 _____ 억양

B 우리말을 참고하여 문장을 완성하시오. (필요하면 단어 형태를 바꾸시오.)

1 Andy is _____ in English and German.
Andy는 영어와 독일어 두 개 언어를 한다.

2 _____ are found in most cultures.
속담은 대부분의 문화에서 발견된다.

3 Slow down and _____ after reading one sentence.
속도를 늦추고 한 문장을 읽은 후 잠시 멈추렴.

4 Your first _____ should consist of four or more sentences.
네가 쓴 첫 번째 단락은 4개 또는 그 이상의 문장으로 구성되어야 한다.

5 You need to listen carefully to the teacher and follow her _____.
너는 선생님의 말을 유심히 듣고 억양을 따라야 한다.

Review Test

A 들려주는 영어 단어를 쓴 후 우리말 뜻을 쓰시오.

영단어	뜻	영단어	뜻
1		**2**	
3		**4**	
5		**6**	
7		**8**	
9		**10**	
11		**12**	
13		**14**	
15		**16**	
17		**18**	
19		**20**	

B 다음 영영 풀이에 해당하는 알맞은 단어를 골라 쓰시오.

보기	biography genre lonely edit proverb define

1 sad from being left alone _____

2 to explain the meaning of a word _____

3 a true life story written about a person _____

4 a short sentence with a lesson to be learned _____

5 a particular type of literature, art, music, etc. _____

6 to prepare a book for printing by correcting mistakes and by making changes _____

C 밑줄 친 단어의 동의어(=) 또는 반의어(↔)를 골라 쓰시오.

보기	passive　　nervous　　revise　　boring

1 Edit your paper before turning it in.　　=　_____

2 I fell asleep because the movie was too dull.　　=　_____

3 She felt calm when she gave a presentation.　　↔　_____

4 Some members were active in participating in the event.　　↔　_____

D 다음을 읽고, 두 문장에 공통으로 들어갈 단어를 골라 쓰시오.

보기	reflect　　gesture　　review　　compose

1 I read a movie _____ before deciding which movie to watch.

　 The journalist _____ed his article before uploading it.

2 The small houses were _____ed beautifully in the lake.

　 Artists _____ their thoughts and ideas in their artworks.

E 다음을 읽고, 빈칸에 알맞은 단어를 우리말을 참고하여 쓰시오.

1 The _____ of the novel was dynamic, so I could stay focused.
　 그 소설의 **줄거리**가 역동적이어서 나는 계속 집중할 수 있었다.

2 Some Koreans find it difficult to _____ the letter R.
　 일부 한국인들은 철자 R을 **발음하기** 어려워한다.

3 I received a _____ welcome when I arrived home.
　 집에 도착했을 때 나는 **마음이 따스해지는** 환영을 받았다.

4 I cannot understand the _____ spoken on Jeju Island.
　 나는 제주도에서 말하는 **사투리**를 알아듣지 못한다.

✿ 예문에서 뽑은 최중요 핵심 표현

핵심 표현 다시 점검하며 빈칸 완성해 보기

---

1 **over the years**   수년에 걸쳐, 수년 간

The education system has evolved _____.
교육 제도가 **수년에 걸쳐** 발전되어 왔다.

---

2 **date back (to)**   (~까지) 거슬러 올라가다

The history of astronomy _____ thousand
of years. 천문학의 역사는 수천 년 전으로 **거슬러 올라간다.**

---

3 **replace A with B**   A를 B로 바꾸다

_____ the old TV _____ a new one
오래된 TV를 새것**으로 바꾸다**

---

4 **have access to**   ~에 접근[접속]하다; ~을 이용하다

About 95% of teens have _____ a
smartphone. 약 95퍼센트의 십대들이 스마트폰을 **이용한다.**

---

5 **major in**   ~을 전공하다

I'm going to _____ German literature in
college. 나는 대학에서 독일 문학을 **전공할** 것이다.

---

6 **end in**   (어떤 결과로) 끝나다

The love story of *Romeo and Juliet* _____
tragedy. 로미오와 줄리엣의 사랑 이야기는 비극으로 **끝났다.**

---

7 **be composed of**   ~로 구성되어 있다

= consist of /
  be made up of

Clouds are _____ ice crystals.
구름은 빙정으로 **구성되어 있다.**

8 **show up** (예정된 곳에) 나타나다

The author _____ late to her book-signing event. 작가는 자신의 책 사인회에 늦게 **나타났다**.

9 **in search of** ~을 찾아서

The lonely boy traveled _____ his lost family. 외로운 소년은 자신의 잃어버린 가족을 **찾아** 떠났다.

10 **give[deliver] a speech** 연설하다

_____ a speech at the graduation ceremony 졸업식에서 **연설하다**

✿ 발음이나 철자가 유사한 혼동어

0588 **evolve** [ivάːlv] ⓥ 진화하다; 발전하다 | **revolve** [rivάːlv] ⓥ 회전하다

★ 비슷해 보이는 두 단어의 철자, 뜻 차이에 유의하자.

0600 **principle** [prínsəpəl] ⓝ 원리, 원칙 | 0012 **principal** [prínsəpəl] ⓝ 교장 ⓐ 주된

★ 철자가 비슷한 두 단어는 발음이 동일하고 뜻은 완전히 다르다.

0590 **cell** [sel] ⓝ 세포 | **sell** [sel] ⓥ 팔다, 매도하다

★ 두 단어는 발음은 동일하지만 첫 철자와 뜻이 다른 것에 유의하자.

0667 **tale** [teil] ⓝ 이야기 | **tail** [teil] ⓝ (동물의) 꼬리

★ 두 단어의 발음은 동일하지만 철자와 뜻이 완전히 다르다.

정답 1 over the years 2 dates back 3 replace, with 4 access to 5 major in 6 ended in
7 composed of 8 showed up 9 in search of 10 give[deliver]

PLAN
11

산업과 경제

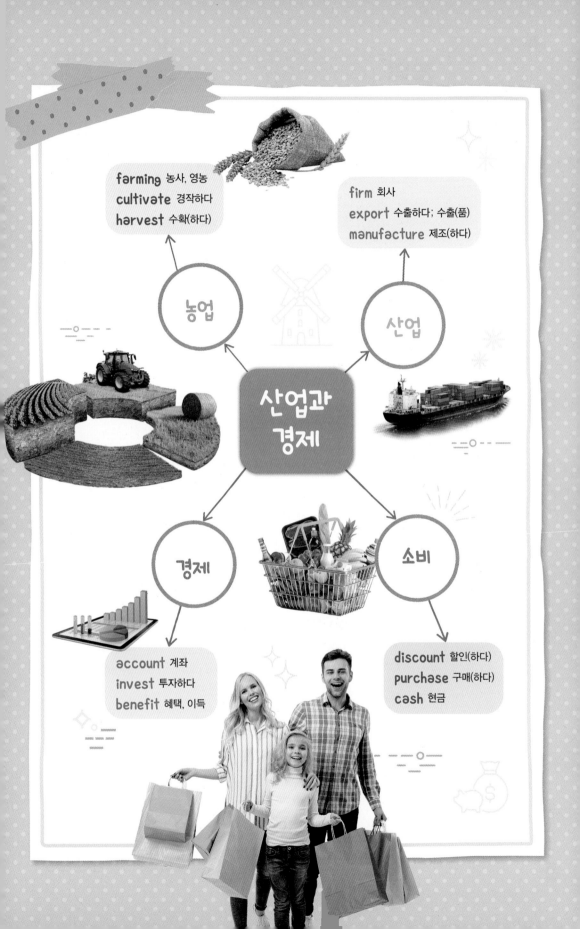

farming 농사, 영농
cultivate 경작하다
harvest 수확(하다)

firm 회사
export 수출하다; 수출(품)
manufacture 제조(하다)

농업

산업

산업과
경제

경제

소비

account 계좌
invest 투자하다
benefit 혜택, 이득

discount 할인(하다)
purchase 구매(하다)
cash 현금

MP3 듣기

0721 • **agriculture**
[ǽgrikʌ̀ltʃər]

ⓝ 농업

Agriculture is an important part of the economy.
농업은 경제의 중요한 부분이다.

✛ agricultural ⓐ 농업의

🔤 agri(밭) + culture(경작) → 밭을 경작하는 것 → 농업

✤ 농법

0722 • **farming**
[fɑ́ːrmiŋ]

ⓝ 농사, 영농

My parents took up **farming** after they retired.
우리 부모님은 은퇴 후 **농사**를 짓기 시작하셨다.

0723 • **organic**
[ɔːrgǽnik]

ⓐ 유기농의

organic farming 유기 농법

That ice cream is made from **organic** milk.
저 아이스크림은 **유기농** 우유로 만들어진다.

0724 • **pesticide**
[péstəsàid]

ⓝ 살충제, 농약

Not all organic farming is free from **pesticides**.
모든 유기 농법이 **살충제**를 사용하지 않는 것은 아니다.

🔤 a chemical used to kill harmful insects

0725 • **rotate**
[róuteit]

ⓥ 1 회전하다 2 교대로 하다, 윤작하다

The moon **rotates** around Earth. 달은 지구 주위를 **돈다**.

The young farmer **rotated** planting barley and potatoes.
젊은 농부는 보리와 감자를 **교대로** 심었다.

✤ 경작

0726 • **soil**
[sɔil]

ⓝ 토양, 흙 ⊜ earth, ground

This **soil** is rich in nutrients, so we can plant vegetables in it.
이 **토양**은 영양분이 풍부해서 우리는 그 안에 채소를 심을 수 있다.

0727 • **rake**

[reik]

ⓥ 갈퀴질을 하다　ⓝ 갈퀴

Rake the soil until the surface is smooth.
표면이 고를 때까지 땅을 **갈퀴질하세요**.

Gather leaves by using this **rake**.
이 **갈퀴**를 사용해서 나뭇잎을 모으세요.

0728 • **seed**

[si:d]

ⓝ 씨, 씨앗

Grow your own vegetables from **seed**.
씨앗을 이용해서 여러분만의 채소를 기르세요.

0729 • **sow**

[sou]

sow-sowed
-sown[sowed]

ⓥ (씨를) 뿌리다

He plans to **sow** watermelon seeds in his field.
그는 밭에 수박씨를 **뿌릴** 계획이다.

As you **sow**, so shall you reap.　**뿌린** 대로 거둘 것이다.

0730 • **fertilizer**

[fə́:rtəlàizər]

ⓝ 비료

We used a farming machine to spread **fertilizer** in the field.
우리는 밭에 **비료**를 뿌리기 위해 농기구를 사용했다.

> a substance that is put on the soil to make plants grow well
> (식물이 잘 자라도록 땅 위에 뿌리는 물질)

0731 • **chemical**

[kémikəl]

ⓐ 화학의　ⓝ 화학 물질

the impact of **chemical** pesticides on the environment
화학 살충제가 환경에 미치는 영향

The use of **chemicals** has both advantages and risks.
화학 물질의 사용은 이점과 위험성을 모두 가지고 있다.

0732 • **weed**

[wi:d]

ⓝ 잡초

We pulled out the **weeds** in our backyard.
우리는 뒷마당에 있는 **잡초**를 뽑았다.

> a wild plant that grows quickly in gardens or fields of crops

---

0733 • **spray**

[sprei]

ⓝ 분무(기)　ⓥ (분무기로) 뿌리다, 살포하다

The farmer used a **spray** to remove the weeds.
농부는 잡초를 제거하기 위해 **분무기**를 사용했다.

They **spray** fertilizer on the soil to help the plants grow.
그들은 식물이 자라는 것을 돕기 위해 토양에 비료를 **뿌린다**.

0734 • cultivate
[kʌ́ltəvèit]

ⓥ 1 경작하다   2 재배하다

My grandfather **cultivated** the land.
우리 할아버지는 그 땅을 **경작하셨다**.

The Irish mainly **cultivated** potatoes.
아일랜드 사람들은 주로 감자를 **재배했다**.

✚ cultivation ⓝ 경작; 재배

0735 • dirt
[də:rt]

ⓝ 먼지; 흙

a handful of **dirt** 한 줌의 **흙**

The farmer removed the **dirt** on his clothes after working.
농부는 일하고 나서 자신의 옷에 **먼지**를 제거했다.

♣ 수확

0736 • ripe
[raip]

ⓐ 익은   ⊜ mature   ⟷ unripen 익지 않은

The mangos were **ripe** and ready to eat.
망고가 **익어서** 먹을 때가 되었다.

✚ ripen ⓥ 익다

0737 • crop
[krɑ:p]

ⓝ 농작물

Rice is an important **crop** in most Asian countries.
쌀은 대부분의 아시아 국가에서 중요한 **농작물**이다.

🔖 a plant such as wheat or rice grown by farmers

0738 • wheat
[wi:t]

ⓝ 밀

wheat flour 밀가루

This bread is made with **wheat**.
이 빵은 **밀**로 만들어진다.

0739 • grain
[grein]

ⓝ 곡물; 낟알

The corn and the **grain** are ripening.
옥수수와 **곡물**이 익어가고 있다.

a few **grains** of rice 쌀 몇 **알**

0740 • harvest
[hɑ́:rvist]

ⓝ 수확; 수확량   ⓥ 수확하다

harvest season 수확기

The farmer has **harvested** his crop from his fields.
농부는 밭에서 농작물을 **수확했다**.

A 빈칸에 알맞은 우리말 뜻 또는 영어 단어를 써넣어 워드맵을 완성하시오.

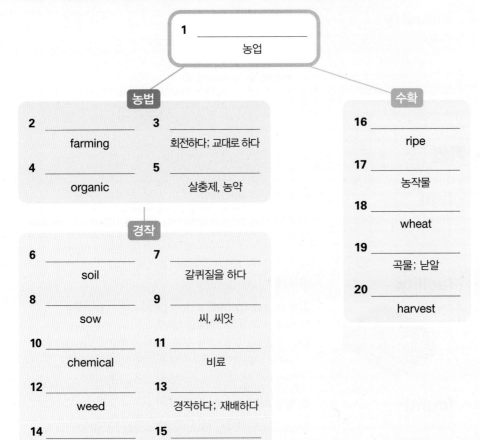

1 _____ 농업

농법

2 _____ farming

3 _____ 회전하다; 교대로 하다

4 _____ organic

5 _____ 살충제, 농약

경작

6 _____ soil

7 _____ 갈퀴질을 하다

8 _____ sow

9 _____ 씨, 씨앗

10 _____ chemical

11 _____ 비료

12 _____ weed

13 _____ 경작하다; 재배하다

14 _____ spray

15 _____ 먼지; 흙

수확

16 _____ ripe

17 _____ 농작물

18 _____ wheat

19 _____ 곡물; 낟알

20 _____ harvest

B 우리말을 참고하여 문장을 완성하시오. (필요하면 단어 형태를 바꾸시오.)

1 Not all organic farming is free from _____.
모든 유기 농법이 살충제를 사용하지 않는 것은 아니다.

2 _____ is an important part of the economy.
농업은 경제의 중요한 부분이다.

3 We pulled out the _____ in our backyard.
우리는 뒷마당에 있는 잡초를 뽑았다.

4 _____ the soil until the surface is smooth.
표면이 고를 때까지 땅을 갈퀴질하세요.

5 Rice is an important _____ in most Asian countries.
쌀은 대부분의 아시아 국가에서 중요한 농작물이다.

MP3 듣기

0741 • industry
[índəstri]

ⓝ 산업, 공업

He works in the film **industry**.
그는 영화 **산업**에 종사한다.

➕ industrial ⓐ 산업[공업]의

➕ 기업

0742 • firm
[fə:rm]

ⓝ 회사 ⊜ company

The **firm** is planning to hire about 100 new employees.
그 **회사**는 약 100명의 신입 사원들을 채용할 예정이다.

0743 • facility
[fəsíləti]

ⓝ 시설

The company built a new production **facility**.
그 회사는 새로운 생산 **시설**을 지었다.

🔳 a building or a piece of equipment that is provided for a specific purpose (특정 목적으로 제공되는 건물이나 설비)

0744 • found
[faund]
found-founded-founded

ⓥ 설립하다 ⊜ establish

Mark Zuckerberg **founded** Facebook when he was in college. 마크 주커버그는 대학생 때 페이스북을 **설립했다**.

🔳 to set up a company or an organization (기업이나 기관을 세우다)

0745 • labor
[léibər]

ⓝ 1 노동 2 노동자

Labor Day 노동절

Many countries are facing a shortage of skilled **labor**.
많은 나라들이 숙련 **노동자** 부족에 직면하고 있다.

0746 • capital
[kǽpitl]

ⓝ 1 수도 2 대문자 3 자본금 ⊜ fund

Madrid is the **capital** of Spain.
마드리드는 스페인의 **수도**이다.

Please write your name in all **capitals**.
이름을 모두 **대문자**로 쓰세요.

They raised enough **capital** for the startup company.
그들은 신생 회사를 위한 충분한 **자본**을 모았다.

0747 • venture
[véntʃər]

ⓝ 벤처 사업, (사업상의) 모험   ⓥ (재산 등을) ~에 걸다

A business **venture** can start small.
벤처 사업은 작게 시작할 수 있다.

Some investors **venture** their fortunes in risky stocks.
일부 투자자들은 자신들의 재산을 위험한 주식에 **건다**.

✤ 수출입

0748 • export
ⓥ [ikspɔ́ːrt]
ⓝ [ékspɔːrt]

ⓥ 수출하다   ⓝ 수출(품)

Korea **exports** electronic products, automobiles, clothing, and other items.
한국은 전자 제품, 자동차, 의류와 다른 제품들을 **수출한다**.

Saudi Arabia's main **export** is oil.
사우디아라비아의 주요 **수출품**은 석유이다.

0749 • import
ⓥ [impɔ́ːrt]
ⓝ [ímpɔːrt]

ⓥ 수입하다   ⓝ 수입(품)

The majority of toys we buy are **imported** from China.
우리가 사는 장난감의 대부분은 중국에서 **수입된다**.

a ban on beef **imports**   소고기 **수입** 금지

0750 • trade
[treid]

ⓝ 거래, 무역   ⓥ 거래하다, 무역하다

free **trade**   자유 **무역**

The products are **traded** worldwide.
그 상품들은 전 세계적으로 **거래된다**.

0751 • strategy
[strǽtədʒi]

ⓝ 전략   ⊟ plan

The marketing **strategy** was rejected by the CEO.
마케팅 **전략**이 최고 경영자에게 거부됐다.

0752 • profit
[prɑ́ːfit]

ⓝ 수익, 이윤   ⊖ loss 손실

He made a huge **profit** by selling his company.
그는 회사를 매각해서 큰 **수익**을 올렸다.

↻ make a profit 수익을 내다

0753 • yield
[jiːld]

ⓥ (수익·작물 등을) 내다, 산출하다

Developing the products will **yield** good profits.
그 상품의 개발은 많은 수익을 **낼** 것이다.

📖 to produce a result

♣ 제조

0754 · manufacture
[mænjəfǽktʃər]

ⓥ (기계를 이용하여 대량으로) 제조하다 **ⓝ** 제조

The factory mainly **manufactures** toys.
그 공장은 주로 장난감을 **제조한다**.

the **manufacture** of plastic bottles 플라스틱 병 **제조**

🔤 manu(손으로) + facere(만들다) → 손으로 만들다 → 제조하다

0755 · assemble
[əsémbəl]

ⓥ 조립하다 ⩦ put together

Workers **assemble** electronic devices on the production line. 근로자들은 생산 라인에서 전자 기기를 **조립한다**.

0756 · operation
[ὰːpəréiʃən]

ⓝ (기계의) 작동, 가동

The machine is in **operation**.
그 기계는 **가동** 중이다.

🔄 in operation 가동[사용] 중인

0757 · goods
[gudz]

ⓝ 상품 ⩦ merchandise, products

The company aims to buy cheap **goods** and to sell them for higher prices.
회사는 값싼 **상품**을 사서 더 높은 가격에 판매하는 것을 목표로 한다.

🔤 products that are made for sale (판매를 위해 만들어진 물건들)

0758 · demand
[dimǽnd]

ⓝ 1 요구 2 수요 **ⓥ** 요구하다

The **demand** for water is higher than the **demand** for milk. 물에 대한 **수요**가 우유에 대한 **수요**보다 높다.

The workers **demanded** salary increases.
근로자들은 월급 인상을 **요구했다**.

0759 · supply
[səplái]

ⓝ 공급 **ⓥ** 공급하다

Market prices change depending on **supply** and demand.
시장 가격은 수요와 **공급**에 따라 바뀐다.

They **supplied** food and water to the flood victims.
그들은 홍수 피해자들에게 식량과 물을 **공급했다**.

0760 · utilize
[júːtəlàiz]

ⓥ 활용하다, 이용하다

They learned how to **utilize** the products efficiently.
그들은 상품들을 효율적으로 **활용하는** 방법을 배웠다.

🔤 to make use of (~을 이용하다)

A 빈칸에 알맞은 우리말 뜻 또는 영어 단어를 써넣어 워드맵을 완성하시오.

1 _____
산업, 공업

기업

2 _____
firm

3 _____
시설

4 _____
labor

5 _____
설립하다

6 _____
capital

7 _____
모험; ~에 걸다

수출입

8 _____
무역; 거래하다

9 _____
import

10 _____
수출하다; 수출(품)

11 _____
strategy

12 _____
내다, 산출하다

13 _____
profit

제조

14 _____
제조하다; 제조

15 _____
assemble

16 _____
상품

17 _____
operation

18 _____
공급; 공급하다

19 _____
demand

20 _____
활용[이용]하다

B 우리말을 참고하여 문장을 완성하시오. (필요하면 단어 형태를 바꾸시오.)

1 Saudi Arabia's main _____ is oil.
사우디아라비아의 주요 **수출품**은 석유이다.

2 Some investors _____ their fortunes in risky stocks.
일부 투자자들은 자신들의 재산을 위험한 주식에 **건다**.

3 They learned how to _____ the products efficiently.
그들은 상품들을 효율적으로 **활용하는** 방법을 배웠다.

4 Many countries are facing a shortage of skilled _____.
많은 나라들이 숙련 **노동자** 부족에 직면하고 있다.

5 The _____ is planning to hire about 100 new employees.
그 **회사**는 약 100명의 신입 사원들을 채용할 예정이다.

MP3 듣기

♣ 금융과 자산

0761 • account
[əkáunt]

ⓝ 계좌

I am going to open a bank **account** tomorrow.
나는 내일 은행 **계좌**를 개설할 예정이다.

↪ open an account 계좌를 개설하다

0762 • balance
[bǽləns]

ⓝ 1 균형 2 잔고 ⓥ 균형을 잡다

keep a **balance** between work and personal life
일과 개인 삶 사이에 **균형**을 유지하다

No wonder your bank **balance** is never high.
네 은행 **잔고**가 결코 높지 않은 건 놀랍지도 않다.

It is not easy to **balance** on one foot.
한 발로 **균형을 잡기**가 쉽지 않다.

🔳 2 the amount of money left in an account

0763 • savings
[séiviŋz]

ⓝ 저축, 저금

savings account **저축** 예금 계좌

I'm excited to draw from my **savings**.
나는 **저금**을 찾는 것에 신난다.

↪ draw from one's savings 저금을 찾다

0764 • property
[prá:pərti]

ⓝ 1 재산 2 부동산 ⊜ estate

intellectual **property** 지적 **재산**

Property prices have risen due to Chinese investors.
중국 투자자들로 인해 **부동산** 가격이 상승했다.

0765 • wealth
[welθ]

ⓝ 부, 재산 ⊜ fortune

They gained great **wealth** by trading goods from around the world.
그들은 전 세계의 물건을 거래하면서 막대한 **부**를 얻었다.

➕ wealthy ⓐ 부유한

0766 • income
[ínkʌm]

ⓝ 소득, 수입

What is the average household **income** in Mexico?
멕시코의 평균 가계 **소득**은 어떻게 되나요?

0767 • finance
[fáinæns]

ⓝ 1 재정　2 (복수로) 자금

national **finance** 국가 재정

My mother handles our family **finances**.
엄마가 가정의 **재정**[가계]을 관리하신다.

✤ 투자 및 거래

0768 • invest
[invést]

ⓥ 투자하다

She **invested** her money in the stock market.
그녀는 주식 시장에 돈을 **투자했다**.

✤ investment ⓝ 투자

0769 • exchange
[ikstʃéindʒ]

ⓝ 1 교환　2 환전　ⓥ 교환하다

the **exchange** of information 정보 교환

You can **exchange** dollars for euros at the airport.
공항에서 달러를 유로로 **바꿀** 수 있다.

0770 • commerce
[kɑ́:mərs]

ⓝ 상업; 무역 ⊜ trade

London is the center of **commerce** in England.
런던은 영국의 **상업** 중심지이다.

🔖 activities related to buying and selling on a large scale
(큰 규모로 사고 파는 것과 관련한 활동)

0771 • deal
[di:l]

ⓝ 거래, 합의　ⓥ 다루다, 처리하다

The startup company made a **deal** with Amazon.
그 신생 회사는 아마존과 **거래**를 체결했다.
🔄 make a deal with ～와 거래를 체결하다
deal with a problem 문제를 **처리하다**

0772 • budget
[bʌ́dʒit]

ⓝ 예산

What is the total **budget** for the investment?
그 투자를 위한 총 **예산**은 얼마입니까?

0773 • fund
[fʌnd]

ⓝ 기금　ⓥ 기금을 대다

We are raising **funds** for earthquake victims.
우리는 지진 피해자를 위한 **기금**을 모으고 있다.

The project was **funded** by the school.
그 프로젝트는 학교에서 **기금을 지원했다**.

✤ 이익과 손실

0774 • benefit
[bénəfit]

ⓝ 혜택, 이득   ⓥ ~에게 이익이 되다; 이익을 얻다

I'd like to know the **benefits** of this business offer.
저는 이 사업 제안의 **혜택**을 알고 싶습니다.

This investment will **benefit** our company.
이 투자는 우리 회사에게 **이익이** 될 것이다.

0775 • growth
[grouθ]

ⓝ 성장; 증가

Labor productivity is one cause of economic **growth**.
노동 생산성은 경제 **성장**의 한 요인이다.

0776 • decline
[dikláin]

ⓝ (수, 가치 등의) 감소, 하락   ⓥ 줄어들다

a sharp **decline** in profits   이익의 급속한 **감소**
Sales have **declined** since last year.
판매가 작년 이래로 **줄었다**.

0777 • increase
ⓥ [inkríːs]
ⓝ [ínkriːs]

ⓥ 증가하다   ⊜ grow   ⓝ 증가

The price of cabbage has **increased** by 10%.
양배추 가격이 10% **증가했다**.

a large **increase** in profits   수익의 큰 **증가**

0778 • decrease
ⓥ [dikríːs]
ⓝ [díːkriːs]

ⓥ 감소하다   ⓝ 감소, 하락   ⟷ increase

Korea's economy is expected to **decrease** by 3% next
year.   내년에 한국 경제가 3% **감소할** 것으로 예상된다.

a **decrease** in demand   수요의 **감소**

0779 • loss
[lɔːs]

ⓝ 1 분실   2 (금전적) 손실, 손해   ⟷ profit 이익

job **loss**   실직
How did you deal with your **loss** in the stock market?
당신은 주식 시장에서의 **손실**에 어떻게 대처했나요?

0780 • debt
[det]

ⓝ 빚, 부채

I have a lot of **debt** because of student loans.
나는 학자금 대출 때문에 **빚**이 많다.

🔖 an amount of money that one person owes another
   (한 사람이 다른 이에게 빚진 돈의 양)

A 빈칸에 알맞은 우리말 뜻 또는 영어 단어를 써넣어 워드맵을 완성하시오.

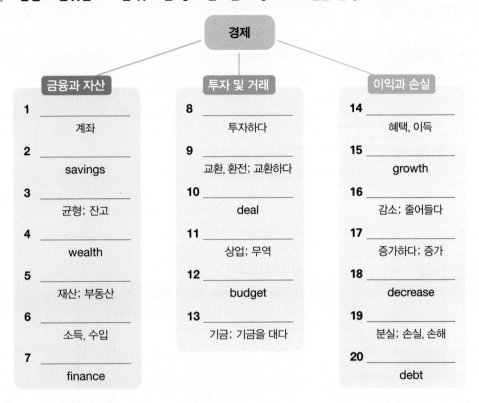

경제

금융과 자산

1 _____ 계좌

2 _____ savings

3 _____ 균형; 잔고

4 _____ wealth

5 _____ 재산; 부동산

6 _____ 소득, 수입

7 _____ finance

투자 및 거래

8 _____ 투자하다

9 _____ 교환, 환전; 교환하다

10 _____ deal

11 _____ 상업; 무역

12 _____ budget

13 _____ 기금; 기금을 대다

이익과 손실

14 _____ 혜택, 이득

15 _____ growth

16 _____ 감소; 줄어들다

17 _____ 증가하다; 증가

18 _____ decrease

19 _____ 분실; 손실, 손해

20 _____ debt

B 우리말을 참고하여 문장을 완성하시오. (필요하면 단어 형태를 바꾸시오.)

1 What is the total _____ for the investment?
그 투자를 위한 총 예산은 얼마입니까?

2 London is the center of _____ in England.
런던은 영국의 상업 중심지이다.

3 I have a lot of _____ because of student loans.
나는 학자금 대출 때문에 빚이 많다.

4 What is the average household _____ in Mexico?
멕시코의 평균 가계 소득은 어떻게 되나요?

5 They gained great _____ by trading goods from around the world.
그들은 전 세계의 물건을 거래하면서 막대한 부를 얻었다.

MP3 듣기

✤ 제품 판매

0781 • **quality**
[kwɑ́:ləti]

ⓝ 질, 품질

All the dresses in our stores are of high **quality**.
저희 매장의 모든 원피스는 **품질**이 좋습니다.

↻ be of high / low quality 질이 좋다 / 나쁘다

0782 • **luxury**
[lʌ́kʃəri]

ⓝ 호화로움, 사치

luxury goods 사치품

The opera singer stayed at **luxury** hotels during the tour.
오페라 가수는 순회공연 동안 **호화** 호텔에 머물렀다.

✤ luxurious ⓐ 호화로운, 사치스러운

0783 • **tag**
[tæg]

ⓝ 꼬리표, 표

price / name **tag** 가격 / 이름표

Did you check the price on the **tag**?
너는 **표**에 있는 가격을 확인했니?

★ tag: 옷에 붙어 있는 tag는 보통 마분지로 되어 있어, 옷을 입기 전에 떼어내는 것을 말함
  label: 옷이나 제품의 브랜드나 세탁법 등이 쓰여 있고 옷에 바느질되어 있는 것을 말함

0784 • **discount**
[dískaunt]

ⓝ 할인 ⓥ 할인하다

We bought the round-trip tickets at a **discount**.
우리는 **할인**가로 왕복표를 샀다.

These items are **discounted** up to 70%.
이 물건들은 최대 70퍼센트까지 **할인된다**.

0785 • **on sale**

1 판매되는 2 할인 중인

These models are no longer **on sale**.
이 모델들은 더 이상 **판매되지** 않습니다.

The shirt is **on sale** for half price.
이 셔츠는 반값으로 **할인 중**이다.

0786 • **limit**
[límit]

ⓝ 한계, 한도; 제한 ⓥ 제한하다

The store has a **limit** on the number of items you can buy.
그 가게는 당신이 살 수 있는 물건의 수에 **제한**을 둔다.

I'm trying to **limit** my spending on online shopping.
나는 온라인 쇼핑에 지출을 **제한하려고** 노력 중이다.

0787 • **additional**
[ədíʃənl]

ⓐ 추가의

Check **additional** information about the products on our website.
상품에 대한 **추가** 정보를 저희 웹사이트에서 확인하세요.

✦ 구매

0788 • **purchase**
[pə́:rtʃəs]

ⓥ 구매하다 ⊜ buy   ⓝ 구매

I **purchased** this mattress at a department store.
나는 이 매트리스를 백화점에서 **구매했다**.

All hot food should be eaten on the day of **purchase**.
모든 뜨거운 음식은 **구매**한 날 먹어야 한다.

0789 • **afford**
[əfɔ́:rd]

ⓥ (금전적·시간적) 여유가 되다

Can we **afford** the house with the front yard?
우리가 앞마당이 딸린 그 집을 살 **여유가 되나요**?

🗒 to have enough money to pay for something; to have enough time to do something

0790 • **consumer**
[kənsú:mər]

ⓝ 소비자   ↔ producer 생산자

Great manufacturers quickly respond to **consumer** demands.   훌륭한 제조사들은 **소비자**의 수요에 빨리 대응한다.

✦ consume ⓥ 소비하다, 소모하다

0791 • **customer**
[kʌ́stəmər]

ⓝ 고객, 손님   ⊜ client

She is a regular **customer** at our restaurant.
그녀는 우리 식당의 단골**손님**이다.

🗒 a person who buys goods or services

0792 • **rush**
[rʌʃ]

ⓥ (급히) 움직이다, 서두르다   ⓝ 분주; 혼잡

I **rushed** to the store before it closed.
나는 상점이 문 닫기 전에 **서둘러 갔다**.

There's always a **rush** at the mall on weekends.
주말에는 쇼핑몰이 늘 **붐빈다**.

0793 • **refund**
[rí:fʌnd]

ⓝ 환불

get [receive] a **refund** **환불**받다
I would like a **refund** on this product.
저는 이 제품에 대해 **환불**받고 싶습니다.

0794 • **receipt**
[risíːt]

ⓝ 영수증

You need to bring your **receipt** if you want a refund.
환불을 받고 싶으시면 **영수증**을 지참해야 합니다.

📖 a piece of paper that shows one has paid for something

✤ 지불

0795 • **cash**
[kæʃ]

ⓝ 현금

pay in **cash** 현금으로 지불하다
That discount store only accepts **cash**.
저 할인 매장은 **현금**만 받는다.

0796 • **credit card**
[krédit kaːrd]

ⓝ 신용 카드

Can I pay half of the amount with my **credit card**?
액수의 반을 **신용 카드**로 지불해도 되나요?

0797 • **charge**
[tʃɑːrdʒ]

ⓥ 청구하다 ⓝ 요금

The restaurant did not **charge** us for the extra drinks.
식당은 우리가 추가 주문한 음료 값을 **청구하지** 않았다.

Breakfast is served at no **charge**.
아침 식사는 **무료**로 제공된다.

↻ at no charge 무료로

0798 • **cost**
[kɔːst]

ⓝ 값, 비용 ⊜price **ⓥ (비용이) 들다**

the **cost** of living 생활**비**
How much did the train ticket **cost** you?
기차표가 얼마나 **들었니**?

0799 • **expense**
[ikspéns]

ⓝ 돈, 비용 ⊜cost

Many senior citizens are worried about medical
expenses.
많은 노인들이 의료 **비용**을 걱정한다.

0800 • **tax**
[tæks]

ⓝ 세금

tax increases 세금 인상
The company earned $3 million after **taxes** last year.
그 회사는 작년에 **세후** 3백만 달러를 벌었다.

Daily Check-up

학습 Check	MP3 듣기	본문 학습	Daily Check-up	누적 테스트 Days 39-40	Review Test

A 빈칸에 알맞은 우리말 뜻 또는 영어를 써넣어 워드맵을 완성하시오.

소비

제품 판매

1 _____
quality

2 _____
호화로움, 사치

3 _____
tag

4 _____
on sale

5 _____
할인; 할인하다

6 _____
limit

7 _____
추가의

구매

8 _____
구매하다; 구매

9 _____
afford

10 _____
consumer

11 _____
고객, 손님

12 _____
receipt

13 _____
환불

14 _____
서두르다; 분주

지불

15 _____
cash

16 _____
신용 카드

17 _____
cost

18 _____
청구하다; 요금

19 _____
expense

20 _____
tax

B 우리말을 참고하여 문장을 완성하시오. (필요하면 단어 형태를 바꾸시오.)

1 I would like a _____ on this product.
저는 이 제품에 대해 환불받고 싶습니다.

2 All hot food should be eaten on the day of _____.
모든 뜨거운 음식은 구매한 날 먹어야 한다.

3 All the dresses in our stores are of high _____.
저희 매장의 모든 원피스는 품질이 좋습니다.

4 The restaurant did not _____ us for the extra drinks.
식당은 우리가 추가 주문한 음료 값을 청구하지 않았다.

5 Great manufacturers quickly respond to _____ demands.
훌륭한 제조사들은 소비자의 수요에 빨리 대응한다.

Review Test

A 들려주는 영어 단어를 쓴 후 우리말 뜻을 쓰시오.

영단어	뜻	영단어	뜻
1		2	
3		4	
5		6	
7		8	
9		10	
11		12	
13		14	
15		16	
17		18	
19		20	

B 다음 영영 풀이에 해당하는 알맞은 단어를 골라 쓰시오.

보기	receipt	found	customer	debt	pesticide	crop

1 a person who buys goods or services _____

2 a chemical used to kill harmful insects _____

3 to set up a company or an organization _____

4 a plant such as wheat or rice grown by farmers _____

5 an amount of money that one person owes another _____

6 a piece of paper that shows one has paid for something _____

C 밑줄 친 단어의 동의어(=) 또는 반의어(↔)를 골라 쓰시오.

보기	supply	loss	merchandise	grown

1 The number of tourists has <u>increased</u>.   = _____

2 Digital <u>goods</u> can be downloaded online.   = _____

3 The <u>demand</u> for wind power is higher than ever before.   ↔ _____

4 We experienced a financial <u>profit</u> in the stock market.   ↔ _____

D 다음을 읽고, 빈칸에 알맞은 단어를 우리말을 참고하여 쓰시오.

1 The chemicals can remove the _____ s.
그 화학 물질은 **잡초**를 제거할 수 있다.

2 Be sure to read the _____ policy on sale items.
할인 품목들에 대한 **환불** 정책을 꼭 읽으세요.

3 Many companies _____ their goods in China.
많은 회사들이 중국에서 자신들의 제품을 **제조한다**.

4 He _____ ed his spending by only using cash.
그는 오직 현금만 사용해서 지출을 **제한했다**.

E 다음을 읽고, 빈칸에 들어갈 말을 골라 문장을 완성하시오.

보기	on sale	harvest	strategy	rushed

1 She _____ to catch the bus before it left.

2 Farmers are very busy during the _____ season.

3 The shirt was _____ after I purchased it.

4 The marketing _____ was so successful that sales increased.

PLAN

12

건강한 생활

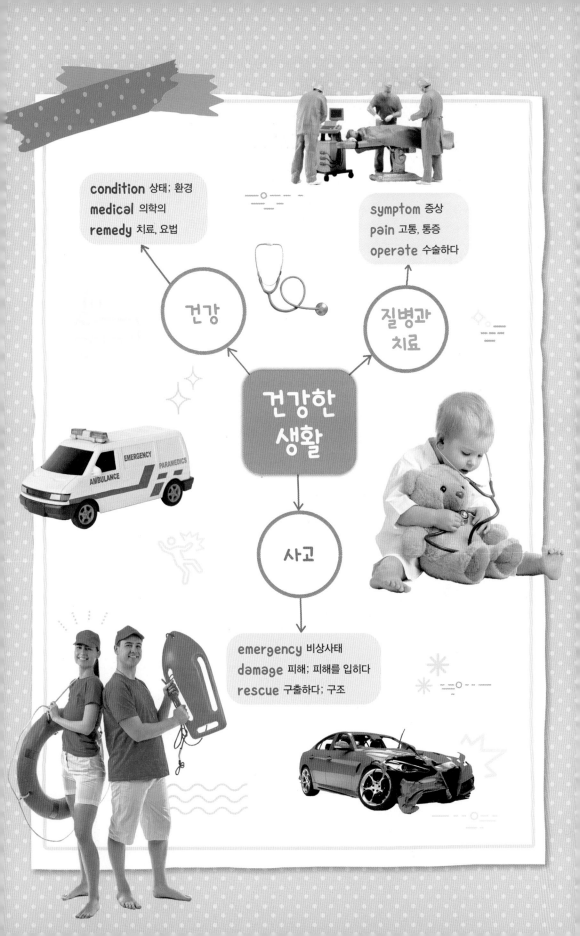

condition 상태; 환경
medical 의학의
remedy 치료, 요법

symptom 증상
pain 고통, 통증
operate 수술하다

건강

질병과
치료

건강한
생활

사고

emergency 비상사태
damage 피해; 피해를 입히다
rescue 구출하다; 구조

MP3 듣기

✤ 건강 상태

0801 • health
[helə]

ⓝ 건강; 건강 상태

The secret to my good **health** is not to overeat.
내 **건강**의 비밀은 과식하지 않는 것이다.

0802 • healthy
[héləi]

ⓐ 1 건강한 2 건강에 좋은

She is **healthy** because she exercises every day.
그녀는 매일 운동하기 때문에 **건강하다**.

a **healthy** diet 건강에 좋은 식사

0803 • condition
[kəndíʃən]

ⓝ 1 상태 ⊜state 2 (복수로) 환경

The newborn baby was in serious **condition**.
갓 태어난 아기는 심각한 **상태**였다.

horrible living **conditions** 끔찍한 생활 **환경**

0804 • immune
[imjú:n]

ⓐ 면역성이 있는, 면역의

We get sick because our **immune** system is weak.
면역 체계가 약해져서 우리는 병에 걸린다.

0805 • mental
[méntl]

ⓐ 정신의, 마음의 ↔physical 신체의

Take care of **mental** and physical health together.
정신 건강과 몸 건강을 함께 돌봐라.

✤ 진찰과 투약

0806 • medical
[médikəl]

ⓐ 의학의, 의료의

The hospital provided excellent **medical** care.
그 병원은 훌륭한 **의료** 서비스를 제공했다.

0807 • examine
[igzǽmin]

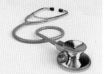

ⓥ 1 조사하다, 검토하다 2 진찰하다

The police will **examine** his bank accounts.
경찰은 그의 은행 계좌를 **조사할** 것이다.

The doctor carefully **examined** the sick child.
의사는 아픈 아이를 꼼꼼히 **진찰했다**.

🈁 2 to check a person's health

0808 · medicine
[médəsən]

ⓝ 1 약 ⊜ drug 2 의학

Take my **medicine** 30 minutes after every meal.
매 식사 30분 후에 **약**을 복용하시오.

advances in modern **medicine** 현대 **의학**의 발전

0809 · pill
[pil]

ⓝ 알약, 정제 ⊜ capsule

How many sleeping **pills** am I allowed to take in a day?
수면**제**를 하루에 몇 알까지 복용할 수 있나요?

★ pill은 작고 동그란 알약을 뜻하며, 캡슐이나 정제 형태 등의 알약을 모두 포함한다.
medicine은 알약과 액상으로 된 약 모두를 말한다.

0810 · drug
[drʌg]

ⓝ 1 약 2 마약

prescription **drugs** 처방 **약**

Marijuana and cocaine are illegal **drugs** in the country.
마리화나와 코카인은 그 나라에서 불법 **마약**이다.

0811 · reaction
[riǽkʃən]

ⓝ 반응

I have an allergic **reaction** to flower pollen.
나는 꽃가루에 알레르기 **반응**이 있다.

What was your parents' **reaction** to your decision?
네 결정에 대한 너의 부모님의 **반응**은 어땠어?

╋ react ⓥ 반응하다

✚ 치료 및 회복

0812 · remedy
[rémədi]

ⓝ 치료, 요법

home **remedy** 민간**요법**

What is the best **remedy** for stress?
스트레스에 대한 최고의 **치료**는 무엇일까?

0813 · treat
[tri:t]

ⓥ 1 대하다, 다루다 2 치료하다

My mother **treated** my sick brother like a child.
우리 엄마는 아픈 형을 아이처럼 **대했다**.

My grandmother was **treated** for a high fever.
우리 할머니는 고열로 **치료를 받으셨다**.

╋ treatment ⓝ 치료, 처치; 대우

0814 • relieve
[rilíːv]

ⓥ (고통·부담 등을) 완화하다, 덜어 주다 ⓔease

Rub peppermint oil on your body to **relieve** muscle pain.
근육 통증을 **완화하기** 위해서 몸에 박하유를 문지르세요.

0815 • cure
[kjuər]

ⓝ 치료제, 치료법 ⓥ 치유하다

There is no **cure** for AIDS yet.
에이즈 **치료제**는 아직 없다.

The patient was **cured** of the rare disease.
그 환자는 희귀병으로부터 **완치되었다.**

0816 • heal
[hiːl]

ⓥ (병·상처 등을) 고치다, 낫게 하다

If you want to **heal** your wounds quickly, apply ointment every day.
상처가 빨리 **낫기**를 바란다면 연고를 매일 발라라.

★ heal: 상처, 부상 등이 회복되거나 마음이 치유되었을 때 사용
　cure: 어떤 질병으로부터 완치되었을 때 사용

✛ 건강 관리

0817 • relax
[riláeks]

ⓥ 1 휴식을 취하다 ⓔrest 2 (긴장을) 풀게 하다

The doctor told me to **relax** for a while.
의사는 내게 당분간 **휴식을 취하라**고 말했다.

Taking a warm bath **relaxes** your mind and muscles.
온수 목욕은 너의 마음과 근육의 **긴장을 풀게 한다.**

0818 • prevent
[privént]

ⓥ 예방하다, 막다

A tomato a day can **prevent** cancer.
하루에 토마토 한 개는 암을 **예방해준다.**

🔲 to stop something from happening

0819 • manage
[mǽnidʒ]

ⓥ 1 간신히 해내다 2 운영[관리]하다

I wonder how she **manages** to stay slim.
나는 그녀가 어떻게 날씬함을 **유지해내는지** 궁금하다.

He will **manage** a new project.
그는 새로운 프로젝트를 **운영할** 것이다.

0820 • get rid of

～을 제거하다[없애다]

She practices yoga every day to **get rid of** stress.
그녀는 스트레스를 **없애기** 위해서 매일 요가를 한다.

Daily Check-up

A 빈칸에 알맞은 우리말 뜻 또는 영어를 써넣어 워드맵을 완성하시오.

건강

건강 상태

1 _____ 건강

2 _____ 상태; 환경

3 _____ healthy

4 _____ 면역성이 있는

5 _____ mental

진찰과 투약

6 _____ 의학의, 의료의

7 _____ examine

8 _____ 알약, 정제

9 _____ medicine

10 _____ 반응

11 _____ drug

치료 및 회복

12 _____ 치료, 요법

13 _____ treat

14 _____ 완화하다, 덜어 주다

15 _____ heal

16 _____ 치료제; 치유하다

건강 관리

17 _____ 간신히 해내다

18 _____ relax

19 _____ prevent

20 _____ ~을 제거하다

B 우리말을 참고하여 어구 또는 문장을 완성하시오. (필요하면 단어 형태를 바꾸시오.)

1 a _____ diet   건강에 좋은 식사

2 The doctor carefully _____ the sick child.
의사는 아픈 아이를 꼼꼼히 진찰했다.

3 I have an allergic _____ to flower pollen.
나는 꽃가루에 알레르기 반응이 있다.

4 Take care of _____ and physical health together.
정신 건강과 몸 건강을 함께 돌봐라.

5 I wonder how she _____ to stay slim.
나는 그녀가 어떻게 날씬함을 유지해내는지 궁금하다.

질병과 치료

MP3 듣기

✛ 증상

0821 • symptom
[símptəm]

ⓝ 증상

Common **symptoms** of flu are a high fever and a cough.
독감의 흔한 **증상들**은 고열과 기침이다.

The **symptoms** will disappear within three days.
그 **증상들**은 3일 안에 사라질 것이다.

0822 • suffer
[sʌ́fər]

ⓥ 1 (질병 등에) 시달리다; 고통받다
　　2 (불쾌한 일을) 겪다

I'm **suffering** from a side effect of the medicine.
나는 약 부작용에 **시달리고 있다.**

suffer a defeat 패배를 **겪다**

0823 • vomit
[vɑ́:mət]

ⓥ 토하다　🟰 throw up

The girl ran to the toilet to **vomit.**
여자아이는 **토하기** 위해 화장실에 뛰어갔다.

0824 • dizzy
[dízi]

ⓐ 어지러운

The lack of oxygen on the subway made me feel **dizzy.**
지하철에 산소가 부족해서 나는 **어지러움을** 느꼈다.

✛ dizziness ⓝ 어지러움

0825 • stiff
[stif]

ⓐ 뻣뻣한; (근육이) 뻐근한

I got a **stiff** neck because I slept in a bad position.
나는 나쁜 자세로 잠을 자서 목이 **뻐근했다.**

If you have a **stiff** shoulder, try stretching gently.
어깨가 **결린다면** 부드럽게 스트레칭을 해보라.

0826 • minor
[máinər]

ⓐ 작은, 가벼운

minor injuries **가벼운** 부상

Don't be so childish. That's just a **minor** cut.
그렇게 애처럼 굴지 마. 그건 그저 **가벼운** 베인 상처야.

🔲 small and not very serious

0827 **severe** [sivíər]

ⓐ 1 심각한, 극심한 2 (처벌이) 가혹한

You have a **severe** case of pink eye.
당신은 **심각한** 결막염에 걸렸어요.

a **severe** punishment **가혹한** 처벌

질병과 통증

0828 **disease** [dizíːz]

ⓝ 병, 질병

heart **disease** 심장**병**

Dengue fever is a common **disease** in tropical areas.
뎅기열은 열대 지방에서 흔한 **질병**이다.

★ disease: 주로 신체 기관에 영향이 있는 심각한 신체적인 질병
illness: 가볍거나 심각한 질병 모두를 가리키고, 정신 질환도 포함

0829 **heart attack** [haːrt ətǽk]

ⓝ 심장 마비

My grandfather died of a **heart attack**.
우리 할아버지는 **심장 마비**로 돌아가셨다.

0830 **stomachache** [stʌ́məkèik]

ⓝ 복통, 위통

You will get a **stomachache** if you eat too many sweets.
단것을 너무 많이 먹으면 너는 **복통**이 생길 거야.

\+ stomach ⓝ 위, 복부

★ cf. headache 두통

0831 **pain** [pein]

ⓝ 고통, 통증 ㊀ suffering

He suffered from severe back **pain**.
그는 심각한 등 **통증**에 시달렸다.

영영 an unpleasant physical feeling caused by an illness or injury

0832 **sore** [sɔːr]

ⓐ (염증 등으로) 아픈 ㊀ painful

I have a **sore** throat since I've caught a cold.
나는 감기에 걸려서 목이 **아프다**.

0833 **infect** [infékt]

ⓥ 감염시키다

Many people were **infected** with the deadly virus.
많은 사람들이 그 치명적인 바이러스에 **감염되었다**.

\+ infection ⓝ 감염; 전염병 | infectious ⓐ 전염되는

0834 · identify
[aidéntəfài]

ⓥ 1 (신원 등을) 확인하다   2 발견하다

identify the victim   희생자의 **신원을 확인하다**

Identifying heart disease early can save lives.
심장병을 조기에 **발견하는** 것은 생명을 구할 수 있다.

♣ 수술

0835 · surgery
[sə́:rdʒəri]

ⓝ 수술   ≡ operation

The doctor's first brain **surgery** was a success.
그 의사의 첫 뇌 **수술**은 성공적이었다.

0836 · patient
[péiʃənt]

ⓝ 환자   **ⓐ** 참을성[인내심] 있는

How many **patients** does a doctor see in a day?
하루에 의사 한 명이 몇 명의 **환자**를 진료하는가?

Be **patient** with your children.
자녀들에게 **인내심을 가져라.**

0837 · operate
[ɑ́:pərèit]

ⓥ 1 작동되다; 가동하다   2 수술하다

The machine is easy and simple to **operate**.
이 기계는 **작동하기** 쉽고 간단하다.

The surgeon is going to **operate** on him tomorrow.
외과 의사는 내일 그를 **수술할** 것이다.

　✚ operation ⓝ 작동; 수술

0838 · insert
[insə́:rt]

ⓥ 삽입하다, 끼워 넣다

The doctor **inserted** a tube into the patient's arm.
의사는 환자의 팔에 관을 **삽입했다.**

0839 · perform
[pərfɔ́:rm]

ⓥ 1 행하다, 실시하다   2 공연하다

The doctors **performed** a successful operation.
의사들은 성공적인 수술을 **했다.**

The play will be **performed** this summer.
그 연극은 올 여름에 **공연할** 것이다.

0840 · recover
[rikʌ́vər]

ⓥ (건강이) 회복되다

The patient is **recovering** from heart surgery.
그 환자는 심장 수술에서 **회복하는** 중이다.

A 빈칸에 알맞은 우리말 뜻 또는 영어 단어를 써넣어 워드맵을 완성하시오.

질병과 치료

증상

1 _____ 증상

2 _____ dizzy

3 _____ 토하다

4 _____ suffer

5 _____ 심각한, 극심한

6 _____ minor

7 _____ 뻣뻣한; 뻐근한

질병과 통증

8 _____ 병, 질병

9 _____ pain

10 _____ 심장 마비

11 _____ stomachache

12 _____ 감염시키다

13 _____ identify

14 _____ (염증 등으로) 아픈

수술

15 _____ surgery

16 _____ 환자

17 _____ 작동되다; 수술하다

18 _____ insert

19 _____ perform

20 _____ 회복되다

B 우리말을 참고하여 문장을 완성하시오. (필요하면 단어 형태를 바꾸시오.)

1 The doctor's first brain _____ was a success.
그 의사의 첫 뇌 수술은 성공적이었다.

2 I have a _____ throat since I've caught a cold.
나는 감기에 걸려서 목이 아프다.

3 Don't be so childish. That's just a _____ cut.
그렇게 애처럼 굴지 마. 그건 그저 가벼운 베인 상처야.

4 The lack of oxygen on the subway made me feel _____.
지하철에 산소가 부족해서 나는 어지러움을 느꼈다.

5 Many people were _____ with the deadly virus.
많은 사람들이 그 치명적인 바이러스에 감염되었다.

MP3 듣기

0841 • **accident**
[ǽksidənt]

ⓝ 1 사고   2 우연

She had a car **accident** on her way to work.
그녀는 출근길에 차 **사고**를 당했다.

I met my teacher by **accident** at the bus stop.
나는 **우연히** 버스 정류장에서 선생님을 만났다.

🔄 by accident 우연히

📖 1 a sudden situation in which a person or people are injured

---

✦ 응급 상황

0842 • **emergency**
[imə́:rdʒənsi]

ⓝ 비상사태, 위급

The patient was rushed to the **emergency** room.
환자는 **응급**실로 급히 이송되었다.

emergency exit 비상구

0843 • **occur**
[əkə́:r]

ⓥ 발생하다, 일어나다 ＝happen

An earthquake **occurred**, harming thousands of people.
지진이 **발생하면서** 수천 명의 사람들에게 해를 끼쳤다.

0844 • **crash**
[kræʃ]

ⓝ 충돌/추락 사고   ⓥ 충돌/추락하다

A passenger was killed in a car **crash**.
한 승객이 자동차 **충돌 사고**로 사망했다.

The engines stopped, and the plane **crashed** into the ocean.
엔진이 멈췄고 비행기는 바다로 **추락했다**.

0845 • **bump**
[bʌmp]

ⓥ 부딪치다 ＝crash, hit

The car **bumped** into a truck as the driver stopped too late.
운전자가 너무 늦게 멈춰서 차가 트럭에 **부딪쳤다**.

0846 • **breathe**
[bri:ð]

ⓥ 숨 쉬다, 호흡하다

The drowning man could not **breathe** properly.
물에 빠진 남자는 제대로 **숨을 쉴** 수가 없었다.

✛ breath ⓝ 숨, 호흡

0847 · unexpected
[ʌnikspéktid]

ⓐ 예기치 않은, 뜻밖의   ↔ expected 예상되는

Her sudden death due to the accident was **unexpected**.
사고로 인한 그녀의 갑작스런 죽음은 **예기치 못한** 것이었다.

✤ 부상과 피해

0848 · injure
[índʒər]

ⓥ (특히 사고로) 부상을 입히다   ⹀ hurt

Wear a safety helmet to prevent yourself from getting **injured**.
부상을 당하는 것으로부터 자신을 보호하려면 안전모를 착용해라.

✚ injury ⓝ 부상

0849 · wound
[wu:nd]

ⓝ 상처, 부상   ⓥ 부상[상처]을 입히다

The **wound** will heal slowly. 그 **상처**는 천천히 나을 것이다.

His arm was badly **wounded** in the war.
전쟁에서 그의 팔에 심각한 **부상을 입었다**.

★ wound는 총, 칼 등으로 인해 생긴 상처나 부상을 뜻한다.

0850 · bleed
[bli:d]

ⓥ 피를 흘리다

His head had struck the sink and was **bleeding**.
그는 머리를 싱크대에 부딪쳐 **피를 흘리고** 있었다.

✚ blood ⓝ 피

0851 · bruise
[bru:z]

ⓝ 멍, 타박상   ⓥ 멍이 생기다

I got a **bruise** above my eye. 나는 눈 위에 **멍**이 들었다.
The little girl fell and **bruised** her face.
어린 소녀는 넘어져서 얼굴에 **멍이 생겼다**.

0852 · damage
[dǽmidʒ]

ⓝ 손상, 피해   ⓥ 피해를 입히다

Thankfully, there was no **damage** caused by the storm.
다행히도, 폭풍으로 인한 **피해**는 없었다.

The forest fire has **damaged** more than 100 homes.
산불은 100가구 이상에 **피해를 입혔다**.

0853 · disability
[dìsəbíləti]

ⓝ (신체적·정신적) 장애

He overcame his physical **disability** to reach the top of the sport.
그는 신체적 **장애**를 극복하여 스포츠계의 정상에 올랐다.

♣ 구조 및 처치

0854 · rescue
[réskju:]

ⓥ 구하다, 구출하다 ⊜save **ⓝ 구출, 구조**

The lifeguard **rescued** the drowning woman.
구조 대원은 물에 빠진 여성을 **구출했다**.

He was seriously injured in the **rescue** attempt.
그는 **구조** 시도에서 심각하게 부상을 입었다.

0855 · urgent
[ə́:rdʒənt]

ⓐ 긴급한, 시급한

urgent action   긴급 조치

The matter requires **urgent** attention.
그 문제는 **시급한** 관심을 요한다.

0856 · manual
[mǽnjuəl]

ⓝ 설명서   ⓐ 손으로 하는, 육체 노동의

Carefully read the instruction **manual** about emergency situations.
응급 상황에 대한 **설명서**를 꼼꼼히 읽으세요.

manual workers   육체 노동자들

0857 · first aid
[fə:rst éid]

ⓝ 응급 처치

We learned how to give **first aid** on a broken leg.
우리는 부러진 다리에 **응급 처치**하는 법을 배웠다.

🔄 give first aid 응급 처치를 하다

0858 · bandage
[bǽndidʒ]

ⓝ 붕대

He had a **bandage** wrapped around his head.
그의 머리에 **붕대**가 감겨져 있었다.

0859 · donate
[dóuneit]

ⓥ 1 (자선 단체에) 기부[기증]하다
　2 (혈액·장기 등을) 기증하다

Please **donate** food to the hurricane victims.
허리케인 피해자들에게 음식을 **기증해주세요**.

donate blood to cancer patients
암 환자들에게 혈액을 **기증하다**

🔲 1 to give money or goods to help someone
➕ donation ⓝ 기부, 기증 | donator ⓝ 기증자

0860 · right away

즉시 ⊜immediately

Call 911 or go to the hospital **right away**.
911로 전화하거나 **즉시** 병원으로 가세요.

Daily Check-up

A 빈칸에 알맞은 우리말 뜻 또는 영어를 써넣어 워드맵을 완성하시오.

```
                        1 _____
                             accident

    응급 상황              부상과 피해              구조 및 처치

2 _____        8 _____        14 _____
   비상사태, 위급          부상을 입히다              구하다, 구출(하다)

3 _____        9 _____        15 _____
   occur               bruise                설명서; 손으로 하는

4 _____        10 _____       16 _____
   bump                상처; 부상을 입히다          urgent

5 _____        11 _____       17 _____
   충돌 사고; 추락하다        bleed                 응급 처치

6 _____        12 _____       18 _____
   breathe             damage                right away

7 _____        13 _____       19 _____
   예기치 않은            장애                   붕대

                                          20 _____
                                             donate
```

B 우리말을 참고하여 문장을 완성하시오. (필요하면 단어 형태를 바꾸시오.)

1 His head had struck the sink and was _____.
그는 머리를 싱크대에 부딪쳐 피를 흘리고 있었다.

2 The drowning man could not _____ properly.
물에 빠진 남자는 제대로 숨을 쉴 수가 없었다.

3 We learned how to give _____ on a broken leg.
우리는 부러진 다리에 응급 처치하는 법을 배웠다.

4 The forest fire has _____ more than 100 homes.
산불은 100가구 이상에 피해를 입혔다.

5 He was seriously injured in the _____ attempt.
그는 구조 시도에서 심각하게 부상을 입었다.

Review Test

A 들려주는 영어 단어와 어구를 쓴 후 우리말 뜻을 쓰시오.

영단어	뜻	영단어	뜻
1		2	
3		4	
5		6	
7		8	
9		10	
11		12	
13		14	
15		16	
17		18	
19		20	

B 다음 영영 풀이에 해당하는 알맞은 단어를 골라 쓰시오.

보기   pain   minor   donate   accident   prevent   examine

1 to check a person's health   _____

2 to stop something from happening   _____

3 to give money or goods to help someone   _____

4 small and not very serious   _____

5 a sudden situation in which a person or people are injured   _____

6 an unpleasant physical feeling caused by an illness or injury   _____

C 밑줄 친 단어의 동의어(=) 또는 반의어(↔)를 골라 쓰시오.

> 보기　　severe　　saved　　physical　　immediately

1 I finished my homework right away.　　=＿＿＿＿＿＿＿＿

2 He rescued my puppy from the burning house.　=＿＿＿＿＿＿＿＿

3 Van Gogh suffered from a mental illness.　↔＿＿＿＿＿＿＿＿

4 My mother suffered a minor ankle injury.　↔＿＿＿＿＿＿＿＿

D 다음을 읽고, 두 문장에 공통으로 들어갈 단어를 골라 쓰시오.

> 보기　　operate　　perform　　treat　　identify

1 Solar panels can only ＿＿＿＿＿＿＿＿ in sunlight.

The doctor decided to ＿＿＿＿＿＿＿＿ on his eyes.

2 We need to ＿＿＿＿＿＿＿＿ the owner of the lost dog.

Doctors ＿＿＿＿＿＿＿＿ illnesses by looking at your symptoms.

E 다음을 읽고, 빈칸에 알맞은 단어를 우리말을 참고하여 쓰시오.

1 The ＿＿＿＿＿＿＿＿ was scared to have surgery.
그 환자는 수술받는 것을 두려워했다.

2 Her baby grew up to be a ＿＿＿＿＿＿＿＿ child.
그녀의 아기는 건강한 아이로 성장했다.

3 Earthquakes ＿＿＿＿＿＿＿＿ frequently in this area.
지진이 이 지역에 자주 발생한다.

4 You need to have this cut t＿＿＿＿＿＿ed if you don't want to have a scar.
흉터를 남기고 싶지 않으면 이 베인 상처를 치료해야 한다.

✿ 예문에서 뽑은 최중요 핵심 표현

핵심 표현 다시 점검하며 빈칸 완성해 보기

1 **free from** ~이 없는, ~을 면한

Not all organic farming is ＿＿＿＿＿＿＿ pesticides.
모든 유기 농법이 살충제를 **사용하지 않는** 것은 아니다.

2 **make a profit** 수익을 내다

He ＿＿＿＿＿＿ a huge ＿＿＿＿＿＿ by selling his
company. 그는 회사를 매각해서 큰 **수익을 올렸다.**

3 **in operation** 가동[사용] 중인

The machine is ＿＿＿＿＿＿＿.
그 기계는 **가동 중**이다.

4 **depending on** ~에 따라

Market prices change ＿＿＿＿＿＿＿ supply and
demand. 시장 가격은 수요와 공급에 **따라** 바뀐다.

5 **make a deal with** ~와 거래를 체결하다

The startup company ＿＿＿＿＿＿＿ with Amazon.
그 신생 회사는 아마존과 **거래를 체결했다.**

6 **at no charge** 무료로

Breakfast is served ＿＿＿＿＿＿＿.
아침 식사는 **무료로** 제공된다.

7 **die of** ~로 죽다

My grandfather ＿＿＿＿＿＿＿ a heart attack.
우리 할아버지는 심장 마비**로 돌아가셨다.**

8   suffer from   ～에 시달리다, ～으로 고통 받다

He _____ severe back pain.
그는 심각한 등 통증에 **시달렸다**.

9   operate on   ～을 수술하다

The surgeon is going to _____ him tomorrow.
외과 의사는 내일 그를 **수술할** 것이다.

10 by accident   우연히

I met my teacher _____ at the bus stop.
나는 **우연히** 버스 정류장에서 선생님을 만났다.

⚙ 발음이나 철자가 유사한 혼동어

0729 **sow** [sou] ⓥ (씨를) 뿌리다 │ **saw** [sɔː] ⓥ 톱질하다

★ 철자가 비슷한 두 단어의 발음과 뜻 차이에 유의하자.

0738 **wheat** [wiːt] ⓝ 밀 │ **wit** [wit] ⓝ 재치, 위트

★ 두 단어의 발음은 비슷하지만 철자와 뜻이 완전히 다르다.

0815 **cure** [kjuər] ⓝ 치료제 ⓥ 치유하다 │ **care** [keər] ⓝ 돌봄, 보살핌

★ 철자가 비슷한 두 단어의 발음과 뜻 차이에 유의하자.

0846 **breathe** [briːð] ⓥ 쉼 쉬다, 호흡하다 │ **breath** [breθ] ⓝ 숨, 호흡

★ 뜻이 연관된 두 단어의 동사와 명사의 철자 차이와 th의 발음 차이에 유의하자.

정답 1 free from 2 made, profit 3 in operation 4 depending on 5 made a deal 6 at no charge
7 died of 8 suffered from 9 operate on 10 by accident

PLAN

13

국가와 정치

political 정치의
government 정부
object 반대하다; 목적

duty 의무; 직무
ambassador 대사
ethnic 민족의, 종족의

정치

국가

국가와
정치

법과
범죄

세계
이슈와
시사

court 법원, 법정
accuse 기소하다
custom 관습, 풍습

poverty 가난, 빈곤
relation 관계
unify 통합[통일]하다

MP3 듣기

0861 · politics
[pάːlətìks]

ⓝ 정치

go into **politics** 정치계에 들어가다
He likes to discuss **politics** with his friends.
그는 친구들과 **정치**에 대해 토론하는 것을 좋아한다.

✦ 정치와 정당

0862 · political
[pəlítikəl]

ⓐ 정치의, 정치적인

The young king had no **political** power.
그 어린 왕은 **정치적인** 힘이 없었다.

0863 · liberal
[líbərəl]

ⓐ 진보적인 ⟷ conservative 보수적인

She is a well-known **liberal** politician.
그녀는 잘 알려진 **진보적** 정치인이다.

0864 · party
[pάːrti]

ⓝ 1 파티, 모임 2 정당, ~당

I am interested in that political **party**.
나는 저 **정당**에 관심이 있다.

0865 · majority
[mədʒɔ́ːrəti]

ⓝ 대다수 ⟷ minority 소수

A **majority** of politicians in the United States are men.
미국의 **대다수**의 정치인들은 남성이다.

📖 more than half of the people in a group

0866 · policy
[pάːləsi]

ⓝ 정책

My parents disagree with me on education **policy**.
우리 부모님은 교육 **정책**에 대해서 나와 의견이 맞지 않는다.

✦ 정부

0867 · government
[gʌ́vərnmənt]

ⓝ 정부

The **government** of India plans to adopt a new identification system.
인도 **정부**는 새로운 신원 확인 시스템을 도입할 계획이다.

0868 · president
[prézidənt]

ⓝ 1 대통령   2 회장

The **president** is scheduled to visit Brazil next month.
대통령은 다음 달에 브라질을 방문할 예정이다.

➕ presidential ⓐ 대통령의

0869 · democracy
[dimɑ́:krəsi]

ⓝ 민주주의

The term "**democracy**" was first used by the Greeks.
'**민주주의**'라는 용어는 그리스인들에 의해 처음 사용되었다.

📖 a government in which government officials are elected by its citizens (정부 관료들이 국민에 의해 선출되는 정부)

➕ democratic ⓐ 민주주의의

0870 · republic
[ripʌ́blik]

ⓝ 공화국

There were 15 **republics** in the Soviet Union.
구소련에는 15개의 **공화국**이 있었다.

➕ republican ⓐ 공화국의 ⓝ 공화주의자

✚ 시위와 개혁

0871 · object
ⓥ [əbdʒékt]
ⓝ [ɑ́:bdʒikt]

ⓥ 반대하다   ↔ agree 찬성하다   ⓝ 1 물건   2 목적, 목표

We **object** to building a factory near our school.
우리 학교 근처에 공장을 짓는 것에 **반대한다**.

plastic **objects**   플라스틱 **물건**
Our **object** is to improve the quality of life for young people.
우리의 **목표**는 청년들의 삶의 질을 개선하는 것이다.

➕ objection ⓝ 반대

0872 · protest
ⓥ [prətést]
ⓝ [próutest]

ⓥ 항의하다   ↔ support 지지하다   ⓝ 항의; 시위

We are planning to **protest** the law.
우리는 그 법에 **항의할** 예정이다.

a nonviolent **protest**   비폭력 **시위**

📖 ⓥ to object to an idea or a law (계획이나 법에 반대하다)

0873 · reform
[rifɔ́:rm]

ⓥ 개혁하다   ⓝ 개혁

It is time to **reform** education.   교육을 **개혁할** 때이다.

political **reform**   정치 **개혁**

📖 ⓥ to improve a system, law, etc. by making changes to it

0874 • take part in

~에 참여[참가]하다 ⊜participate in

I **took part in** a presidential election for the first time.
나는 처음으로 대통령 선거에 **참여했다**.

✤ 선거

0875 • campaign
[kæmpéin]

ⓝ 운동, 캠페인

an anti-smoking **campaign** 금연 운동
They are looking for people to help out with the election **campaign**.
그들은 선거 **운동**을 도와줄 사람들을 찾고 있다.

0876 • poll
[poul]

ⓝ 여론 조사 ⊜survey

A **poll** on the general election was conducted last week.
총선에 관한 **여론 조사**가 지난주에 실시되었다.

↻ conduct a poll 여론 조사를 실시하다

0877 • run for

~에 출마하다

The politician is thinking of **running for** president.
그 정치인은 대통령에 **출마할** 생각을 하고 있다.

0878 • candidate
[kǽndidèit / kǽndidət]

ⓝ 후보자

The young **candidate** was sure that he would become the next mayor.
젊은 **후보자**는 자신이 차기 시장이 될 것이라고 확신했다.

candidates for the job 그 일자리에 지원한 **후보자들**

🔳 someone who is running in an election or applying for a job
(선거에 출마하거나 일자리에 지원하는 사람)

0879 • vote
[vout]

ⓝ (선거 등의) 표 ⓥ 투표하다

You need to get at least 40% of the people's **vote** to become a committee member.
위원회 위원이 되기 위해서는 사람들의 최소 40%의 **표**는 받아야 한다.

I am going to **vote** for Sarah as class president.
학급 회장으로 나는 Sarah에게 **투표할** 거야.

0880 • elect
[ilékt]

ⓥ 선출하다

Barack Obama was **elected** president in 2008.
버락 오바마는 2008년에 대통령으로 **선출되었다**.

Daily Check-up

A 빈칸에 알맞은 우리말 뜻 또는 영어를 써넣어 워드맵을 완성하시오.

정치와 정당

2 _____ political
3 _____ 진보적인
4 _____ 정당, ~당
5 _____ policy
6 _____ 대다수

정부

7 _____ 정부
8 _____ president
9 _____ 민주주의
10 _____ republic

선거

15 _____ 운동, 캠페인
16 _____ candidate
17 _____ ~에 출마하다
18 _____ poll
19 _____ 표; 투표하다
20 _____ elect

시위와 개혁

11 _____ 항의하다; 시위
12 _____ object
13 _____ ~에 참여하다
14 _____ reform

1 _____ 정치

B 우리말을 참고하여 문장을 완성하시오. (필요하면 단어 형태를 바꾸시오.)

1 We are planning to _____ the law.
우리는 그 법에 항의할 예정이다.

2 The young king had no _____ power.
그 어린 왕은 정치적인 힘이 없었다.

3 A _____ on the general election was conducted last week.
총선에 관한 여론 조사가 지난주에 실시되었다.

4 A _____ of politicians in the United States are men.
미국의 대다수의 정치인들은 남성이다.

5 Our _____ is to improve the quality of life for young people.
우리의 목표는 청년들의 삶의 질을 개선하는 것이다.

MP3 듣기

✛ 국가의 의무와 구성원

0881 · duty
[djúːti / dúːti]

ⓝ 1 의무 2 직무, 임무

Please do your **duty** for your country and your family.
여러분의 나라와 가족을 위해 **의무**를 다하세요.

He'll carry out his **duty** as a judge.
그는 판사로서 그의 **임무**를 다할 것이다.

0882 · authority
[əθɔ́ːrəti]

ⓝ 권한; 권위

The government has the **authority** to make laws.
정부는 법을 만들 **권한**을 가지고 있다.

0883 · function
[fʌ́ŋkʃən]

ⓝ 기능, 역할 ⊜ role, job **ⓥ (제대로) 기능하다**

What is the **function** of an immigration service?
이민 기관의 **역할**은 무엇인가요?

The department **functioned** effectively as planned.
그 부서는 계획대로 효율적으로 **제 역할을 했다**.

0884 · official
[əfíʃəl]

ⓐ 공식적인, 공적인 ⓝ 공무원

The U.S. president made an **official** visit to the U.K.
미국 대통령은 영국에 **공식** 방문했다.

a government **official** 정부 **공무원**

0885 · public
[pʌ́blik]

ⓐ 1 대중의 2 공공의 ⟷ private 사유의; 사적인

I don't think the plan is in the **public** interest.
나는 그 계획이 **대중의** 이익을 위한 것이라고 생각하지 않는다.

They are raising funds to build **public** libraries.
그들은 **공공** 도서관을 짓기 위해 기금을 모으고 있다.

0886 · loyal
[lɔ́iəl]

ⓐ 충실한 ⊜ true

Who are the candidate's **loyal** supporters?
그 후보자의 **충실한** 지지자들은 누구인가?

✛ loyalty ⓝ 충성, 충실

0887 · individual
[ìndəvídʒuəl]

ⓐ 개인의 ⓝ 개인 ⊜ person

individual freedom **개인의** 자유

All **individuals** are important members of society.
모든 **개인**은 사회의 중요한 구성원이다.

0888 • **population**
[pὰːpjəléiʃən]

ⓝ 인구　≡ inhabitants 주민들

Monaco's **population** was 36,297 as of 2023.
2023년 모나코의 **인구**는 36,297명이었다.

📖 the number of people who live in a country

✦ 외교

0889 • **diplomat**
[dípləmæt]

ⓝ 외교관

The **diplomat** is skilled in resolving conflicts peacefully.
그 **외교관**은 평화적으로 갈등을 해결하는 데 능숙하다.

✦ diplomacy ⓝ 외교

0890 • **ambassador**
[æmbǽsədər]

ⓝ 대사

the U.S. **ambassador** to South Korea　주한 미국 **대사**

The **ambassador** did his best to connect the two countries.
대사는 두 나라를 연결하는 역할을 하는 데 최선을 다했다.

📖 an important official of a country who is sent abroad by the government (정부가 해외로 보낸 국가의 중요 공무원)

0891 • **international**
[ìntərnǽʃənəl]

ⓐ 국제적인　↔ domestic 국내의

international trade　**국제** 무역

It is important to strengthen **international** ties between the two countries.
두 나라 사이의 **국제적인** 유대를 강화하는 것이 중요하다.

0892 • **citizen**
[sítəzən]

ⓝ 국민; 시민

All **citizens** can apply for a passport.
모든 **국민들**은 여권 신청을 할 수 있다.

the **citizens** of Seoul　서울 **시민**

📖 an individual belonging to a town, city, or country

0893 • **protect**
[prətékt]

ⓥ 보호하다, 지키다

The government has a duty to **protect** its citizens from any danger.
정부는 어떠한 위험으로부터 국민을 **보호할** 의무가 있다.

protect the environment　환경을 **보호하다**

✦ protection ⓝ 보호

0894 · organization
[ɔ́ːrɡənəzéiʃən]

ⓝ 조직, 기구

He is working for a large international **organization**.
그는 큰 국제**기구**에서 근무 중이다.

♣ 정체성

0895 · ethnic
[éɵnik]

ⓐ 민족의, 종족의

ethnic society **종족** 사회

There are about 175 **ethnic** groups in the Philippines.
필리핀에는 대략 175개의 **민족** 집단들이 있다.

0896 · native
[néitiv]

ⓐ 1 출생지의; 토박이의 2 원주민의

I am a **native** New Yorker. 나는 뉴욕 **토박이야**.

native people of Alaska 알래스카의 **원주민들**

0897 · racial
[réiʃəl]

ⓐ 인종의

Unfortunately, **racial** discrimination still exists in many parts of the world.
불행하게도, **인종** 차별은 세계의 많은 부분에서 여전히 존재한다.

✛ race ⓝ 인종

0898 · identity
[aidéntəti]

ⓝ 1 신원 2 정체성, 독자성

The spy had to conceal his **identity**.
그 스파이는 자신의 **신원**을 숨겨야 했다.

national **identity** 국가 **정체성**

0899 · tradition
[trədíʃən]

ⓝ 전통

follow a **tradition** **전통**을 따르다

It's a Korean **tradition** to eat seaweed soup on one's birthday. 생일에 미역국을 먹는 것은 한국의 **전통**이다.

✛ traditional ⓐ 전통의

0900 · border
[bɔ́ːrdər]

ⓝ 국경

cross a **border** **국경**을 넘다

Strasbourg sits on the **border** between Germany and France. 스트라스부르는 독일과 프랑스 사이의 **국경**에 위치해 있다.

Daily Check-up

A 빈칸에 알맞은 우리말 뜻 또는 영어 단어를 써넣어 워드맵을 완성하시오.

국가

국가의 의무와 구성원

1 _____ duty
2 _____ 권한; 권위
3 _____ function
4 _____ 대중의; 공공의
5 _____ official
6 _____ 충실한
7 _____ individual
8 _____ 인구

외교

9 _____ 대사
10 _____ diplomat
11 _____ 국제적인
12 _____ protect
13 _____ 국민; 시민
14 _____ organization

정체성

15 _____ ethnic
16 _____ 출생지의; 원주민의
17 _____ racial
18 _____ 신원; 독자성
19 _____ tradition
20 _____ 국경

B 우리말을 참고하여 문장을 완성하시오. (필요하면 단어 형태를 바꾸시오.)

1 He'll carry out his _____ as a judge.
그는 판사로서 그의 임무를 다할 것이다.

2 The U.S. president made an _____ visit to the U.K.
미국 대통령은 영국에 공식 방문했다.

3 It's a Korean _____ to eat seaweed soup on one's birthday.
생일에 미역국을 먹는 것은 한국의 전통이다.

4 Strasbourg sits on the _____ between Germany and France.
스트라스부르는 독일과 프랑스 사이의 국경에 위치해 있다.

5 The _____ is skilled in resolving conflicts peacefully.
그 외교관은 평화적으로 갈등을 해결하는 데 능숙하다.

MP3 듣기

✤ 법원

0901 • **court**
[kɔːrt]

ⓝ 법원, 법정

appear in **court** 법원에 출두하다

The company is taking this matter to **court**.
회사는 이 문제를 **법정**으로 가져갈 것이다.

0902 • **jury**
[dʒúəri]

ⓝ 배심원단

I received a letter to serve on a **jury**.
나는 **배심원**을 하라는 편지를 받았다.

🔲 a group of citizens who are selected to decide if someone is guilty or not (유죄 여부 결정을 위해 선출된 일반 국민으로 구성된 단체)

0903 • **justice**
[dʒʌ́stis]

ⓝ 1 정의; 공정 2 사법, 재판

He fought hard to defend **justice** and to protect the citizens of New York.
그는 **정의**를 수호하고 뉴욕 시민을 보호하기 위해 열심히 싸웠다.

the **justice** system **사법** 제도

0904 • **lawyer**
[lɔ́ːjər]

ⓝ 변호사 🟰 attorney

The **lawyer** has never lost a court case in his entire career.
그 **변호사**는 자신의 경력을 통틀어 재판에서 패한 적이 없다.

0905 • **legal**
[líːgəl]

ⓐ 1 법률의 2 합법의 ↔ illegal 불법의

Lawyers give **legal** advice to their clients.
변호사들은 의뢰인들에게 **법률** 조언을 해준다.

Independence Day is America's principal **legal** holiday.
독립기념일은 미국의 주요 **법정** 공휴일이다.

♣ 범죄

0906 • **crime**
[kraim]

ⓝ 범죄 🟰 offense

crime rate **범죄**율

Murder is a serious **crime**. 살인은 중대 **범죄**이다.

✚ criminal ⓝ 범죄자 ⓐ 범죄의

0907 • **accuse**
[əkjúːz]

ⓥ 고발하다, 기소하다

He was accused of theft. 그는 절도로 **기소되었다**.

The journalist accused the politician of taking bribes.
기자는 그 정치인을 뇌물 수수의 이유로 **고발했다**.

↻ accuse A of B: A를 B의 이유[죄]로 고발[기소]하다

0908 • **arrest**
[ərést]

ⓥ 체포하다 　 ⓝ 체포

The police arrested the criminal on the spot.
경찰은 범죄자를 현장에서 **체포했다**.

house arrest 자택 **연금**(국가에 의해 자신의 거주지에 감금되는 형벌)

0909 • **trial**
[tráiəl]

ⓝ 재판, 공판

She will go on trial for burglary.
그녀는 절도죄로 **재판**을 받을 것이다.

↻ go on trial 재판을 받다

0910 • **confess**
[kənfés]

ⓥ (죄·잘못을) 자백하다

The police persuaded the man to confess his crime.
경찰은 그 남자에게 범행을 **자백하라고** 설득했다.

🔤 to admit one's fault or crime

0911 • **guilty**
[gílti]

ⓐ 1 유죄의 　 ↔innocent 무죄인 　 2 죄책감이 드는

Do you think she is innocent or guilty?
당신은 그녀가 무죄인 것 같나요, 아니면 **유죄인** 것 같나요?

I felt guilty about it. 나는 그것에 대해 **죄책감을** 느꼈다.

0912 • **sentence**
[séntəns]

ⓝ 형벌, 형 　 ⓥ (형을) 선고하다

life sentence 종신형

He was sentenced to death for murder.
그는 살인죄로 사형 **선고를 받았다**.

↻ be sentenced to ~: ~형을 받다

0913 • **release**
[rilíːs]

ⓥ 1 석방하다 　 2 공개[발표]하다

He was released from jail after serving his sentence.
그는 형을 마치고 감옥에서 **풀려났다**.

The pop star is going to release her new album next week.
그 인기 가수는 다음 주에 새 앨범을 **발표할** 예정이다.

✦ 규율과 관습

0914 • custom
[kʌ́stəm]

ⓝ 관습, 풍습

He gave us helpful information on local **customs**.
그는 우리에게 지역의 **관습**에 대한 유용한 정보를 주었다.

0915 • discipline
[dísəplin]

ⓥ 징계하다 ═punish ⓝ 규율, 훈육

The student was **disciplined** according to school regulations.
학생은 교칙에 따라 **징계를 받았다**.

The army followed strict **discipline**.
군대는 엄격한 **규율**을 따랐다.

0916 • obey
[oubéi]

ⓥ (명령·법 등을) 따르다, 순종하다 ═follow

obey the law 법을 따르다

The prisoner **obeyed** the officers without a word.
죄수는 말 한마디 없이 경관들의 말에 **따랐다**.

0917 • regulate
[régjulèit]

ⓥ 규제하다 ═control

All the activities of prisoners are **regulated** by law.
죄수들의 모든 활동은 법으로 **규제를 받는다**.

✚ regulation ⓝ 규정

0918 • forbid
[fərbíd]
forbid-forbade-forbidden

ⓥ 금지하다 ═prohibit

This law **forbids** the sale of guns or any weapons.
이 법은 총이나 그 어떤 무기 판매도 **금지한다**.

0919 • ban
[bæn]

ⓝ 금지, 금지령 ⓥ 금지하다

The country has a **ban** on smoking in all public areas.
그 나라는 모든 공공장소에서의 흡연을 **금지**한다.

The personal possession of guns is **banned** in South Korea. 개인의 총기 소지는 한국에서 **금지되어** 있다.

🔲 ⓝ an official rule which forbids someone from doing a particular action
(누군가가 특정 행동을 하는 것을 금지하는 공식적인 규칙)

0920 • permission
[pərmíʃən]

ⓝ 허락, 허가

He was denied **permission** to enter the United States.
그는 미국 입국 **허가**가 거부되었다.

✚ permit ⓥ 허락하다

Daily Check-up

A 빈칸에 알맞은 우리말 뜻 또는 영어 단어를 써넣어 워드맵을 완성하시오.

범과 범죄

법원

1 _____
법원, 법정

2 _____
justice

3 _____
배심원단

4 _____
legal

5 _____
변호사

범죄

6 _____
범죄

7 _____
accuse

8 _____
체포하다; 체포

9 _____
confess

10 _____
재판, 공판

11 _____
guilty

12 _____
형벌; 선고하다

13 _____
release

규율과 관습

14 _____
징계하다; 규율

15 _____
custom

16 _____
따르다, 순종하다

17 _____
forbid

18 _____
규제하다

19 _____
ban

20 _____
permission

B 우리말을 참고하여 문장을 완성하시오. (필요하면 단어 형태를 바꾸시오.)

1 The police _____ the criminal on the spot.
경찰은 범죄자를 현장에서 체포했다.

2 He was _____ to death for murder.
그는 살인죄로 사형 선고를 받았다.

3 The company is taking this matter to _____.
회사는 이 문제를 법정으로 가져갈 것이다.

4 This law _____ the sale of guns or any weapons.
이 법은 총이나 그 어떤 무기 판매도 금지한다.

5 The country has a _____ on smoking in all public areas.
그 나라는 모든 공공장소에서의 흡연을 금지한다.

MP3 듣기

✤ 세계 문제

0921 • **issue**
[íʃuː]

ⓝ 주제, 쟁점, 사안 **ⓥ** 발표하다; 발행하다

Nuclear weapons have always been a sensitive **issue**.
핵무기는 언제나 민감한 **쟁점**이었다.

My school **issued** a notice about the final exam schedule.
우리 학교는 기말 시험 일정에 대해 공지를 **발표했다**.

issue a new magazine 새 잡지를 **발행하다**

0922 • **social**
[sóuʃəl]

ⓐ 사회적인, 사회의

The activist called for **social** change regarding the rights of women.
그 운동가는 여성 인권에 대한 **사회적인** 변화를 요구했다.

0923 • **clash**
[klæʃ]

ⓝ 충돌 **ⓥ** (의견·성격 등이) 충돌하다 = conflict

a border **clash** between Pakistan and Afghanistan
파키스탄과 아프가니스탄 사이의 국경 **충돌**

The candidates **clashed** on the energy policy.
후보자들은 에너지 정책을 두고 **의견이 충돌했다**.

0924 • **hostile**
[hάːstl / hάːstail]

ⓐ 적대적인 ↔ friendly 친절한

Some people are **hostile** to the idea of accepting the refugees.
일부 사람들은 난민들을 받아들이는 생각에 대해 **적대적**이다.

✤ hostility **ⓝ** 적대감

0925 • **poverty**
[pάːvərti]

ⓝ 가난, 빈곤 ↔ wealth 부

The documentary was about kids living in extreme **poverty**.
다큐멘터리는 극심한 **빈곤** 속에 살고 있는 아이들에 관한 것이었다.

0926 • **escape**
[iskéip]

ⓥ 탈출하다 = flee

Many people **escaped** their countries to survive from wars.
많은 사람들이 전쟁에서 살아남기 위해 자신들의 나라를 **탈출했다**.

0927 · shelter
[ʃéltər]

ⓝ 피난처

Thousands sought **shelter** after the recent earthquake.
수천 명의 사람들이 최근의 지진 후에 **피난처**를 찾았다.

🔄 seek shelter 피난처를 찾다

✛ 해결 노력

0928 · settle
[sétl]

ⓥ 해결하다, 합의를 보다　⊜ resolve

This matter needs to be **settled** by the two leaders.
이 문제는 두 지도자들에 의해서 **합의가 되어야** 한다.

📖 to end an argument or to solve a problem

0929 · declare
[dikléər]

ⓥ 선언하다, 선포하다

The U.S. government **declared** war on terror.
미국 정부는 테러와의 전쟁을 **선포했다**.

0930 · relation
[riléiʃən]

ⓝ 관계

The government has made efforts to improve **relations** with its neighboring countries.
정부는 이웃 국가들과의 **관계**를 개선하기 위해 노력했다.

📖 the relationship between people, groups, countries, etc.

0931 · mission
[míʃən]

ⓝ 임무

He went on a fact-finding **mission** to the city.
그는 진상 조사 **임무**로 그 도시에 갔다.

📖 a task or job that is given to someone

0932 · responsible
[rispɑ́:nsəbəl]

ⓐ 1 책임이 있는　2 책임지고 있는

Who was **responsible** for the terrorist attack?
그 테러 공격은 누구의 **책임이지**(소행이지)?

The pilot is **responsible** for the passengers' safety.
조종사는 승객의 안전을 **책임지고 있다**.

✛ responsibility ⓝ 책임

0933 · confront
[kənfrʌ́nt]

ⓥ 직면하다; 맞서다

The world is **confronted** with a climate crisis.
세계는 기후 위기에 **직면해 있다**.

0934 • struggle
[strʌ́gəl]

ⓥ 고투하다, 애쓰다   ⓝ 투쟁; 분투

Many people **struggle** to earn a living.
많은 사람들이 생계를 유지하기 위해서 **애쓴다**.

a violent **struggle** with police officers
경찰과의 폭력적인 **투쟁**

🔊 ⓥ to try very hard to achieve something difficult

0935 • volunteer
[vɑ̀:ləntíər]

ⓥ 자원하다   ⓝ 자원봉사자, 지원자

Thousands **volunteered** to clean up the oil spill.
수천 명의 사람들이 기름 유출의 정화 작업에 **자원했다**.

I am a **volunteer** at the orphanage.
나는 고아원에서 **자원봉사자**로 활동하고 있다.

♣ 지향점

0936 • unify
[júːnəfài]

ⓥ 통합하다, 통일하다   ↔ divide 나누다

It's time to **unify** our efforts for a better world.
더 나은 세상을 위해 우리의 노력을 **합쳐야** 할 때이다.

0937 • equality
[ikwɑ́ləti]

ⓝ 평등, 균등

gender **equality**   양성 **평등**

Many activists have fought for racial **equality**.
많은 운동가들이 인종 **평등**을 위해 싸워왔다.

0938 • welfare
[wélfèər]

ⓝ 복지

public **welfare**   공공복지

Norway has one of the best **welfare** systems in the world.
노르웨이는 세계에서 최고의 **복지** 제도를 갖춘 나라 중 하나이다.

0939 • collective
[kəléktiv]

ⓐ 집단의, 단체의

Collective decision-making is very important.
집단의 의사 결정이 매우 중요하다.

0940 • overcome
[óuvərkəm]
overcome-overcame-overcome

ⓥ 극복하다, 이겨내다

We all have the power to **overcome** any crisis.
우리는 어떤 위기도 **극복할** 힘이 있다.

Daily Check-up

A 빈칸에 알맞은 우리말 뜻 또는 영어 단어를 써넣어 워드맵을 완성하시오.

세계 이슈와 시사

세계 문제

1 _____
주제, 쟁점; 발표하다

2 _____
social

3 _____
충돌; 충돌하다

4 _____
적대적인

5 _____
escape

6 _____
가난, 빈곤

7 _____
shelter

해결 노력

8 _____
해결하다

9 _____
declare

10 _____
관계

11 _____
mission

12 _____
책임이 있는

13 _____
struggle

14 _____
직면하다; 맞서다

15 _____
volunteer

지향점

16 _____
통합하다

17 _____
welfare

18 _____
평등, 균등

19 _____
collective

20 _____
극복하다

B 우리말을 참고하여 문장을 완성하시오. (필요하면 단어 형태를 바꾸시오.)

1 Many people _____ to earn a living.
많은 사람들이 생계를 유지하기 위해서 애쓴다.

2 He went on a fact-finding _____ to the city.
그는 진상 조사 임무로 그 도시에 갔다.

3 The candidates _____ on the energy policy.
후보자들은 에너지 정책을 두고 의견이 충돌했다.

4 Thousands sought _____ after the recent earthquake.
수천 명의 사람들이 최근의 지진 후에 피난처를 찾았다.

5 It's time to _____ our efforts for a better world.
더 나은 세상을 위해 우리의 노력을 합쳐야 할 때이다.

Review Test

A 들려주는 영어 단어와 어구를 쓴 후 우리말 뜻을 쓰시오.

영단어	뜻	영단어	뜻
1		**2**	
3		**4**	
5		**6**	
7		**8**	
9		**10**	
11		**12**	
13		**14**	
15		**16**	
17		**18**	
19		**20**	

B 다음 영영 풀이에 해당하는 알맞은 단어를 골라 쓰시오.

보기	ban	struggle	protest	settle	confess	citizen

1 to admit one's fault or crime _____

2 to object to an idea or a law _____

3 to end an argument or to solve a problem _____

4 an individual belonging to a town, city, or country _____

5 to try very hard to achieve something difficult _____

6 an official rule which forbids someone from doing a particular action _____

C 밑줄 친 단어의 동의어(=) 또는 반의어(↔)를 골라 쓰시오.

> 보기   flee   wealth   punished   friendly

1 He helped slaves escape to freedom.   = _____

2 He was disciplined for breaking the rule.   = _____

3 My dog isn't hostile to strangers.   ↔ _____

4 I've never witnessed such extremes of poverty.   ↔ _____

D 다음을 읽고, 빈칸에 알맞은 단어를 우리말을 참고하여 쓰시오.

1 Some countries are facing declining _____s.
일부 국가들은 감소하는 **인구**에 직면하고 있다.

2 True friends are those who stay l_____ no matter what.
어떤 상황에서든 **충실한** 친구들이 진정한 친구들이다.

3 Don't use other people's things without asking for _____.
다른 사람의 물건을 **허락**받지 않고 사용하지 마라.

4 A _____ of the students were opposed to wearing their uniforms during the festival.
대다수의 학생들은 축제 동안에 교복을 착용하는 것에 반대했다.

E 다음을 읽고, 빈칸에 들어갈 말을 골라 문장을 완성하시오.

> 보기   function   vote   object   arrested

1 She was too young to _____ in the election.

2 The police _____ her for drinking and driving.

3 We _____ to the decision to close the local library.

4 Public school must _____ well to provide good education to students.

PLAN
14

시간과 공간

constant 끊임없는
temporary 임시의
dawn 새벽

backward 뒤로
position 위치
internal 내부의

시간

방향과
공간

시간과
공간

수와
양

calculate 계산하다
sufficient 충분한
figure 숫자; 인물

MP3 듣기

✤ 지속

0941 • constant
[ká:nstənt]

ⓐ 1 끊임없는 2 변함없는

constant care and attention **끊임없는** 보살핌과 관심

He is driving his car at a **constant** speed of 60km/h.
그는 **변함없이** 시속 60km로 운전하고 있다.

✦ constantly ⓐⒹ 끊임없이; 변함없이

0942 • continue
[kəntínju:]

ⓥ 계속되다; 계속하다

The rain is expected to **continue** until tomorrow.
비가 내일까지 **계속될** 예정이다.

Let's **continue** our meeting after lunch.
회의를 점심 후에 **이어 합시다.**

0943 • continuous
[kəntínjuəs]

ⓐ 계속되는, 지속적인 ⒺⓈ constant

continuous rain **계속되는** 비

There was a **continuous** line of customers in front of the bakery.
제과점 앞에 손님들의 줄이 **계속되었다.**

0944 • forever
[fərévər]

ⓐⒹ 영원히 ⒺⓈ always, for all time

You can't be young **forever.**
여러분은 **영원히** 젊을 수 없다.

0945 • permanent
[pə́:rmənənt]

ⓐ 영구적인 ⒺⓈ lasting

I applied for **permanent** residence in Hong Kong.
나는 홍콩에서의 **영구** 거주권을 신청했다.

✦ permanently ⓐⒹ 영구히

✤ 순간

0946 • moment
[móumənt]

ⓝ 1 잠시 2 순간 ⒺⓈ instant

Please wait a **moment.** **잠시** 기다려 주세요.

I was too scared at that **moment.**
나는 그 **순간**에 너무 무서웠다.

0947 · while
[wail]

ⓝ 잠깐, 동안　conj ~하는 동안

I took a nap for a **while**. 나는 **잠깐** 낮잠을 잤다.

🔄 for a while 잠깐, 잠시 동안

While I was waiting for a bus, I stretched my legs.
버스를 기다리는 **동안** 나는 다리를 스트레칭했다.

★ cf. once in a while 가끔, 때때로　after a while 잠시 후에

0948 · temporary
[témpərèri]

ⓐ 임시의, 일시적인　↔permanent

I was looking for a **temporary** job near my house.
나는 우리 집 근처에서 일할 수 있는 **임시직**을 찾고 있었다.

0949 · immediate
[imíːdiət]

ⓐ 즉각적인　=prompt　↔late 늦은

The company took **immediate** action on the matter.
회사는 그 문제에 대해 **즉각** 조치를 취했다.

＋ immediately ⓐⓓ 즉시

✦ 과거와 현재

0950 · previous
[príːviəs]

ⓐ (시간·순서가) 앞의, 이전의　=former

the **previous** day / year 전날 / 전년도
Did you see the **previous** episode of this soap opera?
너는 이 드라마의 **이전** 회를 봤니?

＋ previously ⓐⓓ 이전에

0951 · former
[fɔ́ːrmər]

ⓐ 1 (지위가) 이전의　2 (시간상) 예전의, 과거의

He is a **former** heavyweight boxing world champion.
그는 **전** 헤비급 권투 세계 챔피언이다.

in **former** times 옛날에는

0952 · present
[prézənt]

ⓐ 1 현재의　2 참석한　ⓝ 1 선물　2 현재

She is the **present** CEO of the company.
그녀는 그 회사의 **현** CEO이다.

They were **present** at the meeting. 그들은 회의에 **참석**했다.

The **present** is more important than the future.
현재가 미래보다 더 중요하다.

0953 · recently
[ríːsəntli]

ⓐⓓ 최근에　=lately

I **recently** had a tooth pulled. 나는 **최근에** 이를 뺐다.

＋ recent ⓐ 최근의

0954 • **nowadays**
[náuədèiz]

ad 요즘에는

Nowadays, everything seems to move at a fast pace.
요즘에는 모든 것이 빠른 속도로 움직이는 것 같다.

🔲 at the present time

✛ 하루와 기간

0955 • **dawn**
[dɔːn]

n 새벽 〓 daybreak

The baby woke up at **dawn** and started to cry.
아기는 새벽에 깨서 울기 시작했다.

work from **dawn** to dusk
새벽부터 해 질 때까지 일하다

0956 • **daytime**
[déitaim]

n 낮, 주간 ⟷ nighttime 야간, 밤

daytime activities 낮 시간 활동
The moon is bright enough to appear during **daytime**.
달이 낮 동안에 보일 만큼 밝다.

0957 • **sunset**
[sʌ́nsèt]

n 해질녘, 일몰 ⟷ sunrise 해돋이

The fishermen set out at **sunset** for a night of fishing.
어부들은 해질녘에 밤낚시를 위해 출발했다.

0958 • **midnight**
[mídnàit]

n 자정, 밤 12시, 한밤중

Cinderella was afraid of the clock striking **midnight**.
신데렐라는 자정을 알리는 시계 소리가 두려웠다.

🔲 12 o'clock at night

0959 • **period**
[píriəd]

n 1 기간 2 (역사상의) 시대, 시기

The sale was only for a limited **period**.
세일은 한정된 기간 동안만 진행되었다.

in the early Joseon **Period** 조선 시대 초기에

🔲 a length of time

0960 • **decade**
[dékeid]

n 10년

I waited a **decade** to see a solar eclipse.
나는 일식을 보기 위해 10년을 기다렸다.

★ decade는 보통 10년간의 기간을 뜻하지만, '0'으로 시작하는 해로 시작하여
10년간을 뜻하기도 한다. 즉 2010년에서 2019년의 10년간을 의미한다.

A 빈칸에 알맞은 우리말 뜻 또는 영어 단어를 써넣어 워드맵을 완성하시오.

시간

지속

1 _____
끊임없는; 변함없는

2 _____
계속되다; 계속하다

3 _____
continuous

4 _____
영구적인

5 _____
forever

순간

6 _____
잠시; 순간

7 _____
while

8 _____
임시의, 일시적인

9 _____
immediate

과거와 현재

10 _____
앞의; 이전의

11 _____
former

12 _____
현재(의); 참석한

13 _____
nowadays

14 _____
최근에

하루와 기간

15 _____
dawn

16 _____
낮, 주간

17 _____
해질녘

18 _____
midnight

19 _____
기간; 시대

20 _____
decade

B 우리말을 참고하여 어구 또는 문장을 완성하시오. (필요하면 단어 형태를 바꾸시오.)

1 _____ rain   계속되는 비

2 I took a nap for a _____.   나는 잠깐 낮잠을 잤다.

3 The company took _____ action on the matter.
회사는 그 문제에 대해 즉각 조치를 취했다.

4 Did you see the _____ episode of this soap opera?
너는 이 드라마의 이전 회를 봤니?

5 The sale was only for a limited _____.
세일은 한정된 기간 동안만 진행되었다.

MP3 듣기

0961 • **direction**
[dərékʃən]

ⓝ 1 방향 2 (복수로) 지시, 사용법

My house is in the opposite **direction** of yours.
우리 집은 네 집의 반대 **방향**이야.

Carefully read the **directions** before using a product.
제품을 사용하기 전에 **사용법**을 꼼꼼히 읽으세요.

0962 • **space**
[speis]

ⓝ 1 공간 2 우주

This couch takes up too much **space** in my living room.
이 소파는 거실에서 너무 많은 **공간**을 차지한다.

search for life in **space** **우주**에서 생명체를 찾다

✦ 방향

0963 • **backward**
[bǽkwərd]

ⓐⓓ 뒤로, 뒤쪽으로 ↔ forward 앞으로

The baby crawled **backward** to where his mother was sitting. 아기는 엄마가 앉아 있는 곳까지 **뒤로** 기어갔다.

0964 • **reverse**
[rivə́:rs]

ⓥ (정반대로) 뒤바꾸다 ⓝ (정)반대 ⓐ (정)반대의

reverse a process 과정을 **뒤바꾸다**

This is the **reverse** of what I expected.
이것은 내가 예상했던 것과 **정반대**이다.

in the **reverse** direction **정반대의** 방향으로

0965 • **ahead**
[əhéd]

ⓐⓓ (공간·시간상으로) 앞으로, 앞에 ≡ in front

My sister was running **ahead** of you in the marathon.
내 여동생은 마라톤 대회에서 네 **앞에** 뛰고 있었어.

plan **ahead** 미리 계획하다

0966 • **aside**
[əsáid]

ⓐⓓ 한쪽으로, 옆쪽에

The police asked him to get out of the car and to step **aside**.
경찰은 그에게 차에서 내려 **한쪽으로** 비켜 있으라고 했다.

He put some time **aside** to read to his kids.
그는 시간을 **따로 내어** 아이들에게 책을 읽어준다.

↻ put aside 따로 떼어 놓다

0967 · straight
[streit]

ad 똑바로; 곧장　**=** direct　**a** 곧은, 똑바른

Go **straight** ahead, and you will see the cathedral.
똑바로 앞으로 가다 보면 그 대성당이 보일 겁니다.

a long, **straight** road　길게 쭉 뻗은 도로

0968 · vertical
[və́ːrtikəl]

a 수직의, 세로의

The teacher asked the students to draw **vertical** lines.
교사는 학생들에게 세로선을 그리라고 했다.

0969 · horizontal
[hɔ̀ːrəzɑ́ːntl]

a 가로의, 수평의

The road stretches out in a **horizontal** direction.
그 도로는 가로 방향으로 뻗어 있다.

flat and level with the ground

✤ 위치와 거리

0970 · position
[pəzíʃən]

n 1 위치　**=** location　2 자세　3 입장

This map shows the **positions** of roads and towns.
이 지도는 도로와 마을의 위치를 보여준다.

in a sitting **position**　앉은 자세로

They changed their **position** on the issue.
그들은 그 문제에 대한 입장을 바꾸었다.

0971 · spot
[spɑːt]

n 1 반점　2 (특정한) 곳, 장소　**=** place

My dog is covered with big white **spots**.
내 강아지는 큰 하얀 반점들로 뒤덮여 있다.

I'm looking for a **spot** that is quiet to study in.
나는 공부하기에 조용한 곳을 찾고 있다.

0972 · edge
[edʒ]

n 1 가장자리, 모서리　2 (칼 등의) 날

They built the church on the **edge** of the village.
그들은 마을 가장자리에 교회를 세웠다.

a sharp **edge** of a knife　칼의 날카로운 날

0973 · apart
[əpɑ́ːrt]

ad (시간·공간상으로) 떨어져, 따로

We lived **apart** from each other for 5 years.
우리는 5년 동안 서로 떨어져 살았다.

0974 · distant
[dístənt]

ⓐ (시간·공간상으로) 먼, 떨어진　↔near 가까운

I saw the **distant** castle from the hotel window.
나는 호텔 창문에서 **멀리 있는** 성을 보았다.

the **distant** past 먼 옛날

0975 · nearby
[niərbái]

ⓐ 인근의, 가까운　＝close　ⓐⓓ 가까이에(서)

The girl told me that a bus stop is **nearby**.
그 소녀가 버스 정류장이 **근처에** 있다고 내게 알려줬다.

My aunt lives **nearby**. 우리 이모는 **가까이에** 사신다.

✛ 실내외 공간

0976 · internal
[intə́:rnl]

ⓐ 1 내부의　＝inside　2 체내의

The **internal** walls of the palace were damaged by the fire. 궁의 **내부** 벽이 화재로 인해 손상되었다.

internal organs 체내 장기

0977 · external
[ikstə́:rnl]

ⓐ 1 (물체·사람의) 외부의　2 (상황 등이) 외부적인

The **external** walls were coated with waterproof paint.
외벽은 방수 페인트로 칠해졌다.

Children's development is influenced by **external** factors.
아이들의 발달은 **외부적인** 요인에 영향을 받는다.

0978 · upstairs
[ʌ́pstèərz]

ⓐⓓ 위층으로　↔downstairs 아래층으로　ⓝ 위층

Let's go **upstairs** to take a look at the children's clothing.
아동복을 둘러보러 **위층으로** 갑시다.

I'd like to see the **upstairs**. 저는 **위층을** 보고 싶어요.

0979 · bottom
[bɑ́:təm]

ⓐ 맨 아래쪽의　ⓝ 맨 아래; 바닥

Sign your name on the **bottom** line of the application form. 지원서 **맨 아래** 줄에 서명해주세요.

The cat was sleeping at the **bottom** of the stairs.
고양이가 계단 **맨 아래**에서 자고 있었다.

0980 · upper
[ʌ́pər]

ⓐ 더 위에 있는, 위쪽의　＝top

I put the teacups in the **upper** corner of the shelf.
나는 찻잔을 선반 **상단** 구석에 두었다.

A 빈칸에 알맞은 우리말 뜻 또는 영어 단어를 써넣어 워드맵을 완성하시오.

1 _____ 2 _____
방향; 지시, 사용법   공간; 우주

방향

3 _____
backward

4 _____
뒤바뀌다; (정)반대(의)

5 _____
ahead

6 _____
한쪽으로, 옆쪽에

7 _____
vertical

8 _____
똑바로; 곧은

9 _____
horizontal

위치와 거리

10 _____
위치; 자세; 입장

11 _____
spot

12 _____
가장자리, 모서리

13 _____
먼, 떨어진

14 _____
apart

15 _____
인근의; 가까이에(서)

실내외 공간

16 _____
internal

17 _____
외부의

18 _____
upstairs

19 _____
더 위에 있는

20 _____
bottom

B 우리말을 참고하여 문장을 완성하시오. (필요하면 단어 형태를 바꾸시오.)

1 This is the _____ of what I expected.
이것은 내가 예상했던 것과 정반대이다.

2 The road stretches out in a _____ direction.
그 도로는 가로 방향으로 뻗어 있다.

3 I saw the _____ castle from the hotel window.
나는 호텔 창문에서 멀리 있는 성을 보았다.

4 My sister was running _____ of you in the marathon.
내 여동생은 마라톤 대회에서 네 앞에 뛰고 있었어.

5 Children's development is influenced by _____ factors.
아이들의 발달은 외부적인 요인에 영향을 받는다.

MP3 듣기

♣ 계산

0981 • calculate
[kǽlkjəlèit]

ⓥ 계산하다

Let's **calculate** how much we spent on food this month.
이번 달에 우리가 식비로 얼마나 지출했는지 **계산해보자**.

╋ calculation ⓝ 계산

0982 • addition
[ədíʃən]

ⓝ 1 덧셈 2 추가

I learned **addition** in math class today.
나는 오늘 수학 시간에 **덧셈**을 배웠다.

In **addition**, learning a language helps students express ideas.
게다가, 언어를 배우는 것은 학생들이 생각을 표현하는 것에 도움을 준다.

↻ in addition 게다가, 덧붙여
╋ add ⓥ 더하다

0983 • subtract
[səbtrǽkt]

ⓥ 빼다

5 **subtracted** from 15 is 10. 15에서 5를 **빼면** 10이다.

╋ subtraction ⓝ 뺄셈; 빼기

0984 • multiply
[mʌ́ltəplài]

ⓥ 1 곱하다 2 증가하다

When you **multiply** any number by 0, you get 0.
어떠한 숫자에도 0을 **곱하면** 0이 된다.

The number of users has **multiplied** enormously.
사용자 수가 대단히 **증가했다**.

0985 • division
[divíʒən]

ⓝ 1 분할; 분배 2 나눗셈

the **division** of profits 수익 **분배**

Division allows us to divide numbers to find an answer.
나눗셈은 숫자를 나눠서 정답을 찾게 해준다.

0986 • equal
[í:kwəl]

ⓥ (수·가치 등이) ~이다, 같다 ⓐ 1 동일한 2 동등한

20 minus 5 **equals** 15. 20에서 5를 빼면 15**이다**.

Both are **equal** in price and size.
둘 다 가격과 치수가 **동일하다**.

0987 · sum
[sʌm]

ⓝ 1 액수   2 합, 합계

I spent a large **sum** of money on my trip.
나는 여행에 많은 **액수**의 돈을 썼다.

The **sum** of 7 and 8 is 15.   7과 8의 **합**은 15이다.

✤ 수량

0988 · quantity
[kwɑ́:ntəti]

ⓝ 양, 수량

Large **quantities** of plastics are being thrown into the ocean.   많은 **양**의 플라스틱 제품들이 바다에 버려지고 있다.

🔖 an amount of something

0989 · volume
[vɑ́lju:m]

ⓝ 1 양; 용량   2 음량

Measure the **volume** of butter to make the cake.
케이크를 만들기 위해서 버터의 **양**을 측정해라.

a bottle with a **volume** of 1 liter   1 리터 **용량**의 병

turn up the **volume** of the TV   TV **음량**을 높이다

0990 · sufficient
[səfíʃənt]

ⓐ 충분한   ↔ insufficient 충분하지 않은

We prepared a **sufficient** amount of food for the party.
우리는 파티를 위해 **충분한** 양의 음식을 준비했다.

0991 · exceed
[iksí:d]

ⓥ 초과하다

The price of the vacuum cleaner **exceeded** our budget.
진공청소기의 가격이 우리 예산을 **초과했다**.

🔖 to go over a certain amount or number (특정 양이나 수를 넘다)

🔡 ex(바깥으로) + ceed(가다) → 바깥으로 가다 → 초과하다

0992 · extra
[ékstrə]

ⓐ 추가의   ＝ additional

We need an **extra** bed for three people.
우리는 세 명을 위한 **추가** 침대가 필요하다.

0993 · scarce
[skeərs]

ⓐ 부족한, 드문

Job opportunities are **scarce** during an economic depression.
불경기 때는 취업 기회들이 **부족하다**.

0994 • lack

[læk]

ⓝ 부족, 결핍 ⓔscarcity ⓥ ~이 없다, 부족하다

a **lack** of sleep 수면 **부족**

He **lacks** the skills to carry out the project.
그는 프로젝트를 수행하기에 기술이 **부족하다**.

ⓔ ⓝ a situation in which something is not enough

✤ 수치

0995 • figure

[fígjər]

ⓝ 1 숫자, 수치 ⓔnumber 2 인물

On average, doctors earn six-**figure** salaries.
평균적으로 의사들은 여섯 자릿**수**의 봉급을 번다.

a key **figure** in modern art 현대 미술의 주요 **인물**

0996 • plural

[plúrəl]

ⓐ 복수형의 ⓝ 복수형

How do you spell the **plural** form of "thief"?
'도둑'의 **복수형의** 철자가 어떻게 되나요?

The **plural** of potato is potatoes.
potato의 **복수형**은 potatoes이다.

ⓔ more than one

0997 • odd

[ɑ:d]

ⓐ 1 이상한 2 홀수의

The singer is known for his **odd** behavior.
그 가수는 **이상한** 행동으로 유명하다.

How many **odd** numbers are there from 1 to 100?
1에서 100까지에서 **홀수**는 몇 개가 있을까?

0998 • even

[í:vən]

ⓐ 1 평평한 2 짝수의

an **even** surface **평평한** 바닥

All **even** numbers can be divided by two.
모든 **짝수**는 2로 나눌 수 있다.

0999 • dozen

[dʌ́zn]

ⓝ 1 12개짜리 한 묶음 2 (복수로) 다수, 수십

How much is a carton of a **dozen** eggs?
12개짜리 달걀 한 판의 가격은 얼마인가요?

dozens of people **수십** 명의 사람들

1000 • quarter

[kwɔ́:rtər]

ⓝ 1 1/4 2 (미국) 25센트짜리 동전

I ate a **quarter** of the pie. 나는 파이의 **1/4**을 먹었다.

You need to insert a **quarter** to use the shopping cart.
쇼핑 카트를 사용하려면 **25센트짜리 동전**을 넣어야 한다.

Daily Check-up

학습 Check	MP3 듣기	본문 학습	Daily Check-up	누적 테스트 Days 49~50	Review Test/Plus

A 빈칸에 알맞은 우리말 뜻 또는 영어 단어를 써넣어 워드맵을 완성하시오.

수와 양

계산

1 _____ 계산하다

2 _____ addition

3 _____ 빼다

4 _____ division

5 _____ 곱하다; 증가하다

6 _____ equal

7 _____ 액수; 합계

수량

8 _____ 양, 수량

9 _____ volume

10 _____ 충분한

11 _____ exceed

12 _____ 추가의

13 _____ lack

14 _____ 부족한, 드문

수치

15 _____ 숫자; 인물

16 _____ 복수형(의)

17 _____ odd

18 _____ 평평한; 짝수의

19 _____ 1/4

20 _____ dozen

B 우리말을 참고하여 문장을 완성하시오. (필요하면 단어 형태를 바꾸시오.)

1 5 _____ from 15 is 10.
15에서 5를 빼면 10이다.

2 How many _____ numbers are there from 1 to 100?
1에서 100까지에서 홀수는 몇 개가 있을까?

3 We prepared a _____ amount of food for the party.
우리는 파티를 위해 충분한 양의 음식을 준비했다.

4 Job opportunities are _____ during an economic depression.
불경기 때는 취업 기회들이 부족하다.

5 Large _____ of plastics are being thrown into the ocean.
많은 양의 플라스틱 제품들이 바다에 버려지고 있다.

Review Test

A 들려주는 영어 단어를 쓴 후 우리말 뜻을 쓰시오.

영단어	뜻	영단어	뜻
1		2	
3		4	
5		6	
7		8	
9		10	
11		12	
13		14	
15		16	
17		18	
19		20	

B 다음 영영 풀이에 해당하는 알맞은 단어를 골라 쓰시오.

보기	plural	horizontal	lack	midnight	nowadays	period

1 a length of time _____

2 more than one _____

3 12 o'clock at night _____

4 at the present time _____

5 flat and level with the ground _____

6 a situation in which something is not enough _____

C 밑줄 친 단어의 동의어(=) 또는 반의어(↔)를 골라 쓰시오.

보기	near	lately	permanent	former

1 The weather has been so cold <u>recently</u>.　　　= _____

2 The <u>previous</u> king handed over the crown.　　= _____

3 The star seemed very <u>distant</u> in the sky.　　↔ _____

4 I got a <u>temporary</u> job as a counselor.　　↔ _____

D 다음을 읽고, 빈칸에 알맞은 단어를 우리말을 참고하여 쓰시오.

1 The cost of this table _____s our budget.
이 탁자의 가격은 우리 예산을 **초과한다**.

2 The park is n_____, so we can walk there.
공원이 **가까이** 있어서 우리는 거기에 걸어갈 수 있다.

3 It took more than a _____ to complete the project.
그 프로젝트를 끝내는 데 **10년** 이상 걸렸다.

4 Michael Jackson was a key _____ in the history of popular music. 마이클 잭슨은 대중음악 역사상 핵심 **인물**이었다.

E 다음을 읽고, 빈칸에 들어갈 말을 골라 문장을 완성하시오.

보기	calculates	dozen	edge	direction

1 I brought home half a _____ eggs.

2 He was going in the _____ of the bedroom.

3 Keep away from the _____ of the cliff, or you might fall.

4 She always _____ how much she spends each week.

✿ 예문에서 뽑은 최중요 핵심 표현

핵심 표현 다시 점검하며 빈칸 완성해 보기

1 **accuse A of B** A를 B의 이유[죄]로 고발[기소]하다

The journalist _____ the politician
_____ taking bribes.
기자는 그 정치인을 뇌물 수수의 이유로 **고발했다.**

2 **go on trial** 재판을 받다

She will go _____ for burglary.
그녀는 절도죄로 **재판을 받을** 것이다.

3 **be sentenced to** ～형을 받다

He was _____ death for murder.
그는 살인죄로 사형 **선고를 받았다.**

4 **call for** ～을 요구하다

The activist _____ social change.
그 운동가는 사회적인 변화를 **요구했다.**

5 **be responsible for** ～에 책임이 있다

Who was _____ the terrorist attack?
그 테러 공격은 누구의 **책임이지**(소행이지)?

6 **earn[make] a living** 생계를 유지하다

Many people struggle to _____.
많은 사람들이 **생계를 유지하기** 위해서 애쓴다.

7 **take action** 조치를 취하다

The company _____ immediate _____
on the matter. 회사는 그 문제에 대해 즉각 **조치를 취했다.**

8 put aside 따로 떼어 놓다

He _____ some time _____ to read to his kids. 그는 시간을 **따로 내어** 아이들에게 책을 읽어준다.

9 in addition 게다가, 덧붙여

_____, it helps students express ideas. **게다가**, 그것은 학생들이 생각을 표현하는 것에 도움을 준다.

10 dozens of 수십 개[명]의

_____ people came to the party. **수십 명의** 사람들이 파티에 왔다.

✿ 발음이나 철자가 유사한 혼동어

0884 **official** [əfíʃəl] ⓐ 공식적인 ⓝ 공무원 │ 0043 **officer** [ɔ́ːfisər] ⓝ 장교; 관리

★ 철자가 비슷해 보이는 두 단어의 발음과 뜻 차이에 유의하자.

0886 **loyal** [lɔ́iəl] ⓐ 충실한 │ 0530 **royal** [rɔ́iəl] ⓐ 국왕의, 왕실의

★ 첫 철자 차이에 따른 두 단어의 발음과 뜻 차이에 유의하자.

0923 **clash** [klæʃ] ⓝ, ⓥ 충돌(하다) │ 0844 **crash** [kræʃ] ⓝ 충돌/추락 사고 ⓥ 충돌/추락하다

★ 두 단어의 철자와 뜻이 비슷해 보이지만 clash는 의견 등의 충돌, crash는 물리적인 충돌을 의미한다.

0938 **welfare** [wélfὲər] ⓝ 복지 │ **warfare** [wɔ́ːrfὲər] ⓝ 전투, 전쟁

★ 두 단어의 철자는 비슷해 보이지만 뜻은 완전히 다르다.

정답 1 accused, of 2 on trial 3 sentenced to 4 called for 5 responsible for 6 earn[make] a living
     7 took, action 8 put, aside 9 In addition 10 Dozens of

Answer Key

Daily Check-up

PLAN 1 사회생활 ······························

DAY 1 · 학교
p.15

A 1 education 2 학업의, 학교의 3 subject
4 가르치다; 지시하다 5 lecture
6 concentrate 7 assignment
8 제출하다 9 term 10 참석하다; (~에)
다니다 11 absence 12 교장; 주요한, 주된
13 influence 14 학생 15 scholarship
16 졸업하다; 졸업생 17 auditorium
18 체육관 19 cafeteria 20 기숙사

B 1 education 2 scholarship 3 influence
4 submit 5 terms

DAY 2 · 직장
p.19

A 1 workplace 2 지원하다; 신청하다;
적용하다 3 employ 4 고용주
5 employee 6 임금 7 commute
8 department 9 업무, 일 10 staff
11 동료 12 chief 13 상급자; 상급의,
고위의 14 assist 15 cooperate
16 직업; 경력 17 promote 18 전문가
19 professional 20 retire

B 1 commute 2 promoted 3 cooperate
4 colleagues 5 employer

DAY 3 · 직업
p.23

A 1 occupation 2 politician 3 장교; 관리;
임원 4 accountant 5 astronaut
6 조종사, 비행사 7 announcer 8 통역사
9 translator 10 사진작가 11 musician
12 director 13 건축가 14 engineer
15 정비공 16 receptionist 17 librarian
18 상담 전문가 19 secretary
20 salesperson

B 1 officer 2 Politicians 3 mechanic
4 translators 5 occupation

DAY 4 · 소통
p.27

A 1 communicate 2 message
3 참조하다; 언급하다 4 mention
5 발언; 발언하다, 말하다 6 comment
7 요약, 개요 8 논쟁, 논란 9 conflict
10 ~에 반대하여 11 oppose 12 불평하다,
항의하다 13 misunderstand
14 토론, 논쟁; 토론하다, 논쟁하다
15 negotiate 16 상담하다; 상의하다
17 respond 18 인정하다, 시인하다
19 apology 20 해결하다

B 1 misunderstand 2 negotiate
3 debate 4 resolve 5 controversy

Review Test
pp.28-29

A 1 instruct 가르치다; 지시하다 2 colleague
동료 3 academic 학업의, 학교의
4 translator 번역가 5 wage 임금
6 misunderstand 오해하다 7 refer
참조하다; 언급하다 8 assist 돕다
9 apply 지원하다; 신청하다; 적용하다
10 auditorium 강당 11 occupation 직업
12 oppose 반대하다 13 communicate
의사소통하다 14 attend 참석하다;
(~에) 다니다 15 lecture 강의, 강연
16 controversy 논쟁, 논란 17 negotiate
협상하다 18 mechanic 정비공
19 promote 승진시키다; 촉진하다
20 librarian 사서

B 1 resolve 2 retire 3 mention
4 dormitory 5 task 6 accountant

C 1 employees 2 turn in 3 deny 4 fired

D 1 graduate 2 comment, comment(s)

E 1 influence(d) 2 cooperate
3 commute 4 concentrate

Daily Check-up

DAY 5 · 가정
p.35

A **1** infant **2** childhood **3** 청소년, 십대
4 adult **5** 연세 드신 **6** engaged **7** 신부
8 marriage **9** 이혼; 이혼하다
10 pregnant **11** 출산하다 **12** care for
13 음식을 먹이다; 먹이를 주다 **14** adopt
15 친척; 비교상의; 상대적인
16 get along with **17** relationship
18 (여자) 조카 **19** nephew **20** 조상

B **1** elderly **2** gave birth to **3** childhood
4 bride **5** adopt

DAY 6 · 가사
p.39

A **1** 가사, 집안일 **2** routine **3** chore
4 잠자리를 정돈하다 **5** set the table
6 설거지하다 **7** laundry **8** 다리미;
다리미질을 하다 **9** vacuum
10 먼지; 먼지를 털다 **11** scrub
12 빗자루 **13** sweep **14** 닦다 **15** polish
16 지저분한, 어질러진 **17** arrange **18** tidy
19 수리하다, 고치다 **20** throw away

B **1** Doing the dishes **2** routine
3 vacuumed **4** messy
5 make my bed

DAY 7 · 음식
p.43

A **1** meal **2** 요리법; 요리 **3** fancy
4 vegetarian **5** 음료 **6** dairy
7 소화하다, 소화시키다 **8** 냉동된
9 processed **10** instant **11** 익히지 않은,
날것의 **12** rare **13** 썩은, 부패한
14 leftover **15** refrigerator
16 용기, 그릇 **17** package **18** preserve
19 풍미, 맛 **20** nutrition

B **1** beverage **2** preserve **3** processed
4 digest **5** flavors

DAY 8 · 요리
p.47

A **1** ingredient **2** measure **3** (토막으로)
썰다 **4** peel **5** 얇은 조각; 얇게 썰다
6 붓다, 따르다 **7** (m)ix **8** 섞다, 혼합하다
9 grind **10** 추가하다; 더하다 **11** stir
12 (음식을) 으깨다, 짓이기다 **13** simmer
14 굽다; 구운 **15** grill **16** 굽다 **17** steam
19 양념, 조미료 **19** decorate **20** carve

B **1** grind **2** Simmer **3** Measure **4** bake
5 seasonings

Review Test
pp.48-49

A **1** nutrition 영양; 영양물 **2** digest 소화하다,
소화시키다 **3** pregnant 임신한 **4** fancy
화려한; 고급의; 일류의 **5** set the table
상을 차리다 **6** ingredient 재료
7 preserve 보존하다, 저장하다; 설탕 절임,
잼 **8** grind 갈다, 빻다 **9** processed
가공된, 가공 처리한 **10** ancestor 조상
11 refrigerator 냉장고 **12** give birth to
출산하다 **13** childhood 어린 시절
14 decorate 장식하다 **15** raw 익히지 않은,
날것의 **16** laundry 세탁물; 세탁
17 throw away 버리다 **18** do the dishes
설거지하다 **19** sweep 쓸다 **20** care for
~를 돌보다[보살피다]; ~을 좋아하다

B **1** vegetarian **2** arrange **3** routine
4 container **5** simmer **6** relative

C **1** neat **2** dirty **3** divorce **4** fresh

D **1** adopt **2** elderly **3** mend(ed)
4 (c)hore(s)

E **1** polish **2** carve **3** Mash **4** engaged

Daily Check-up

PLAN 3 신체 활동 ·········

DAY 9 · 신체　　　　p.57

A 1 두개골; 머리　2 forehead　3 눈썹
4 cheek　5 턱　6 tongue　7 잇몸
8 throat　9 chest　10 가슴, 유방
11 buttock　12 허벅지　13 knee
14 손바닥　15 muscle　16 organ
17 간　18 stomach　19 폐　20 kidney

B 1 thighs　2 forehead　3 lung　4 kidney
5 gums

DAY 10 · 동작　　　　p.61

A 1 오르다, 올라가다　2 descend　3 살금살금
움직이다　4 stretch　5 굽히다; 구부리다
6 튀다; 튀기다; 깡충깡충 뛰다　7 roll　8 lay
9 bind　10 접다, 개키다　11 squeeze
12 tap　13 drag　14 파다　15 lift
16 얼굴을 찡그리다; 눈살을 찌푸리다
17 blink　18 (바람이/입으로) 불다
19 chew　20 물다; 물어뜯다; 물기; 한 입

B 1 ascend　2 crept　3 lay　4 blew
5 squeeze

DAY 11 · 스포츠　　　　p.65

A 1 match　2 선수권 대회　3 athlete
4 탄탄한; 운동 경기의　5 referee
6 방어[수비]하다　7 tackle　8 득점, 점수;
득점하다　9 spirit　10 도전; 도전하다
11 do one's best　12 공정한, 공평한
13 competition　14 처벌; 벌칙　15 실내의
16 outdoor　17 규칙적으로, 정기적으로
18 work out　19 땀; 땀을 흘리다
20 strength

B 1 sweat　2 fair　3 work out　4 score
5 referee

Review Test　　　pp.66-67

A 1 chin 턱　2 blink 눈을 깜빡이다; 깜박거림;
일순간　3 athlete 운동선수　4 muscle 근육
5 regularly 규칙적으로, 정기적으로
6 do one's best 최선을 다하다　7 bend
굽히다; 구부리다　8 tongue 혀; 언어
9 defend 방어[수비]하다　10 sweat 땀;
땀을 흘리다　11 fold 접다, 개키다
12 bounce 튀다; 튀기다; 깡충깡충 뛰다
13 kidney 신장, 콩팥　14 spirit 정신, 마음
15 match 시합, 경기; 어울리다　16 penalty
처벌; 벌칙　17 work out 운동하다
18 buttock 엉덩이　19 bind 묶다
20 challenge 도전; 도전하다

B 1 palm　2 tackle　3 drag　4 skull
5 work out　6 stretch

C 1 raise　2 climb　3 weakness
4 attacked

D 1 fold, Fold　2 tap

E 1 athletic　2 cheek(s)　3 competition
4 frown

Daily Check-up

PLAN 4 개인 생활 ·········

DAY 12 · 성격　　　　p.73

A 1 성격, 인격; 개성　2 positive　3 낙천주의자,
낙관론자　4 confident　5 야심 있는;
대망을 품은　6 bold　7 수동적인, 소극적인
8 sensitive　9 modest　10 사려 깊은,
배려하는　11 generous　12 순한, 온화한;
포근한　13 negative　14 인색한; 심술궂은;
의미하다　15 rude　16 성질, 화
17 strict　18 성급한; 초조해하는
19 ~을 자랑[과시]하다　20 aggressive

B 1 passive　2 rude　3 considerate
4 strict　5 optimist

284 ★ VOCA PLANNER

DAY 13 · 감정
p.77

A **1** 기분; 분위기 **2** emotion **3** delight
4 만족하는 **5** sorrow **6** depressed
7 comfort **8** 진정한, 진심의 **9** sympathy
10 감사하는 **11** (e)mbarrassed
12 부끄러워하는, 수치스러운 **13** envy
14 기분 상하게 하다 **15** regret
16 긴장 (상태), 불안; 갈등 **17** nervous
18 (a)nxious **19** 겁먹은, 무서워하는
20 concerned

B **1** grateful **2** frightened **3** envy
4 ashamed **5** comfort

DAY 14 · 이성과 논리
p.81

A **1** reason **2** 논리 **3** 상상하다 **4** expect
5 고려[숙고]하다; ~로 여기다 **6** suppose
7 probably **8** aware **9** 의식하는,
알고 있는; 의도적인 **10** (r)ecognize
11 perceive **12** 기억해 내다, 상기하다
13 remind **14** 비교하다 **15** contrast
16 견해, 생각; 경치, 전망; ~을 보다
17 realize **18** 판단하다; 판사 **19** sensible
20 결론을 내리다; 끝내다

B **1** view **2** recall **3** (p)erceived **4** logic
5 Suppose

DAY 15 · 의견
p.85

A **1** opinion **2** figure out **3** 의심하다;
의문, 의심 **4** require **5** request
6 ~을 요구하다 **7** (c)laim **8** argument
9 강요하다; 힘 **10** insist **11** convey
12 제안하다; 청혼하다 **13** recommend
14 제안하다 **15** persuade **16** discuss
17 강조하다 **18** convince **19** 동의하지
않다 **20** support

B **1** call **2** emphasized **3** required
4 arguments **5** doubt

Review Test
pp.86-87

A **1** persuade 설득하다 **2** suppose
생각하다, 추정하다; 가정하다 **3** passive
수동적인, 소극적인 **4** concerned 걱정하는,
염려하는 **5** insist 고집하다, 주장하다
6 impatient 성급한; 초조해하는 **7** logic
논리 **8** probably 아마 **9** ambitious
야심 있는; 대망을 품은 **10** force 강요하다;
힘 **11** sympathy 동정(심) 연민 **12** offend
기분 상하게 하다 **13** remind 생각나게 하다,
상기시키다 **14** negative 부정적인,
비관적인; 거절하는 **15** contrast 대조하다;
대조, 대비 **16** frightened 겁먹은,
무서워하는 **17** anxious 불안해하는,
걱정하는 **18** recommend 추천하다
19 perceive 인지하다 **20** doubt 의심하다;
의문, 의심

B **1** bold **2** request **3** conscious
4 considerate **5** sincere **6** claim

C **1** decided **2** impolite **3** proud
4 agree

D **1** (d)epressed **2** showed **3** personality
4 (e)mbarrassed

E **1** called for **2** persuade **3** temper
4 sorrow

Daily Check-up

PLAN 5 교통과 여가

DAY 16 · 건물
p.95

A **1** architecture **2** 주소; 연설
3 landmark **4** 찾아내다; ~에 위치하다
5 neighborhood **6** 장소, 부지 **7** urban
8 시골의, 전원의 **9** entrance **10** 대문;
출입구 **11** porch **12** 차고 **13** lawn
14 interior **15** 계단 **16** column
17 hallway **18** 통로 **19** basement
20 출구; 나가다

B **1** lawn **2** interior **3** porch **4** located
5 architecture

DAY 17 · 교통 1   p.99

A **1** highway **2** 교차로 **3** crosswalk
4 보도, 인도 **5** pedestrian **6** 신호등
7 automobile **8** 브레이크, 제동 장치
9 바퀴 **10** seatbelt **11** 전기의
12 license **13** 조종하다, 몰다
14 accelerate **15** 재충전하다
16 gas station **17** ~를 (차에) 태우러 가다
18 flat **19** 고장 나다 **20** parking lot

B **1** gas station **2** steered **3** seatbelt
4 flat **5** pedestrians

DAY 18 · 교통 2   p.103

A **1** 교통(량), 통행 **2** 운송 수단, 탈것, 차
3 passenger **4** 이동하다; 환승하다
5 transport **6** 요금 **7** (a)ircraft
8 비행; 항공기 **9** ferry **10** 객실, 선실
11 deck **12** 승무원 **13** 탑승하다
14 delay **15** 이륙하다 **16** via
17 경로; 노선 **18** land **19** 여정, 여행
20 destination

B **1** boarded **2** via **3** traffic **4** deck
5 Passengers

DAY 19 · 여행   p.107

A **1** agent **2** schedule **3** 보험
4 passport **5** 여행 가방 **6** baggage
7 vacation **8** 외국의 **9** reservation
10 취소하다 **11** check in **12** sightseeing
13 명소; 매력 **14** amusement park
15 경치, 풍경 **16** tourist **17** 인상적인,
감명 깊은 **18** background **19** 기념품
20 customs

B **1** foreign **2** amusement park
3 scenery **4** canceled **5** baggage

pp.108-109

A **1** board 탑승하다 **2** highway 고속 도로
3 neighborhood 근처, 이웃
4 insurance 보험 **5** wheel 바퀴
6 route 경로; 노선 **7** sightseeing 관광
8 aisle 통로 **9** vehicle 운송 수단, 탈것, 차
10 rural 시골의, 전원의 **11** break down
고장 나다 **12** destination 목적지, 행선지
13 customs 세관; 관세 **14** attraction
명소; 매력 **15** basement 지하실, 지하층
16 architecture 건축(학); 건축 양식
17 crosswalk 횡단보도 **18** traffic light
신호등 **19** automobile 자동차
20 accelerate 속도를 높이다; 가속화하다

B **1** pedestrian **2** steer **3** crew
4 passenger **5** landmark **6** souvenir

C **1** holiday **2** landscape **3** land
4 exterior

D **1** flat **2** address

E **1** Transfer **2** tourists **3** cancel
4 delay(ed)

Daily Check-up

PLAN 6 문화 예술 ······································

DAY 20 · 예술   p.115

A **1** artwork **2** 걸작, 명작 **3** sculpture
4 공예, 공예품; 기술 **5** represent
6 창조, 창작; 창작물 **7** imaginative
8 original **9** 추상적인 **10** 전시회; 전시
11 display **12** 고전적인; 클래식의
13 performance **14** 관중; 청중
15 stage **16** appreciate **17** 인상, 느낌
18 value **19** 고무하다, 격려하다 **20** critic

B **1** abstract **2** audience **3** valued
4 original **5** sculptures

DAY 21 · 방송과 언론
p.119

A 1 press 2 방송하다; 방송 3 광고하다
4 entertainment 5 동향, 추세; 유행
6 fame 7 대본, 각본 8 visual 9 연예인;
유명 인사 10 adapt 11 대중 매체
12 journal 13 기자 14 article 15 표제
16 feature 17 현재의; 최신의
18 영향을 미치다 19 knowledge
20 화면; 감시[관리]하다

B 1 knowledge 2 advertising 3 current
4 visual 5 headline

DAY 22 · 패션
p.123

A 1 jewelry 2 팔찌 3 backpack 4 지갑
5 clothes 6 평상시의 7 formal
8 풀린; 헐렁한 9 striped 10 단정한,
정돈된 11 fabric 12 가죽 13 의상
14 suit 15 knit 16 조끼 17 uniform
18 바지 19 sleeve 20 collar

B 1 loose 2 suit 3 neat 4 sleeves
5 casual

Review Test
pp.124-125

A 1 appreciate 진가를 알아보다; 감상하다;
고마워하다 2 broadcast 방송하다; 방송
3 backpack 배낭; 배낭여행을 하다
4 display 전시하다; 전시, 진열 5 affect
영향을 미치다 6 original 원래의; 독창적인
7 stage 단계; 무대 8 journal 학술지,
(전문) 잡지; 일기 9 suit 정장; 어울리다
10 press 신문, 언론; 누르다
11 craft 공예, 공예품; 기술 12 fame 명성
13 fabric 천, 직물 14 knowledge 지식
15 script 대본, 각본 16 exhibition 전시회;
전시 17 sleeve 소매 18 collar 칼라, 깃
19 inspire 고무하다, 격려하다
20 jewelry 보석류

B 1 neat 2 costume 3 performance
4 artwork 5 celebrity 6 mass media

C 1 feeling 2 creative 3 formal 4 tight

D 1 abstract 2 bracelet 3 uniform
4 audience

E 1 jewelry 2 represents 3 wallet
4 sculpture

Daily Check-up

PLAN 7 자연과 환경

DAY 23 · 자연
p.133

A 1 natural 2 continent 3 대양, 바다
4 marine 5 해안, 연안 6 ecosystem
7 종 8 wildlife 9 habitat 10 북극/남극의,
극지의 11 rainforest 12 열대 지방의,
열대의 13 사막; 버리다, 방치하다
14 disaster 15 현상 16 flood 17 가뭄
18 earthquake 19 태풍 20 volcano

B 1 wildlife 2 phenomenon 3 volcano
4 marine 5 continent

DAY 24 · 날씨
p.137

A 1 weather 2 forecast 3 예측하다
4 climate 5 정확한; 정밀한 6 foggy
7 강우; 강우량 8 hail 9 눈보라
10 thunder 11 번개 12 breeze
13 temperature 14 온도계 15 degree
16 수분, 습기 17 evaporate 18 습한
19 melt 20 얼다; 얼리다

B 1 foggy 2 degrees 3 frozen
4 evaporates 5 forecast

DAY 25 · 환경
p.141

A 1 environmental 2 pollution 3 유독한, 독성이 있는 4 exhaust 5 낭비하다; 낭비; 쓰레기 6 overuse 7 쓰레기 8 carbon 9 endangered 10 greenhouse 11 산성의; 산 12 shortage 13 보호, 보존 14 (p)rotection 15 resource 16 처리하다; 배치하다 17 recycle 18 재사용하다 19 reduce 20 재생 가능한

B 1 exhaust 2 reused 3 carbon 4 endangered 5 Poisonous

DAY 26 · 에너지
p.145

A 1 연료; 연료를 공급하다 2 fossil 3 석탄 4 finite 5 위기 6 run out of 7 줄이다 8 alternative 9 태양의 10 tidal 11 원자력의; 핵(무기)의 12 vapor 13 풍부한 14 efficient 15 electricity 16 발생시키다 17 flow 18 변형시키다 19 발전소 20 windmill

B 1 efficient 2 finite 3 abundant 4 vapor 5 generate

Review Test
pp.146-147

A 1 disaster 재난, 재해 2 flood 홍수; 물에 잠기다[잠기게 하다] 3 greenhouse 온실 4 fossil 화석 5 exhaust 배기가스; 다 써버리다 6 marine 해양의, 바다의 7 continent 대륙 8 forecast 예보, 예측; 예측[예보]하다 9 efficient 효율적인, 능률적인 10 crisis 위기 11 tidal 조수의 12 ecosystem 생태계 13 endangered 멸종 위기에 처한 14 shortage 부족 15 humid 습한 16 habitat 서식지 17 nuclear 원자력의; 핵(무기)의 18 protection 보호 19 polar 북극/남극의, 극지의 20 alternative 대체 가능한; 대안

B 1 finite 2 recycle 3 transform 4 drought 5 species 6 resource

C 1 reduce 2 waste 3 freeze 4 artificial

D 1 foggy 2 phenomenon 3 recycle 4 tropical

E 1 volcano 2 coasts 3 Windmills 4 thermometer

PLAN 8 역사와 종교

DAY 27 · 역사
p.153

A 1 historic 2 historical 3 고대의 4 era 5 기록하다; 서류, 문서 6 heritage 7 civilization 8 제국 9 dynasty 10 국왕의, 왕실의 11 noble 12 통치하다, 다스리다; 통치 13 conquer 14 식민지 15 establish 16 노예 17 liberty 18 개척자; 개척하다 19 independence 20 혁명

B 1 conquered 2 documented 3 ruled 4 historic 5 Revolution

DAY 28 · 종교
p.157

A 1 religion 2 faith 3 believe in 4 정신적인; 종교적인 5 absolute 6 자비 7 sacred 8 신성한, 성스러운 9 endure 10 의식 11 ceremony 12 기도하다 13 priest 14 예배하다, 숭배하다; 예배, 숭배 15 fascinate 16 합창단, 성가대 17 superstition 18 초자연적인 19 evil 20 극심한; 극단적인

B 1 believe in 2 mercy 3 prayed 4 worshiped 5 evil

DAY 29 · 전쟁
p.161

A 1 war 2 military 3 군, 군대; 육군
4 battle 5 threat 6 enemy 7 침략하다
8 command 9 공격하다; 공격
10 bomb 11 터지다, 폭발하다 12 target
13 weapon 14 방어 15 occupy
16 패배시키다, 이기다; 패배 17 victim
18 victory 19 통합하다 20 memorial

B 1 military 2 enemies 3 occupied
4 victory 5 exploded

pp.162-163

A 1 holy 신성한, 성스러운 2 extreme 극심한;
극단적인 3 superstition 미신 4 heritage
유산 5 historical 역사상의, 역사적인
6 endure 견디다, 인내하다 7 command
명령하다, 지시하다; 명령 8 priest 신부, 사제
9 spiritual 정신적인; 종교적인 10 dynasty
왕조, 왕가 11 army 군, 군대; 육군
12 military 군사의; 군대 13 royal 국왕의,
왕실의 14 pioneer 개척자; 개척하다
15 defeat 패배시키다, 이기다; 패배 16 era
시대 17 worship 예배하다, 숭배하다; 예배,
숭배 18 slave 노예 19 religion 종교
20 colony 식민지

B 1 fascinate 2 document 3 victim
4 conquer 5 revolution 6 weapon

C 1 attack 2 significant 3 offense
4 relative

D 1 establish(ed) 2 explode(d) 3 victory
4 (s)acred

E 1 threat 2 choir 3 pray 4 civilizations

Daily Check-up

PLAN 9 과학 기술 ············

DAY 30 · 과학
p.171

A 1 과학의; 과학적인 2 물리학 3 chemistry
4 상호 작용하다 5 atom 6 element
7 biology 8 유전자 9 cell 10 진화하다;
발전[진전]하다 11 실험실 12 experiment
13 호기심 14 material 15 하다; 행동
16 method 17 microscope 18 이론
19 prove 20 principle

B 1 element 2 principle 3 biology
4 conducted 5 curiosity

DAY 31 · 우주
p.175

A 1 universe 2 outer space 3 은하계
4 solar system 5 행성 6 spin 7 천문학
8 astronomer 9 탐사[탐험]하다;
탐구[분석]하다 10 satellite 11 우주 정거장
12 spacecraft 13 발자국 14 관찰하다
15 telescope 16 atmosphere 17 표면
18 gravity 19 달의 20 oxygen

B 1 atmosphere 2 galaxy 3 gravity
4 explore 5 universe

DAY 32 · 기술
p.179

A 1 technology 2 진전, 발전; 진보하다,
증진되다 3 progress 4 정확한, 정밀한
5 technician 6 혁신 7 virtual 8 인공의
9 electronic 10 장치, 기구 11 equipment
12 이동하는, 이동하기 쉬운 13 portable
14 편리한 15 research 16 분석하다
17 process 18 database
19 대신[대체]하다; 바꾸다 20 improve

B 1 innovation 2 progress 3 convenient
4 process 5 portable

DAY 33 · 컴퓨터와 정보 통신   p.183

A 1 laptop   2 개인의, 개인적인
3 essential   4 도구, 연장   5 shut down
6 log in   7 비밀번호   8 attach
9 보내다; 다시 보내 주다; 앞으로   10 delete
11 대강 훑어보다; 검색하다   12 network
13 접근; 이용; 접속하다   14 wireless
15 기부하다; 기여하다   16 information
17 내려받다   18 digital   19 secure
20 갱신하다

B 1 forward   2 shut down   3 access
4 browsing   5 secure

Review Test   pp.184-185

A 1 theory 이론   2 innovation 혁신
3 chemistry 화학   4 outer space 우주 공간
5 virtual 가상의   6 analyze 분석하다
7 convenient 편리한   8 scientific 과학의;
과학적인   9 conduct 하다; 행동
10 satellite 위성   11 process 과정, 절차;
처리하다   12 essential 필수적인; 가장
중요한   13 space station 우주 정거장
14 browse 대강 훑어보다; 검색하다
15 information 정보   16 cell 세포
17 attach 붙이다, 첨부하다   18 lunar 달의
19 evolve 진화하다; 발전[진전]하다
20 solar system 태양계

B 1 interact   2 portable   3 gravity
4 laboratory   5 database   6 forward

C 1 improve   2 exact   3 carried out
4 Upload(upload)

D 1 equipment   2 research   3 prove(d)
4 mobile

E 1 laptop   2 planet   3 telescope
4 microscope

Daily Check-up

PLAN 10 문학과 언어 ··

DAY 34 · 문학과 출판   p.191

A 1 literature   2 출판하다   3 genre
4 소설; 허구   5 biography   6 시   7 tale
8 상상, 공상   9 tragedy   10 plot   11 배경
12 구성하다; 짓다; 작곡하다   13 content
14 문맥; 정황, 배경   15 edit   16 author
17 수정하다, 개정하다   18 version
19 review   20 저작권

B 1 literature   2 copyright   3 edited
4 plot   5 biography

DAY 35 · 글의 분위기   p.195

A 1 따분한, 재미없는   2 gloomy   3 외로운,
쓸쓸한   4 desperate   5 좌절감을 주다;
좌절시키다   6 dynamic   7 active
8 희망에 찬; 희망적인   9 cheerful
10 장관의; 극적인   11 festive
12 환상적인, 멋진   13 긴장한; 긴박한
14 stressful   15 무서운   16 horrified
17 calm   18 평화로운   19 heartwarming
20 낭만적인, 애정의

B 1 spectacular   2 dynamic
3 heartwarming   4 dull   5 festive

DAY 36 · 언어   p.199

A 1 language   2 구; 구절, 관용구
3 sentence   4 paragraph
5 conversation   6 방언, 사투리
7 proverb   8 연설; 말; 언어 능력   9 몸짓;
손[몸]짓을 하다   10 pause   11 reflect
12 펴다, 펼치다; 퍼뜨리다   13 pronounce
14 이중 언어를 사용하는   15 spell
16 ~을 찾아보다   17 표현하다
18 memorize   19 정의하다, 뜻을 명확히 하다
20 intonation

B 1 bilingual 2 Proverbs 3 pause
4 paragraph 5 intonation

pp.200-201

A 1 setting 배경 2 romantic 낭만적인,
애정의 3 gloomy 어두운; 우울한
4 literature 문학 5 sentence 문장
6 spread 펴다, 펼치다; 퍼뜨리다
7 pause 잠시 멈추다; 멈춤 8 language
언어 9 spectacular 장관의; 극적인
10 desperate 필사적인, 절망적인
11 bilingual 이중 언어를 사용하는
12 genre 장르 13 poetry 시 14 spell
철자를 말하다[쓰다] 15 fantasy 상상, 공상
16 tale 이야기 17 express 표현하다
18 intonation 억양 19 frustrate 좌절감을
주다; 좌절시키다 20 revise 수정하다,
개정하다

B 1 lonely 2 define 3 biography
4 proverb 5 genre 6 edit

C 1 Revise(revise) 2 boring 3 nervous
4 passive

D 1 review, review(ed) 2 reflect(ed), reflect

E 1 plot 2 pronounce 3 heartwarming
4 dialect

Daily Check-up

PLAN 11 산업과 경제 ················

DAY 37 · 농업   p.209

A 1 agriculture 2 농사, 영농 3 rotate
4 유기농의 5 pesticide 6 토양, 흙
7 rake 8 (씨를) 뿌리다 9 seed
10 화학의; 화학 물질 11 fertilizer 12 잡초
13 cultivate 14 분무(기); 뿌리다, 살포하다
15 dirt 16 익은 17 crop 18 밀
19 grain 20 수확(량); 수확하다

B 1 pesticides 2 Agriculture 3 weeds
4 Rake 5 crop

DAY 38 · 산업   p.213

A 1 industry 2 회사 3 facility 4 노동;
노동자 5 found 6 수도; 대문자; 자본금
7 venture 8 trade 9 수입하다; 수입(품)
10 export 11 전략 12 yield 13 수익,
이윤 14 manufacture 15 조립하다
16 goods 17 작동, 가동 18 supply
19 요구, 수요; 요구하다 20 utilize

B 1 export 2 venture 3 utilize 4 labor
5 firm

DAY 39 · 경제   p.217

A 1 account 2 저축, 저금 3 balance
4 부, 재산 5 property 6 income
7 재정; 자금 8 invest 9 exchange
10 거래, 합의; 다루다, 처리하다
11 commerce 12 예산 13 fund
14 benefit 15 성장; 증가 16 decline
17 increase 18 감소하다; 감소, 하락
19 loss 20 빚, 부채

B 1 budget 2 commerce 3 debt
4 income 5 wealth

DAY 40 · 소비   p.221

A 1 질, 품질 2 luxury 3 꼬리표, 표
4 판매되는; 할인 중인 5 discount
6 한계, 한도; 제한; 제한하다 7 additional
8 purchase 9 여유가 되다 10 소비자
11 customer 12 영수증 13 refund
14 rush 15 현금 16 credit card
17 값, 비용; (비용이) 들다 18 charge
19 돈, 비용 20 세금

B 1 refund 2 purchase 3 quality
4 charge 5 consumer

A **1** afford 여유가 되다 **2** quality 질, 품질
3 utilize 활용하다, 이용하다 **4** cultivate
경작하다; 재배하다 **5** charge 청구하다;
요금 **6** fund 기금; 기금을 대다
7 agriculture 농업 **8** industry 산업, 공업
9 import 수입하다; 수입(품)
10 commerce 상업; 무역 **11** finance
재정; 자금 **12** decrease 감소하다; 감소,
하락 **13** assemble 조립하다 **14** ripe 익은
15 operation 작동, 가동 **16** capital 수도;
대문자; 자본금 **17** property 재산; 부동산
18 yield 내다, 산출하다 **19** fertilizer 비료
20 purchase 구매하다; 구매

B **1** customer **2** pesticide **3** found
4 crop **5** debt **6** receipt

C **1** grown **2** merchandise **3** supply
4 loss

D **1** weed(s) **2** refund **3** manufacture
4 limit(ed)

E **1** rushed **2** harvest **3** on sale
4 strategy

Daily Check-up

PLAN 12 건강한 생활

DAY 41 · 건강
p.229

A **1** health **2** condition **3** 건강한;
건강에 좋은 **4** immune **5** 정신의, 마음의
6 medical **7** 조사하다, 검토하다; 진찰하다
8 pill **9** 약; 의학 **10** reaction **11** 약; 마약
12 remedy **13** 대하다, 다루다; 치료하다
14 relieve **15** 고치다; 낫게 하다 **16** cure
17 manage **18** 휴식을 취하다; 풀게 하다
19 예방하다, 막다 **20** get rid of

B **1** healthy **2** examined **3** reaction
4 mental **5** manages

DAY 42 · 질병과 치료
p.233

A **1** symptom **2** 어지러운 **3** vomit
4 시달리다; 고통 받다; 겪다 **5** severe
6 작은, 가벼운 **7** stiff **8** disease
9 고통, 통증 **10** heart attack **11** 복통, 위통
12 infect **13** 확인하다; 발견하다 **14** sore
15 수술 **16** patient **17** operate
18 삽입하다, 끼워 넣다 **19** 행하다, 실시하다;
공연하다 **20** recover

B **1** surgery **2** sore **3** minor **4** dizzy
5 infected

DAY 43 · 사고
p.237

A **1** 사고; 우연 **2** emergency
3 발생하다, 일어나다 **4** 부딪치다 **5** crash
6 숨 쉬다, 호흡하다 **7** unexpected
8 injure **9** 멍, 타박상; 멍이 생기다
10 wound **11** 피를 흘리다
12 손상, 피해; 피해를 입히다 **13** disability
14 rescue **15** manual **16** 긴급한, 시급한
17 first aid **18** 즉시 **19** bandage
20 기부하다, 기증하다

B **1** bleeding **2** breathe **3** first aid
4 damaged **5** rescue

A **1** damage 손상, 피해; 피해를 입히다
2 relieve 완화하다, 덜어 주다 **3** stiff 뻣뻣한;
뻐근한 **4** recover 회복되다 **5** urgent
긴급한, 시급한 **6** medical 의학의, 의료의
7 disability 장애 **8** bleed 피를 흘리다
9 symptom 증상 **10** immune 면역성이
있는, 면역의 **11** stomachache 복통, 위통
12 drug 약; 마약 **13** sore (염증 등으로)
아픈 **14** injure 부상을 입히다 **15** remedy
치료, 요법 **16** reaction 반응 **17** get rid of
~을 제거하다[없애다] **18** disease 병, 질병

19 emergency 비상사태, 위급
20 insert 삽입하다, 끼워 넣다

B **1** examine **2** prevent **3** donate
4 minor **5** accident **6** pain

C **1** immediately **2** saved **3** physical
4 severe

D **1** operate **2** identify

E **1** patient **2** healthy **3** occur
4 (t)reat(ed)

Daily Check-up

PLAN 13 국가와 정치

DAY 44 · 정치
p.247

A **1** politics **2** 정치의, 정치적인 **3** liberal
4 party **5** 정책 **6** majority
7 government **8** 대통령; 회장
9 democracy **10** 공화국 **11** protest
12 반대하다; 물건; 목적, 목표
13 take part in **14** 개혁하다; 개혁
15 campaign **16** 후보자 **17** run for
18 여론 조사 **19** vote **20** 선출하다

B **1** protest **2** political **3** poll
4 majority **5** object

DAY 45 · 국가
p.251

A **1** 의무; 직무, 임무 **2** authority
3 기능, 역할; 기능하다 **4** public
5 공식적인, 공적인; 공무원 **6** loyal
7 개인의; 개인 **8** population
9 ambassador **10** 외교관
11 international **12** 보호하다, 지키다
13 citizen **14** 조직, 기구 **15** 민족의, 종족의
16 native **17** 인종의 **18** identity
19 전통 **20** border

B **1** duty **2** official **3** tradition **4** border
5 diplomat

DAY 46 · 법과 범죄
p.255

A **1** court **2** 정의; 공정; 사법, 재판 **3** jury
4 법률의; 합법의 **5** lawyer **6** crime
7 고발하다, 기소하다 **8** arrest **9** 자백하다
10 trial **11** 유죄의; 죄책감이 드는
12 sentence **13** 석방하다; 공개[발표]하다
14 discipline **15** 관습, 풍습 **16** obey
17 금지하다 **18** regulate
19 금지, 금지령; 금지하다 **20** 허락, 허가

B **1** arrested **2** sentenced **3** court
4 forbids **5** ban

DAY 47 · 세계 이슈와 시사
p.259

A **1** issue **2** 사회적인, 사회의 **3** clash
4 hostile **5** 탈출하다 **6** poverty **7** 피난처
8 settle **9** 선언하다, 선포하다 **10** relation
11 임무 **12** responsible **13** 고투하다,
애쓰다; 투쟁; 분투 **14** confront
15 자원하다; 자원봉사자, 지원자 **16** unify
17 복지 **18** equality **19** 집단의, 단체의
20 overcome

B **1** struggle **2** mission **3** clashed
4 shelter **5** unify

pp.260-261

A **1** clash 충돌; 충돌하다 **2** president
대통령; 회장 **3** forbid 금지하다
4 native 출생지의; 토박이의; 원주민의
5 racial 인종의 **6** equality 평등, 균등
7 social 사회적인, 사회의 **8** candidate
후보자 **9** ambassador 대사
10 take part in ~에 참여[참가]하다
11 sentence 형벌, 형; 선고하다
12 accuse 고발하다, 기소하다
13 authority 권한; 권위 **14** declare
선언하다, 선포하다 **15** regulate 규제하다
16 individual 개인의; 개인 **17** liberal
진보적인 **18** obey 따르다, 순종하다

19 custom 관습, 풍습   **20** confront 직면하다; 맞서다

B   **1** confess   **2** protest   **3** settle   **4** citizen
    5 struggle   **6** ban

C   **1** flee   **2** punished   **3** friendly   **4** wealth

D   **1** population(s)   **2** (l)oyal   **3** permission
    4 majority

E   **1** vote   **2** arrested   **3** object   **4** function

Daily Check-up

A   **1** constant   **2** continue   **3** 계속되는,
    지속적인   **4** permanent   **5** 영원히
    6 moment   **7** 잠깐, 동안; ~하는 동안
    8 temporary   **9** 즉각적인   **10** previous
    11 이전의; 예전의, 과거의   **12** present
    13 요즘에는   **14** recently   **15** 새벽
    16 daytime   **17** sunset   **18** 자정, 밤 12시,
    한밤중   **19** period   **20** 10년

B   **1** continuous   **2** while   **3** immediate
    4 previous   **5** period

DAY 49 · 방향과 공간   p.271

A   **1** direction   **2** space   **3** 뒤로, 뒤쪽으로
    4 reverse   **5** 앞으로, 앞에   **6** aside
    7 수직의, 세로의   **8** straight   **9** 가로의,
    수평의   **10** position   **11** 반점; 곳, 장소
    12 edge   **13** distant   **14** 떨어져, 따로
    15 nearby   **16** 내부의; 체내의
    17 external   **18** 위층으로; 위층   **19** upper
    20 맨 아래쪽의; 맨 아래; 바닥

B   **1** reverse   **2** horizontal   **3** distant
    4 ahead   **5** external

DAY 50 · 수와 양   p.275

A   **1** calculate   **2** 덧셈; 추가   **3** subtract
    4 분할; 분배; 나눗셈   **5** multiply
    6 ~이다, 같다; 동일한; 동등한   **7** sum
    8 quantity   **9** 양; 용량; 음량   **10** sufficient
    11 초과하다   **12** extra   **13** 부족, 결핍;
    ~이 없다, 부족하다   **14** scarce   **15** figure
    16 plural   **17** 이상한; 홀수의   **18** even
    19 quarter   **20** 12개짜리 한 묶음; 다수, 수십

B   **1** subtracted   **2** odd   **3** sufficient
    4 scarce   **5** quantities

Review Test   pp.276-277

A   **1** ahead 앞으로, 앞에   **2** addition 덧셈;
    추가   **3** position 위치; 자세; 입장
    4 quantity 양, 수량   **5** extra 추가의
    6 dawn 새벽   **7** space 공간; 우주
    8 immediate 즉각적인   **9** former 이전의;
    예전의, 과거의   **10** multiply 곱하다; 증가하다
    11 sum 액수; 합, 합계   **12** daytime 낮, 주간
    13 constant 끊임없는; 변함없는
    14 external 외부의; 외부적인
    15 sufficient 충분한   **16** vertical 수직의,
    세로의   **17** reverse 뒤바꾸다; (정)반대;
    (정)반대의   **18** continue 계속되다; 계속하다
    19 scarce 부족한, 드문   **20** quarter 1/4;
    25센트짜리 동전

B   **1** period   **2** plural   **3** midnight
    4 nowadays   **5** horizontal   **6** lack

C   **1** lately   **2** former   **3** near   **4** permanent

D   **1** exceed(s)   **2** (n)earby   **3** decade
    4 figure

E   **1** dozen   **2** direction   **3** edge
    4 calculates

Index

call for	82	comfort	75	court	252
calm	194	command	159	craft	112
campaign	246	comment	24	crash	234
cancel	105	commerce	215	creation	112
candidate	246	communicate	24	credit card	220
capital	210	commute	16	creep	58
carbon	139	compare	80	crew	101
care for	33	competition	63	crime	252
career	18	complain	25	crisis	142
carve	46	compose	189	critic	114
cash	220	concentrate	12	crop	208
casual	120	concerned	76	crossroad	96
celebrity	116	conclude	80	crosswalk	96
cell	169	condition	226	cuisine	40
ceremony	155	conduct	170	cultivate	208
challenge	63	confess	253	cure	228
championship	63	confident	70	curiosity	169
charge	220	conflict	25	current	118
check in	105	confront	257	custom	254
cheek	54	conquer	151	customer	219
cheerful	193	conscious	79	customs	106
chemical	207	conservation	138	cut down	143
chemistry	168	consider	78		
chest	55	considerate	71		
chew	60	constant	264	**D**	
chief	17	consult	26		
childhood	32	consumer	219	dairy	40
chin	54	container	42	damage	235
choir	156	content	189	database	178
chop	44	context	190	dawn	266
chore	36	continent	130	daytime	266
citizen	249	continue	264	deal	215
civilization	151	continuous	264	debate	26
claim	83	contrast	80	debt	216
clash	256	contribute	182	decade	266
classical	113	controversy	25	deck	101
climate	134	convenient	178	declare	257
clothes	120	conversation	196	decline	216
coal	142	convey	84	decorate	46
coast	130	convince	84	decrease	216
collar	122	cooperate	18	defeat	160
colleague	17	copyright	190	defend	62
collective	258	cost	220	defense	160
colony	152	costume	121	define	198
column	94	counselor	22	degree	135
				delay	102

outer space	172	poisonous	138	public	248
overcome	258	polar	131	publish	188
overuse	139	policy	244	pupil	13
oxygen	174	polish	38	purchase	219
		political	244		
P		politician	20	**Q**	
		politics	244		
package	42	poll	246	quality	218
pain	231	pollution	138	quantity	273
palm	56	population	249	quarter	274
paragraph	196	porch	93		
parking lot	98	portable	177	**R**	
party	244	position	269		
passenger	100	positive	70	racial	250
passive	71	pour	44	rainfall	135
passport	104	poverty	256	rainforest	131
password	180	power plant	144	rake	207
patient	232	pray	155	rare	41
pause	197	precise	176	raw	41
peaceful	194	predict	134	reaction	227
pedestrian	96	pregnant	33	realize	80
peel	44	present	265	reason	78
penalty	63	preserve	42	recall	79
perceive	79	president	245	receipt	220
perform	232	press	116	recently	265
performance	113	prevent	228	receptionist	22
period	266	previous	265	recharge	98
permanent	264	priest	155	recognize	79
permission	254	principal	13	recommend	83
personal	180	principle	170	recover	232
personality	70	probably	78	recycle	140
persuade	84	process	178	reduce	140
pesticide	206	processed	41	refer	24
phenomenon	132	professional	18	referee	62
photographer	21	profit	211	reflect	197
phrase	196	progress	176	reform	245
physics	168	promote	18	refrigerator	42
pick up	98	pronounce	197	refund	219
pill	227	property	214	regret	76
pilot	20	propose	83	regularly	64
pioneer	152	protect	249	regulate	254
planet	172	protection	138	relation	257
plot	189	protest	245	relationship	34
plural	274	prove	170	relative	34
poetry	188	proverb	197	relax	228

suit	122	tidal	143	vertical	269
suitcase	104	tidy	38	vest	122
sum	273	tongue	55	via	102
summary	25	tool	180	victim	160
sunset	266	tourist	105	victory	160
supernatural	156	trade	211	view	80
superstition	156	tradition	250	virtual	176
supply	212	traffic	100	visual	117
support	84	traffic light	96	volcano	132
suppose	79	tragedy	189	volume	273
surface	174	transfer	100	volunteer	258
surgery	232	transform	144	vomit	230
sweat	64	translator	21	vote	246
sweep	37	transport	100	
sympathy	75	treat	227	**W**
symptom	230	trend	116	
		trial	253	wage	17
T		tropical	131	wallet	120
		trousers	122	war	158
tackle	62	typhoon	132	waste	139
tag	218			wealth	214
take off	102			weapon	159
take part in	246	**U**		weather	134
tale	189			weed	207
tap	59	unexpected	235	welfare	258
target	159	uniform	122	wheat	208
task	17	unify	258	wheel	97
tax	220	unite	160	while	265
technician	176	universe	172	wildlife	131
technology	176	update	182	windmill	144
teenager	32	upper	270	wipe	37
telescope	174	upstairs	270	wireless	182
temper	72	urban	93	work out	64
temperature	136	urgent	236	workplace	16
temporary	265	utilize	212	worship	156
tense	193			wound	235
tension	76	**V**		
term	13			**Y**
theory	170	vacation	105	
thermometer	136	vacuum	37	yield	211
thigh	55	value	114	
threat	158	vapor	143	
throat	55	vegetarian	40	
throw away	38	vehicle	100	
thunder	135	venture	211	
		version	190	

★ 빈칸에 알맞은 우리말 뜻 또는 영어를 쓰시오.

Days 1-2 맞은 개수 /30

1	wage		16	교육	
2	career		17	협력하다	
3	assignment		18	체육관	
4	assist		19	주제; 과목	
5	instruct		20	제출하다	
6	influence		21	졸업하다; 졸업생	
7	cafeteria		22	고용하다	
8	attend		23	학업의, 학교의	
9	commute		24	은퇴하다	
10	absence		25	기숙사	
11	lecture		26	승진시키다	
12	term		27	장학금	
13	auditorium		28	집중하다	
14	principal		29	전문가	
15	pupil		30	고용주	

Days 2-3 맞은 개수 /30

1	apply		16	전문직 종사자	
2	secretary		17	아나운서	
3	occupation		18	기사, 기술자	
4	department		19	번역가	
5	interpreter		20	정치인	
6	task		21	책임자; 감독	
7	receptionist		22	(도서관의) 사서	
8	employee		23	사진작가	
9	workplace		24	판매원	
10	mechanic		25	우주 비행사	
11	colleague		26	우두머리; 주된	
12	senior		27	회계사	
13	staff		28	건축가	
14	officer		29	조종사, 비행사	
15	counselor		30	음악가	

Days 3-4 맞은 개수 /30

1	conflict		16	반대하다
2	comment		17	통역사
3	consult		18	요약, 개요
4	mention		19	메시지, 전갈
5	architect		20	비서
6	apology		21	협상하다
7	politician		22	정비공
8	refer		23	토론(하다), 논쟁(하다)
9	astronaut		24	상담 전문가
10	remark		25	해결하다
11	against		26	직업
12	accountant		27	오해하다
13	respond		28	의사소통하다
14	director		29	논쟁, 논란
15	admit		30	불평[항의]하다

Days 4-5 맞은 개수 /30

1	infant		16	사과
2	divorce		17	청소년, 십대
3	message		18	성인, 어른
4	communicate		19	임신한
5	adopt		20	발언; 발언하다
6	engaged		21	어린 시절
7	marriage		22	출산하다
8	resolve		23	갈등; 대립하다
9	get along with		24	음식을 먹이다
10	oppose		25	친척; 비교상의
11	elderly		26	인정/시인하다
12	care for		27	조상
13	complain		28	대답/대응하다
14	niece		29	신부
15	nephew		30	관계

★ 빈칸에 알맞은 우리말 뜻 또는 영어를 쓰시오.

Days 5-6 　　　　　　　　　　　　　　　　　　　　　맞은 개수 **/30**

1	wipe	_____
2	iron	_____
3	dust	_____
4	relative	_____
5	tidy	_____
6	scrub	_____
7	pregnant	_____
8	messy	_____
9	bride	_____
10	routine	_____
11	give birth to	_____
12	vacuum	_____
13	teenager	_____
14	laundry	_____
15	arrange	_____

16	닦다, 윤을 내다	_____
17	결혼 (생활)	_____
18	수리하다, 고치다	_____
19	상을 차리다	_____
20	일, 허드렛일	_____
21	연세 드신	_____
22	입양/채택하다	_____
23	잠자리를 정돈하다	_____
24	이혼; 이혼하다	_____
25	버리다	_____
26	쓸다	_____
27	바쁜; 약혼한	_____
28	가사, 집안일	_____
29	설거지하다	_____
30	빗자루	_____

Days 6-7 　　　　　　　　　　　　　　　　　　　　　맞은 개수 **/30**

1	chore	_____
2	preserve	_____
3	sweep	_____
4	raw	_____
5	polish	_____
6	rare	_____
7	meal	_____
8	instant	_____
9	flavor	_____
10	mend	_____
11	vegetarian	_____
12	dairy	_____
13	throw away	_____
14	fancy	_____
15	digest	_____

16	냉동된	_____
17	용기, 그릇	_____
18	깔끔한; 정리하다	_____
19	음료	_____
20	썩은, 부패한	_____
21	문질러 청소하다	_____
22	먹다 남은; 남은 음식	_____
23	세탁물; 세탁	_____
24	냉장고	_____
25	지저분한, 어질러진	_____
26	영양; 영양물	_____
27	가공된	_____
28	상자; 포장하다	_____
29	(천 등으로) 닦다	_____
30	요리법; 요리	_____

Days 7-8   맞은 개수   /30

1	rotten		16	갈다, 빻다
2	roast		17	껍질을 벗기다
3	seasoning		18	붓다, 따르다
4	processed		19	드문; 살짝 익힌
5	mash		20	측정하다
6	steam		21	풍미, 맛
7	carve		22	재료
8	nutrition		23	추가하다; 더하다
9	mix		24	식사
10	chop		25	굽다 b
11	frozen		26	석쇠; 석쇠에 굽다
12	blend		27	소화하다
13	slice		28	즉각적인; 순간
14	cuisine		29	(부글부글 계속) 끓이다
15	stir		30	장식하다

Days 8-9   맞은 개수   /30

1	muscle		16	가슴, 유방
2	buttock		17	섞다, 젓다
3	stomach		18	턱
4	decorate		19	굽다; 구운
5	tongue		20	신장, 콩팥
6	eyebrow		21	양념, 조미료
7	pour		22	폐
8	cheek		23	허벅지
9	peel		24	잇몸
10	knee		25	조각하다; 썰다
11	organ		26	흉부, 가슴
12	grind		27	이마
13	liver		28	얇게 썰다
14	add		29	손바닥
15	skull		30	목구멍, 목

★ 빈칸에 알맞은 우리말 뜻 또는 영어를 쓰시오.

1	bend	_____	16	볼, 뺨	_____
2	creep	_____	17	무릎	_____
3	lay	_____	18	묶다	_____
4	forehead	_____	19	(가볍게) 톡톡 두드리다	_____
5	squeeze	_____	20	오르다, 올라가다	_____
6	throat	_____	21	간	_____
7	dig	_____	22	물다; 한 입	_____
8	thigh	_____	23	들어 올리다	_____
9	kidney	_____	24	구르다; 뒹굴다	_____
10	blink	_____	25	내려오다	_____
11	drag	_____	26	접다, 개키다	_____
12	chew	_____	27	눈썹	_____
13	lung	_____	28	깡충깡충 뛰다	_____
14	stretch	_____	29	장기	_____
15	frown	_____	30	(입으로) 불다	_____

1	competition	_____	16	힘; 강점	_____
2	outdoor	_____	17	최선을 다하다	_____
3	penalty	_____	18	방어[수비]하다	_____
4	ascend	_____	19	놓다, 두다	_____
5	lift	_____	20	씹다; 물어뜯다	_____
6	work out	_____	21	심판	_____
7	descend	_____	22	끌다, 끌고 가다	_____
8	championship	_____	23	규칙적으로	_____
9	bounce	_____	24	땀; 땀을 흘리다	_____
10	score	_____	25	(손가락으로 꼭) 짜다	_____
11	spirit	_____	26	도전; 도전하다	_____
12	tap	_____	27	파다	_____
13	indoor	_____	28	공정한, 공평한	_____
14	athletic	_____	29	다루다; 공을 뺏다	_____
15	match	_____	30	운동선수	_____

Days 11-12   맞은 개수   / 30

1	mild		16	후한; 관대한
2	considerate		17	인색한; 의미하다
3	negative		18	시합; 어울리다
4	positive		19	야외의
5	defend		20	수동적인, 소극적인
6	confident		21	용감한, 대담한
7	sweat		22	실내의
8	rude		23	엄격한, 엄한
9	modest		24	처벌; 벌칙
10	challenge		25	성격; 개성
11	optimist		26	성급한; 초조해하는
12	fair		27	성질, 화
13	aggressive		28	운동하다
14	sensitive		29	~을 자랑하다
15	athlete		30	야심 있는; 대망을 품은

Days 12-13   맞은 개수   / 30

1	depressed		16	긴장 (상태); 갈등
2	envy		17	동정(심), 연민
3	temper		18	낙천주의자, 낙관론자
4	concerned		19	감정; 정서
5	regret		20	긴장한, 불안해하는
6	generous		21	세심한; 예민한
7	embarrassed		22	감사하는
8	passive		23	불안해하는, 걱정하는
9	offend		24	부정적인, 비관적인
10	impatient		25	슬픔
11	comfort		26	순한, 온화한
12	mood		27	무례한, 버릇없는
13	ashamed		28	진정한, 진심의
14	show off		29	겁먹은, 무서워하는
15	delight		30	만족하는

★ 빈칸에 알맞은 우리말 뜻 또는 영어를 쓰시오.

Days 13-14

1	emotion	16	상상하다
2	suppose	17	견해; ~을 보다
3	recognize	18	결론을 내리다
4	sincere	19	아마
5	sensible	20	판단하다; 판사
6	conscious	21	논리
7	satisfied	22	걱정하는, 염려하는
8	aware	23	유감; 후회하다
9	grateful	24	비교하다
10	anxious	25	기분 상하게 하다
11	remind	26	대조하다; 대조
12	sympathy	27	예상하다, 기대하다
13	recall	28	우울한; 불경기의
14	consider	29	깨닫다
15	reason	30	인지하다

Days 14-15

1	doubt	16	전달하다; 나르다
2	insist	17	제안하다 s
3	expect	18	납득시키다; 설득하다
4	argument	19	알아보다; 인정하다
5	logic	20	강조하다
6	call for	21	설득하다
7	contrast	22	알고 있는, 알아차린
8	figure out	23	추천하다
9	support	24	이유; 이성
10	request	25	주장(하다); 요구(하다)
11	compare	26	의식하는; 의도적인
12	discuss	27	동의하지 않다
13	perceive	28	강요하다; 힘
14	require	29	생각나게 하다
15	propose	30	의견, 견해

Days 15-16

맞은 개수 / 30

1	site		16	논쟁; 논거, 주장
2	locate		17	대문; 출입구
3	exit		18	시골의, 전원의
4	architecture		19	요청하다; 요청
5	interior		20	기둥
6	emphasize		21	현관
7	claim		22	논의하다, 토론하다
8	persuade		23	통로
9	lawn		24	주요 지형지물
10	staircase		25	근처, 이웃
11	address		26	~을 이해하다[알아내다]
12	hallway		27	지하실, 지하층
13	convey		28	도시의
14	disagree		29	의심하다; 의문
15	entrance		30	차고

Days 16-17

맞은 개수 / 30

1	steer		16	횡단보도
2	flat		17	~를 태우러 가다
3	crossroad		18	바퀴
4	rural		19	주소; 연설
5	traffic light		20	재충전하다
6	accelerate		21	계단
7	garage		22	브레이크, 제동 장치
8	automobile		23	출구; 나가다
9	seatbelt		24	전기의
10	basement		25	장소, 부지
11	aisle		26	주유소
12	pedestrian		27	(출)입구
13	gate		28	보도, 인도
14	license		29	고속 도로
15	parking lot		30	고장 나다

★ 빈칸에 알맞은 우리말 뜻 또는 영어를 쓰시오.

Days 17-18

맞은 개수   /30

1	transport	_____
2	cabin	_____
3	land	_____
4	wheel	_____
5	fare	_____
6	ferry	_____
7	electric	_____
8	traffic	_____
9	via	_____
10	crosswalk	_____
11	aircraft	_____
12	transfer	_____
13	highway	_____
14	vehicle	_____
15	recharge	_____

16	비행; 항공기	_____
17	목적지, 행선지	_____
18	면허(증); 허가하다	_____
19	탑승하다	_____
20	경로; 노선	_____
21	여정, 여행	_____
22	조종하다, 몰다	_____
23	이륙하다	_____
24	승무원	_____
25	신호등	_____
26	안전벨트	_____
27	보행자; 보행자의	_____
28	지연; 지연시키다	_____
29	갑판	_____
30	승객	_____

Days 18-19

맞은 개수   /30

1	take off	_____
2	agent	_____
3	attraction	_____
4	impressive	_____
5	board	_____
6	customs	_____
7	destination	_____
8	route	_____
9	baggage	_____
10	check in	_____
11	sightseeing	_____
12	delay	_____
13	souvenir	_____
14	suitcase	_____
15	background	_____

16	예약	_____
17	(교통) 요금	_____
18	방학, 휴가	_____
19	놀이공원	_____
20	운송 수단, 탈것	_____
21	취소하다	_____
22	항공기	_____
23	보험	_____
24	관광객	_____
25	수송하다; 수송	_____
26	여권	_____
27	~을 경유하여	_____
28	경치, 풍경	_____
29	일정; 시간표	_____
30	외국의	_____

Days 19-20

맞은 개수 　 / 30

1	craft	16	여행 가방
2	reservation	17	공연; 연주회
3	classical	18	고무[격려]하다
4	value	19	전시회; 전시
5	artwork	20	조각품
6	original	21	수하물
7	foreign	22	인상, 느낌
8	passport	23	세관; 관세
9	display	24	창작; 창작물
10	stage	25	명소; 매력
11	insurance	26	걸작, 명작
12	appreciate	27	비평가, 평론가
13	imaginative	28	관중; 청중
14	scenery	29	탑승 수속을 밟다
15	represent	30	추상적인

Days 20-21

맞은 개수 　 / 30

1	trend	16	지식
2	exhibition	17	기사, 글
3	celebrity	18	원래의; 독창적인
4	press	19	대중 매체
5	current	20	공예(품); 기술
6	inspire	21	광고하다
7	abstract	22	영향을 미치다
8	journalist	23	오락(물)
9	critic	24	전시하다; 전시
10	journal	25	적응하다; 각색하다
11	impression	26	단계; 무대
12	fame	27	(신문 기사의) 표제
13	script	28	상상력이 풍부한
14	broadcast	29	특집 기사; 특징으로 삼다
15	visual	30	화면; 감시하다

★ 빈칸에 알맞은 우리말 뜻 또는 영어를 쓰시오.

Days 21-22

1	affect	_____	16	평상시의	_____
2	knowledge	_____	17	명성	_____
3	wallet	_____	18	단정한, 정돈된	_____
4	article	_____	19	보석류	_____
5	costume	_____	20	풀린; 헐렁한	_____
6	striped	_____	21	바지	_____
7	bracelet	_____	22	현재의; 최신의	_____
8	collar	_____	23	방송하다; 방송	_____
9	advertise	_____	24	교복; 균일한	_____
10	knit	_____	25	옷	_____
11	backpack	_____	26	연예인; 유명 인사	_____
12	formal	_____	27	소매	_____
13	mass media	_____	28	조끼	_____
14	fabric	_____	29	기자	_____
15	leather	_____	30	정장; 어울리다	_____

Days 22-23

1	trousers	_____	16	해양의, 바다의	_____
2	ecosystem	_____	17	화산	_____
3	coast	_____	18	가죽	_____
4	neat	_____	19	서식지	_____
5	rainforest	_____	20	사막; 버리다	_____
6	ocean	_____	21	천, 직물	_____
7	suit	_____	22	열대 지방의	_____
8	phenomenon	_____	23	의상	_____
9	casual	_____	24	야생 생물	_____
10	drought	_____	25	팔찌	_____
11	clothes	_____	26	지갑	_____
12	flood	_____	27	재난, 재해	_____
13	polar	_____	28	태풍	_____
14	natural	_____	29	지진	_____
15	species	_____	30	대륙	_____

Days 23-24   맞은 개수   /30

1	evaporate		16	북극/남극의
2	freeze		17	수분, 습기
3	thunder		18	안개가 낀
4	earthquake		19	현상
5	lightning		20	생태계
6	accurate		21	날씨
7	climate		22	온도계
8	marine		23	예보; 예측하다
9	habitat		24	산들바람
10	melt		25	가뭄
11	volcano		26	우박
12	rainfall		27	습한
13	degree		28	종
14	continent		29	온도, 기온
15	predict		30	눈보라

Days 24-25   맞은 개수   /30

1	waste		16	얼다; 얼리다
2	foggy		17	보호	p
3	poisonous		18	증발하다
4	moisture		19	환경의
5	shortage		20	남용하다
6	hail		21	강우; 강우량
7	endangered		22	번개
8	weather		23	쓰레기	g
9	greenhouse		24	산들바람
10	conservation		25	재사용하다
11	acid		26	정확한; 정밀한
12	temperature		27	재활용하다
13	renewable		28	오염, 공해
14	exhaust		29	탄소
15	dispose		30	줄이다

★ 빈칸에 알맞은 우리말 뜻 또는 영어를 쓰시오.

Days 25-26

1	vapor		16	풍차	
2	environmental		17	풍부한	
3	run out of		18	산성의; 산	
4	reuse		19	변형시키다	
5	tidal		20	석탄	
6	solar		21	낭비하다; 쓰레기	
7	garbage		22	위기	
8	reduce		23	유독한, 독성이 있는	
9	cut down		24	전기	
10	flow		25	발생시키다	
11	fuel		26	효율적인, 능률적인	
12	power plant		27	부족	
13	resource		28	화석	
14	alternative		29	유한한, 한정된	
15	nuclear		30	멸종 위기에 처한	

Days 26-27

1	heritage		16	역사상의, 역사적인	
2	fossil		17	제국	
3	pioneer		18	원자력의; 핵의	
4	abundant		19	통치하다; 통치	
5	historic		20	태양의	
6	liberty		21	흐름; 흐르다	
7	efficient		22	정복하다	
8	slave		23	대체 가능한; 대안	
9	noble		24	식민지	
10	finite		25	독립	
11	document		26	～을 다 써버리다	
12	era		27	고대의	
13	coal		28	문명	
14	dynasty		29	혁명	
15	royal		30	설립하다	

Days 27-28

맞은 개수 / 30

1	worship	___	16	의식, 식	___
2	ritual	___	17	시대	___
3	spiritual	___	18	신성한, 성스러운	___
4	independence	___	19	귀족의; 고결한	___
5	faith	___	20	유산	___
6	priest	___	21	견디다, 인내하다	___
7	civilization	___	22	~을 믿다	___
8	sacred	___	23	개척자; 개척하다	___
9	empire	___	24	자비	___
10	choir	___	25	완전한; 절대적인	___
11	conquer	___	26	종교	___
12	revolution	___	27	기도하다	___
13	superstition	___	28	자유	___
14	extreme	___	29	악; 사악한	___
15	supernatural	___	30	마음을 사로잡다	___

Days 28-29

맞은 개수 / 30

1	defense	___	16	군사의; 군대	___
2	army	___	17	정신적인; 종교적인	___
3	absolute	___	18	위협, 협박	___
4	occupy	___	19	숭배하다; 예배	___
5	fascinate	___	20	신부, 사제	___
6	religion	___	21	전쟁	___
7	defeat	___	22	미신	___
8	ceremony	___	23	통합하다	___
9	attack	___	24	무기	___
10	battle	___	25	폭탄	___
11	mercy	___	26	믿음; 신앙심	___
12	victim	___	27	승리	___
13	command	___	28	침략하다	___
14	memorial	___	29	터지다, 폭발하다	___
15	target	___	30	적, 적군	___

★ 빈칸에 알맞은 우리말 뜻 또는 영어를 쓰시오.

Days 29-30 맞은 개수 / 30

1	conduct		16	요소, 성분; 원소	
2	material		17	방법	
3	enemy		18	명령[지시]하다	
4	unite		19	유전자	
5	laboratory		20	진화/진전하다	
6	invade		21	세포	
7	theory		22	생물학	
8	scientific		23	방어	
9	prove		24	호기심	
10	principle		25	상호 작용하다	
11	bomb		26	공격하다; 공격	
12	experiment		27	피해자, 희생자	
13	atom		28	물리학	
14	microscope		29	전투; 싸우다	
15	victory		30	화학	

Days 30-31 맞은 개수 / 30

1	oxygen		16	중력	
2	lunar		17	재료, 물질	
3	physics		18	천문학	
4	spacecraft		19	회전하다, 돌다	
5	outer space		20	우주 정거장	
6	interact		21	이론	
7	universe		22	대기	
8	method		23	증명[입증]하다	
9	planet		24	하다; 행동	
10	telescope		25	위성	
11	footprint		26	은하계	
12	astronomer		27	관찰하다	
13	solar system		28	실험; 실험하다	
14	curiosity		29	표면	
15	evolve		30	탐사[탐험]하다	

Days 31-32

맞은 개수 /30

1 device _____
2 astronomy _____
3 advance _____
4 observe _____
5 convenient _____
6 surface _____
7 spin _____
8 electronic _____
9 precise _____
10 technician _____
11 process _____
12 atmosphere _____
13 improve _____
14 technology _____
15 progress _____

16 인공의 _____
17 분석하다 _____
18 달의 _____
19 우주선 _____
20 혁신 _____
21 가상의 _____
22 산소 _____
23 연구(하다), 조사(하다) _____
24 이동하기 쉬운 _____
25 태양계 _____
26 데이터베이스 _____
27 행성 _____
28 대신[대체]하다 _____
29 장비, 설비 _____
30 휴대용의 _____

Days 32-33

맞은 개수 /30

1 virtual _____
2 equipment _____
3 browse _____
4 personal _____
5 laptop _____
6 mobile _____
7 secure _____
8 analyze _____
9 forward _____
10 log in _____
11 access _____
12 shut down _____
13 tool _____
14 research _____
15 wireless _____

16 기술자 _____
17 비밀번호 _____
18 삭제하다 _____
19 정확한, 정밀한 _____
20 필수적인; 가장 중요한 _____
21 진전; 진보하다 _____
22 편리한 _____
23 갱신하다 _____
24 첨부하다 _____
25 디지털(방식)의 _____
26 장치, 기구 _____
27 정보 _____
28 망, 네트워크 _____
29 내려받다 _____
30 기부하다; 기여하다 _____

★ 빈칸에 알맞은 우리말 뜻 또는 영어를 쓰시오.

Days 33-34 맞은 개수 /30

1	password		16	저작권	
2	biography		17	내용; 목차	
3	delete		18	비극	
4	author		19	접근; 접속하다	
5	poetry		20	문학	
6	genre		21	수정하다, 개정하다	
7	digital		22	무선의	
8	attach		23	−판	
9	fiction		24	개인의, 개인적인	
10	review		25	(소설 등의) 배경	
11	information		26	휴대용 컴퓨터	
12	context		27	상상, 공상	
13	plot		28	안전한; 안정된	
14	compose		29	편집/수정하다	
15	tale		30	출판하다	

Days 34-35 맞은 개수 /30

1	frustrate		16	스트레스가 많은	
2	tragedy		17	장르	
3	calm		18	활발한; 역동적인	
4	copyright		19	줄거리	
5	literature		20	소설; 허구	
6	horrified		21	활동/적극적인	
7	dull		22	논평; (재)검토하다	
8	gloomy		23	무서운	
9	edit		24	짓다; 작곡하다	
10	spectacular		25	낭만적인, 애정의	
11	fantastic		26	발랄한, 쾌활한	
12	publish		27	평화로운	
13	festive		28	필사적인; 절망적인	
14	lonely		29	희망적인	
15	tense		30	마음이 따스해지는	

Days 35-36 　　　　　　　　　　맞은 개수 /30

1	cheerful	
2	look up	
3	dialect	
4	stressful	
5	reflect	
6	phrase	
7	hopeful	
8	peaceful	
9	pause	
10	scary	
11	define	
12	bilingual	
13	gesture	
14	proverb	
15	spread	

16	침착한, 차분한	
17	철자를 말하다	
18	겁에 질린	
19	연설; 말	
20	외로운, 쓸쓸한	
21	언어	
22	단락	
23	문장	
24	따분한, 재미없는	
25	발음하다	
26	표현하다	
27	암기하다	
28	억양	
29	긴장한; 긴박한	
30	대화	

Days 36-37 　　　　　　　　　　맞은 개수 /30

1	memorize	
2	rotate	
3	rake	
4	language	
5	pronounce	
6	grain	
7	pesticide	
8	chemical	
9	soil	
10	express	
11	sow	
12	cultivate	
13	spell	
14	ripe	
15	harvest	

16	분무(기); 뿌리다	
17	정의하다	
18	방언, 사투리	
19	비료	
20	농사, 영농	
21	비추다; 반영하다	
22	속담	
23	먼지; 흙	
24	씨, 씨앗	
25	구; 구절, 관용구	
26	밀	
27	농업	
28	농작물	
29	잡초	
30	유기농의	

★ 빈칸에 알맞은 우리말 뜻 또는 영어를 쓰시오.

Days 37-38

1	seed		16	경작/재배하다
2	yield		17	전략
3	export		18	수확(량); 수확하다
4	dirt		19	회사
5	venture		20	시설
6	demand		21	곡물; 낟알
7	goods		22	익은
8	fertilizer		23	수입하다; 수입(품)
9	capital		24	노동; 노동자
10	agriculture		25	토양, 흙
11	operation		26	공급; 공급하다
12	crop		27	산업, 공업
13	manufacture		28	활용[이용]하다
14	found		29	거래(하다), 무역(하다)
15	assemble		30	수익, 이윤

Days 38-39

1	exchange		16	내다, 산출하다
2	commerce		17	소득, 수입
3	benefit		18	감소, 하락; 줄어들다
4	firm		19	작동, 가동
5	fund		20	예산
6	import		21	성장; 증가
7	strategy		22	상품
8	finance		23	조립하다
9	decrease		24	설립하다
10	facility		25	분실; 손실, 손해
11	savings		26	부, 재산
12	increase		27	거래; 다루다
13	property		28	균형; 잔고
14	trade		29	투자하다
15	debt		30	계좌

Days 39-40

맞은 개수   / 30

1	charge		16	한도; 제한(하다)
2	refund		17	현금
3	balance		18	상업; 무역
4	credit card		19	질, 품질
5	discount		20	고객, 손님
6	rush		21	빚, 부채
7	additional		22	호화로움, 사치
8	income		23	소비자
9	cost		24	영수증
10	deal		25	감소하다; 감소
11	loss		26	여유가 되다
12	on sale		27	재산; 부동산
13	tag		28	증가하다; 증가
14	purchase		29	돈, 비용
15	invest		30	세금

Days 40-41

맞은 개수   / 30

1	expense		16	추가의
2	healthy		17	의학의, 의료의
3	medicine		18	할인; 할인하다
4	customer		19	알약, 정제
5	examine		20	정신의, 마음의
6	remedy		21	예방하다, 막다
7	cash		22	환불
8	receipt		23	건강
9	drug		24	반응
10	consumer		25	구매하다; 구매
11	relax		26	치료제; 치유하다
12	immune		27	완화하다
13	treat		28	서두르다; 분주
14	condition		29	(상처 등을) 고치다
15	manage		30	~을 제거하다[없애다]

★ 빈칸에 알맞은 우리말 뜻 또는 영어를 쓰시오.

Days 41-42   맞은 개수   / 30

1	pain	_____	16	삽입하다. 끼워 넣다 _____
2	heart attack	_____	17	면역성이 있는 _____
3	get rid of	_____	18	토하다 _____
4	prevent	_____	19	확인하다; 발견하다 _____
5	disease	_____	20	약; 의학 _____
6	medical	_____	21	치료, 요법 _____
7	stiff	_____	22	(건강이) 회복되다 _____
8	operate	_____	23	환자; 참을성 있는 _____
9	relieve	_____	24	(염증 등으로) 아픈 _____
10	severe	_____	25	상태; 환경 _____
11	perform	_____	26	어지러운 _____
12	cure	_____	27	약; 마약 _____
13	suffer	_____	28	감염시키다 _____
14	surgery	_____	29	복통, 위통 _____
15	minor	_____	30	증상 _____

Days 42-43   맞은 개수   / 30

1	dizzy	_____	16	작은, 가벼운 _____
2	occur	_____	17	병, 질병 _____
3	damage	_____	18	피를 흘리다 _____
4	accident	_____	19	고통, 통증 _____
5	first aid	_____	20	부딪치다 _____
6	stomachache	_____	21	예기치 않은 _____
7	manual	_____	22	긴급한, 시급한 _____
8	wound	_____	23	수술 _____
9	rescue	_____	24	기부[기증]하다 _____
10	recover	_____	25	비상사태 _____
11	breathe	_____	26	부상을 입히다 _____
12	crash	_____	27	(신체적·정신적) 장애 _____
13	right away	_____	28	심각한, 극심한 _____
14	bruise	_____	29	시달리다; 고통받다 _____
15	symptom	_____	30	붕대 _____

Days 43-44   맞은 개수   / 30

1	bleed	_____	16	정부	_____
2	president	_____	17	멍; 멍이 생기다	_____
3	urgent	_____	18	발생하다, 일어나다	_____
4	liberal	_____	19	여론 조사	_____
5	vote	_____	20	구하다; 구출(하다)	_____
6	emergency	_____	21	정치	_____
7	republic	_____	22	~에 출마하다	_____
8	unexpected	_____	23	응급 처치	_____
9	majority	_____	24	운동, 캠페인	_____
10	object	_____	25	선출하다	_____
11	take part in	_____	26	숨 쉬다, 호흡하다	_____
12	injure	_____	27	정당, ~ 당	_____
13	candidate	_____	28	민주주의	_____
14	protest	_____	29	정책	_____
15	reform	_____	30	정치의, 정치적인	_____

Days 44-45   맞은 개수   / 30

1	ambassador	_____	16	외교관	_____
2	elect	_____	17	인종의	_____
3	individual	_____	18	공화국	_____
4	run for	_____	19	권한; 권위	_____
5	function	_____	20	후보자	_____
6	native	_____	21	국민; 시민	_____
7	government	_____	22	항의하다; 시위	_____
8	official	_____	23	충실한	_____
9	poll	_____	24	대다수	_____
10	identity	_____	25	보호하다, 지키다	_____
11	democracy	_____	26	진보적인	_____
12	ethnic	_____	27	국제적인	_____
13	public	_____	28	조직, 기구	_____
14	duty	_____	29	인구	_____
15	border	_____	30	전통	_____

★ 빈칸에 알맞은 우리말 뜻 또는 영어를 쓰시오.

Days 45-46 맞은 개수 /30

1	discipline	_____	16	국경	_____
2	tradition	_____	17	규제하다	_____
3	lawyer	_____	18	고발하다, 기소하다	_____
4	organization	_____	19	유죄의	_____
5	legal	_____	20	배심원단	_____
6	confess	_____	21	의무; 직무, 임무	_____
7	authority	_____	22	대사	_____
8	racial	_____	23	법원, 법정	_____
9	arrest	_____	24	석방하다; 공개하다	_____
10	sentence	_____	25	금지하다	_____
11	citizen	_____	26	개인의; 개인	_____
12	permission	_____	27	재판, 공판	_____
13	justice	_____	28	허락, 허가	_____
14	ban	_____	29	대중의; 공공의	_____
15	obey	_____	30	관습, 풍습	_____

Days 46-47 맞은 개수 /30

1	social	_____	16	변호사	_____
2	trial	_____	17	선언[선포]하다	_____
3	regulate	_____	18	피난처	_____
4	settle	_____	19	체포하다; 체포	_____
5	permission	_____	20	적대적인	_____
6	jury	_____	21	법률의; 합법의	_____
7	overcome	_____	22	탈출하다	_____
8	custom	_____	23	가난, 빈곤	_____
9	confront	_____	24	형벌; 선고하다	_____
10	issue	_____	25	통합[통일]하다	_____
11	struggle	_____	26	자백하다	_____
12	clash	_____	27	복지	_____
13	equality	_____	28	관계	_____
14	volunteer	_____	29	임무	_____
15	responsible	_____	30	집단의, 단체의	_____

Days 47-48

맞은 개수 /30

1	dawn		16	앞의, 이전의
2	continue		17	직면하다; 맞서다
3	welfare		18	임시의, 일시적인
4	sunset		19	잠깐, 동안; ~하는 동안
5	daytime		20	영구적인
6	shelter		21	평등, 균등
7	moment		22	주제, 쟁점
8	former		23	요즘에는 n
9	period		24	사회적인, 사회의
10	unify		25	즉각적인
11	hostile		26	영원히
12	continuous		27	최근에
13	present		28	자정, 밤 12시
14	constant		29	해결하다
15	poverty		30	10년

Days 48-49

맞은 개수 /30

1	nearby		16	공간; 우주
2	horizontal		17	외부의; 외부적인
3	temporary		18	방향; 지시
4	permanent		19	떨어져, 따로
5	reverse		20	계속되는, 지속적인
6	previous		21	한쪽으로, 옆쪽에
7	straight		22	새벽
8	position		23	계속되다; 계속하다
9	immediate		24	앞으로, 앞에
10	bottom		25	이전의; 예전의
11	vertical		26	가장자리, 모서리
12	upstairs		27	기간; 시대, 시기
13	spot		28	먼, 떨어진
14	decade		29	뒤로, 뒤쪽으로
15	internal		30	더 위에 있는

Days 49-50				맞은 개수	**/30**
1	multiply		16	계산하다	
2	quarter		17	빼다	
3	edge		18	수직의, 세로의	
4	equal		19	복수형의; 복수형	
5	external		20	숫자, 수치; 인물	
6	lack		21	똑바로; 곧은	
7	addition		22	초과하다	
8	upper		23	반점; 곳, 장소	
9	sum		24	추가의	
10	aside		25	부족한, 드문	
11	odd		26	내부의; 체내의	
12	space		27	충분한	
13	even		28	양, 수량	
14	division		29	위층으로; 위층	
15	dozen		30	양; 용량; 음량	

Answer Key

Days 6-7
p. 4

1 일, 허드렛일 2 보존하다; 저장하다; 설탕 절임,
잼 3 쏠다 4 익히지 않은, 날것의 5 닦다,
윤을 내다 6 드문; 살짝 익힌 7 식사 8 즉각적인;
인스턴트의; 순간 9 풍미, 맛 10 수리하다, 고치다
11 채식주의자; 채식주의(자)의 12 유제품의;
낙농(업)의 13 버리다 14 화려한; 고급의; 일류의
15 소화하다, 소화시키다 16 frozen
17 container 18 tidy 19 beverage
20 rotten 21 scrub 22 leftover
23 laundry 24 refrigerator 25 messy
26 nutrition 27 processed 28 package
29 wipe 30 cuisine

Days 7-8
p. 5

1 썩은, 부패한 2 굽다; 구운 3 양념, 조미료
4 가공된, 가공 처리한 5 으깨다, 짓이기다
6 찌다; 김, 증기 7 조각하다, 새기다; 썰다
8 영양; 영양물 9 섞다, 혼합하다 10 썰다
11 냉동된 12 섞다, 혼합하다 13 얇은 조각;
얇게 썰다 14 요리법; 요리 15 섞다, 젓다
16 grind 17 peel 18 pour 19 rare
20 measure 21 flavor 22 ingredient
23 add 24 meal 25 (b)ake 26 grill
27 digest 28 instant 29 simmer
30 decorate

Days 8-9
p. 5

1 근육 2 엉덩이 3 위, 복부 4 장식하다
5 혀; 언어 6 눈썹 7 붓다, 따르다 8 볼, 뺨
9 껍질을 벗기다; 껍질 10 무릎 11 장기
12 갈다, 빻다 13 간 14 추가하다; 더하다
15 두개골; 머리 16 breast 17 stir 18 chin
19 roast 20 kidney 21 seasoning 22 lung
23 thigh 24 gum 25 carve 26 chest
27 forehead 28 slice 29 palm 30 throat

Days 9-10
p. 6

1 굽히다; 구부리다 2 살금살금 움직이다 3 놓다,
두다 4 이마 5 짜다 6 목구멍, 목 7 파다
8 허벅지 9 신장, 콩팥 10 눈을 깜박이다;
깜박거림; 일순간 11 끌다, 끌고 가다 12 씹다;
물어뜯다 13 폐 14 늘이다; 늘어지다; 기지개를
켜다; 뻗다 15 얼굴을 찡그리다; 눈살을 찌푸리다
16 cheek 17 knee 18 bind 19 tap
20 ascend 21 liver 22 bite 23 lift
24 roll 25 descend 26 fold 27 eyebrow
28 bounce 29 organ 30 blow

Days 10-11
p. 6

1 경쟁; 대회, 시합 2 야외의 3 처벌; 벌칙
4 오르다, 올라가다 5 들어 올리다 6 운동하다
7 내려오다 8 선수권 대회 9 튀다; 튀기다;
깡충깡충 뛰다 10 득점, 점수; 득점하다 11 정신,
마음 12 (가볍게) 톡톡 두드리다[치다] 13 실내의
14 탄탄한; 운동 경기의 15 시합, 경기; 어울리다
16 strength 17 do one's best 18 defend
19 lay 20 chew 21 referee 22 drag
23 regularly 24 sweat 25 squeeze
26 challenge 27 dig 28 fair 29 tackle
30 athlete

Days 11-12
p. 7

1 순한; 온화한; 포근한 2 사려 깊은, 배려하는
3 부정적인, 비관적인; 거절하는 4 긍정적인;
확신하는, 분명한 5 방어[수비]하다
6 자신감 있는; 확신하는 7 땀; 땀을 흘리다
8 무례한, 버릇없는 9 겸손한; 적당한
10 도전; 도전하다 11 낙천주의자, 낙관론자
12 공정한, 공평한 13 공격적인; 적극적인,
의욕적인 14 세심한; 예민한, 민감한 15 운동선수
16 generous 17 mean 18 match
19 outdoor 20 passive 21 bold 22 indoor

23 strict   24 penalty   25 personality
26 impatient   27 temper   28 work out
29 show off   30 ambitious

Days 12-13   p. 7

1 우울한; 불경기의   2 부러워하다; 질투하다;
부러움, 선망   3 성질, 화   4 걱정하는, 염려하는
5 유감(으로 생각하다); 후회(하다)   6 후한; 관대한
7 당황스러운, 쑥스러운   8 수동적인, 소극적인
9 기분 상하게 하다   10 성급한; 초조해하는
11 위로(하다), 위안(하다)   12 기분; 분위기
13 부끄러워하는, 수치스러운   14 ~을 자랑[과시]
하다   15 기쁨, 즐거움; 매우 기쁘게 하다
16 tension   17 sympathy   18 optimist
19 emotion   20 nervous   21 sensitive
22 grateful   23 anxious   24 negative
25 sorrow   26 mild   27 rude   28 sincere
29 frightened   30 satisfied

Days 13-14   p. 8

1 감정; 정서   2 생각하다, 추정하다; 가정하다
3 알아보다; 인정[인식]하다   4 진정한, 진심의
5 합리적인, 분별 있는   6 의식하는, 알고 있는;
의도적인   7 만족하는   8 알고 있는, 알아차린
9 감사하는   10 불안해하는, 걱정하는
11 생각나게 하다, 상기시키다   12 동정(심), 연민
13 기억해 내다, 상기하다   14 고려하다, 숙고하다;
~로 여기다   15 이유; 근거; 이성, 사고력
16 imagine   17 view   18 conclude
19 probably   20 judge   21 logic
22 concerned   23 regret   24 compare
25 offend   26 contrast   27 expect
28 depressed   29 realize   30 perceive

Days 14-15   p. 8

1 의심하다; 의문, 의심   2 고집하다, 주장하다
3 예상하다, 기대하다   4 논쟁; 논거, 주장   5 논리
6 ~을 요구하다   7 대조하다; 대조, 대비
8 ~을 이해하다[알아내다]   9 지지(하다);
지원하다; 부양하다   10 요청하다; 요청
11 비교하다   12 논의하다, 토론하다   13 인지하다
14 필요로 하다; 요구하다   15 제안하다; 청혼하다
16 convey   17 (s)uggest   18 convince
19 recognize   20 emphasize   21 persuade
22 aware   23 recommend   24 reason
25 claim   26 conscious   27 disagree
28 force   29 remind   30 opinion

Days 15-16   p. 9

1 장소, 부지   2 찾아내다; ~에 위치하다   3 출구;
나가다   4 건축(학); 건축 양식   5 내부의; 내부
6 강조하다   7 주장(하다); 요구(하다)   8 설득하다
9 잔디밭   10 계단   11 주소; 연설   12 복도
13 전달하다; 나르다, 운반하다   14 동의하지 않다
15 (출)입구   16 argument   17 gate   18 rural
19 request   20 column   21 porch
22 discuss   23 aisle   24 landmark
25 neighborhood   26 figure out
27 basement   28 urban   29 doubt
30 garage

Days 16-17   p. 9

1 조종하다, 몰다   2 평평한; 바람이 빠진   3 교차로
4 시골의, 전원의   5 신호등   6 속도를 높이다;
가속화하다   7 차고   8 자동차   9 안전벨트
10 지하실, 지하층   11 통로   12 보행자; 보행자의
13 대문; 출입구   14 면허(증); 허가하다
15 주차장   16 crosswalk   17 pick up
18 wheel   19 address   20 recharge
21 staircase   22 brake   23 exit   24 electric

25 site　26 gas station　27 entrance
28 sidewalk　29 highway　30 break down

Days 17-18　　　　　　　　p. 10

1 수송하다; 수송 (수단)　2 객실, 선실
3 착륙[도착]하다; 육지, 땅　4 바퀴　5 요금
6 연락선, 여객선　7 전기의　8 교통(량), 통행
9 ～을 경유하여, ～을 거쳐　10 횡단보도
11 항공기　12 이동하다; 환승하다　13 고속 도로
14 운송 수단, 탈것, 차　15 재충전하다　16 flight
17 destination　18 license　19 board
20 route　21 journey　22 steer　23 take off
24 crew　25 traffic light　26 seatbelt
27 pedestrian　28 delay　29 deck
30 passenger

Days 18-19　　　　　　　　p. 10

1 이륙하다　2 대리인, 중개상　3 명소; 매력
4 인상적인, 감명 깊은　5 탑승하다　6 세관; 관세
7 목적지, 행선지　8 경로; 노선　9 수하물
10 탑승[투숙] 수속을 밟다　11 관광　12 지연,
지체; 지연시키다　13 기념품　14 여행 가방
15 배경　16 reservation　17 fare
18 vacation　19 amusement park
20 vehicle　21 cancel　22 aircraft
23 insurance　24 tourist　25 transport
26 passport　27 via　28 scenery
29 schedule　30 foreign

Days 19-20　　　　　　　　p. 11

1 공예, 공예품; 기술　2 예약　3 고전적인;
클래식의　4 가치; 가치 있게 생각하다　5 미술품,
예술품　6 원래의; 독창적인　7 외국의　8 여권
9 전시하다; 전시, 진열　10 단계; 무대　11 보험
12 진가를 알아보다; 감상하다; 고마워하다
13 창의적인, 상상력이 풍부한　14 경치, 풍경

15 대표[대신]하다; 나타내다, 상징하다
16 suitcase　17 performance　18 inspire
19 exhibition　20 sculpture　21 baggage
22 impression　23 customs　24 creation
25 attraction　26 masterpiece　27 critic
28 audience　29 check in　30 abstract

Days 20-21　　　　　　　　p. 11

1 동향, 추세; 유행　2 전시회; 전시　3 연예인;
유명 인사　4 신문, 언론; 누르다　5 현재의; 최신의
6 고무하다, 격려하다　7 추상적인　8 기자
9 비평가, 평론가　10 학술지, 잡지; 일기　11 인상,
느낌　12 명성　13 대본, 각본　14 방송하다; 방송
15 시각의　16 knowledge　17 article
18 original　19 mass media　20 craft
21 advertise　22 affect　23 entertainment
24 display　25 adapt　26 stage
27 headline　28 imaginative　29 feature
30 monitor

Days 21-22　　　　　　　　p. 12

1 영향을 미치다　2 지식　3 지갑　4 기사, 글
5 의상　6 줄무늬가 있는　7 팔찌　8 칼라, 깃
9 광고하다　10 뜨다; 뜨개질한 옷, 니트
11 배낭; 배낭여행을 하다　12 격식을 차린;
공식적인　13 대중 매체　14 천, 직물　15 가죽
16 casual　17 fame　18 neat　19 jewelry
20 loose　21 trousers　22 current
23 broadcast　24 uniform　25 clothes
26 celebrity　27 sleeve　28 vest
29 journalist　30 suit

Days 22-23　　　　　　　　p. 12

1 바지　2 생태계　3 해안, 연안　4 단정한, 정돈된
5 열대 우림　6 대양, 바다　7 정장; 어울리다
8 현상　9 평상시의　10 가뭄　11 옷　12 홍수;

물에 잠기다[잠기게 하다] 13 북극/남극의,
극지의 14 자연의; 당연한; 타고난 15 종
16 marine 17 volcano 18 leather
19 habitat 20 desert 21 fabric 22 tropical
23 costume 24 wildlife 25 bracelet
26 wallet 27 disaster 28 typhoon
29 earthquake 30 continent

Days 23-24 p. 13

1 증발하다 2 얼다; 얼리다 3 천둥 4 지진
5 번개 6 정확한; 정밀한 7 기후 8 해양의,
바다의 9 서식지 10 녹다; 녹이다 11 화산
12 강우; 강우량 13 도; 정도; 학위 14 대륙
15 예측하다 16 polar 17 moisture
18 foggy 19 phenomenon 20 ecosystem
21 weather 22 thermometer 23 forecast
24 breeze 25 drought 26 hail
27 humid 28 species 29 temperature
30 snowstorm

Days 24-25 p. 13

1 낭비하다; 낭비; 쓰레기 2 안개가 낀 3 유독한,
독성이 있는 4 수분, 습기 5 부족 6 우박
7 멸종 위기에 처한 8 날씨 9 온실 10 보호,
보존 11 산성의; 산 12 온도, 기온
13 재생 가능한 14 배기가스; 다 써버리다
15 처리하다; 배치하다 16 freeze
17 (p)rotection 18 evaporate
19 environmental 20 overuse 21 rainfall
22 lightning 23 (g)arbage 24 breeze
25 reuse 26 accurate 27 recycle
28 pollution 29 carbon 30 reduce

Days 25-26 p. 14

1 증기 2 환경의 3 ~을 다 써버리다; ~을
바닥내다 4 재사용하다 5 조수의 6 태양의
7 쓰레기 8 줄이다 9 줄이다 10 흐름; 흐르다
11 연료; 연료를 공급하다 12 발전소 13 자원
14 대체 가능한; 대안 15 원자력의; 핵(무기)의
16 windmill 17 abundant 18 acid
19 transform 20 coal 21 waste 22 crisis
23 poisonous 24 electricity 25 generate
26 efficient 27 shortage 28 fossil 29 finite
30 endangered

Days 26-27 p. 14

1 유산 2 화석 3 개척자; 개척하다 4 풍부한
5 역사적인, 역사적으로 중요한 6 자유
7 효율적인, 능률적인 8 노예 9 귀족의; 고결한,
숭고한 10 유한한, 한정된 11 기록하다; 서류,
문서 12 시대 13 석탄 14 왕조, 왕가
15 국왕의, 왕실의 16 historical 17 empire
18 nuclear 19 rule 20 solar 21 flow
22 conquer 23 alternative 24 colony
25 independence 26 run out of 27 ancient
28 civilization 29 revolution 30 establish

Days 27-28 p. 15

1 예배(하다), 숭배(하다) 2 의식 3 정신적인;
종교적인 4 독립 5 믿음; 신앙심 6 신부, 사제
7 문명 8 성스러운, 종교적인 9 제국 10 합창단,
성가대 11 정복하다 12 혁명 13 미신
14 극심한; 극단적인 15 초자연적인
16 ceremony 17 era 18 holy 19 noble
20 heritage 21 endure 22 believe in
23 pioneer 24 mercy 25 absolute
26 religion 27 pray 28 liberty 29 evil
30 fascinate

1 방어 2 군, 군대; 육군 3 완전한, 완벽한;
절대적인 4 차지하다; 점령하다 5 마음을
사로잡다 6 종교 7 패배시키다, 이기다; 패배
8 의식, 식 9 공격하다; 공격 10 전투; 싸우다
11 자비 12 피해자, 희생자 13 명령하다,
지시하다; 명령 14 기념[추도]의; 기념비, 기념관
15 목표물; 목표 16 military 17 spiritual
18 threat 19 worship 20 priest 21 war
22 superstition 23 unite 24 weapon
25 bomb 26 faith 27 victory 28 invade
29 explode 30 enemy

1 하다; 행동 2 재료, 물질 3 적, 적군
4 통합하다 5 실험실 6 침략하다 7 이론
8 과학의; 과학적인 9 증명[입증]하다
10 원리, 원칙; 신념, 신조 11 폭탄 12 실험;
실험하다 13 원자 14 현미경 15 승리
16 element 17 method 18 command
19 gene 20 evolve 21 cell 22 biology
23 defense 24 curiosity 25 interact
26 attack 27 victim 28 physics 29 battle
30 chemistry

1 산소 2 달의 3 물리학 4 우주선 5 우주 공간
6 상호 작용하다 7 우주 8 방법 9 행성
10 망원경 11 발자국 12 천문학자 13 태양계
14 호기심 15 진화하다; 발전[진전]하다
16 gravity 17 material 18 astronomy
19 spin 20 space station 21 theory
22 atmosphere 23 prove 24 conduct
25 satellite 26 galaxy 27 observe
28 experiment 29 surface 30 explore

1 장치, 기구 2 천문학 3 진전, 발전; 진보하다,
증진되다 4 관찰하다 5 편리한 6 표면
7 회전하다, 돌다 8 전자의 9 정확한, 정밀한
10 기술자 11 과정, 절차; 처리하다 12 대기
13 개선되다; 향상시키다 14 기술 15 진전;
진행하다; 진전을 보이다 16 artificial
17 analyze 18 lunar 19 spacecraft
20 innovation 21 virtual 22 oxygen
23 research 24 mobile 25 solar system
26 database 27 planet 28 replace
29 equipment 30 portable

1 가상의 2 장비, 설비 3 대강 훑어보다;
검색하다 4 개인의, 개인적인 5 휴대용 컴퓨터
6 이동하는, 이동하기 쉬운 7 안전한; 안정된
8 분석하다 9 보내다; 다시 보내 주다; 앞으로
10 접속하다, 로그인하다 11 접근; 이용; 접속하다
12 정지하다; 문을 닫다 13 도구, 연장
14 연구(하다), 조사(하다) 15 무선의
16 technician 17 password 18 delete
19 precise 20 essential 21 advance
22 convenient 23 update 24 attach
25 digital 26 device 27 information
28 network 29 download 30 contribute

1 비밀번호 2 전기 3 삭제하다 4 작가, 저자
5 시 6 장르 7 디지털(방식)의 8 붙이다,
첨부하다 9 소설; 허구 10 검토; 논평;
(재)검토하다; 논평하다 11 정보 12 문맥; 정황,
배경 13 줄거리 14 구성하다; 짓다; 작곡하다
15 이야기 16 copyright 17 content
18 tragedy 19 access 20 literature
21 revise 22 wireless 23 version

24 personal 25 setting 26 laptop
27 fantasy 28 secure 29 edit 30 publish

6 (급히) 움직이다, 서두르다; 분주; 혼잡   7 추가의
8 소득, 수입   9 값, 비용; (비용이) 들다
10 거래, 합의; 다루다, 처리하다   11 분실;
손실, 손해   12 판매되는; 할인 중인   13 꼬리표,
표   14 구매하다; 구매   15 투자하다   16 limit
17 cash   18 commerce   19 quality
20 customer   21 debt   22 luxury
23 consumer   24 receipt   25 decrease
26 afford   27 property   28 increase
29 expense   30 tax

Days 40-41   p. 21

1 돈, 비용   2 건강한; 건강에 좋은   3 약; 의학
4 고객, 손님   5 조사하다, 검토하다; 진찰하다
6 치료, 요법   7 현금   8 영수증   9 약; 마약
10 소비자   11 휴식을 취하다; 풀게 하다
12 면역성이 있는, 면역의   13 대하다, 다루다;
치료하다   14 상태; 환경   15 간신히 해내다;
운영[관리]하다   16 additional   17 medical
18 discount   19 pill   20 mental   21 prevent
22 refund   23 health   24 reaction
25 purchase   26 cure   27 relieve   28 rush
29 heal   30 get rid of

Days 41-42   p. 22

1 고통, 통증   2 심장 마비   3 ~을 제거하다
[없애다]   4 예방하다, 막다   5 병, 질병   6 의학의,
의료의   7 뻣뻣한; 뻐근한   8 작동되다; 가동하다;
수술하다   9 완화하다, 덜어 주다   10 심각한,
극심한; 가혹한   11 행하다, 실시하다; 공연하다
12 치료제, 치료법; 치유하다   13 시달리다;
고통받다; 겪다   14 수술   15 작은, 가벼운
16 insert   17 immune   18 vomit   19 identify
20 medicine   21 remedy   22 recover
23 patient   24 sore   25 condition   26 dizzy
27 drug   28 infect   29 stomachache
30 symptom

Days 42-43   p. 22

1 어지러운   2 발생하다, 일어나다   3 손상, 피해;
피해를 입히다   4 사고; 우연   5 응급 처치
6 복통, 위통   7 설명서; 손으로 하는, 육체 노동의
8 상처, 부상; 부상[상처]을 입히다   9 구하다,
구출하다; 구출, 구조   10 회복되다   11 숨 쉬다,
호흡하다   12 충돌/추락 사고; 충돌/추락하다
13 즉시   14 멍, 타박상; 멍이 생기다   15 증상
16 minor   17 disease   18 bleed   19 pain
20 bump   21 unexpected   22 urgent
23 surgery   24 donate   25 emergency
26 injure   27 disability   28 severe   29 suffer
30 bandage

Days 43-44   p. 23

1 피를 흘리다   2 대통령; 회장   3 긴급한, 시급한
4 진보적인   5 표; 투표하다   6 비상사태, 위급
7 공화국   8 예기치 않은, 뜻밖의   9 대다수
10 반대하다; 물건; 목적, 목표   11 ~에 참여[참가]
하다   12 부상을 입히다   13 후보자   14 항의하다;
항의; 시위   15 개혁하다; 개혁   16 government
17 bruise   18 occur   19 poll   20 rescue
21 politics   22 run for   23 first aid
24 campaign   25 elect   26 breathe
27 party   28 democracy   29 policy
30 political

Days 44-45   p. 23

1 대사   2 선출하다   3 개인의; 개인   4 ~에
출마하다   5 기능, 역할; 기능하다   6 출생지의;
토박이의; 원주민의   7 정부   8 공식적인, 공적인;
공무원   9 여론 조사   10 신원; 정체성, 독자성
11 민주주의   12 민족의, 종족의   13 대중의;
공공의   14 의무; 직무, 임무   15 국경
16 diplomat   17 racial   18 republic
19 authority   20 candidate   21 citizen

22 protest 23 loyal 24 majority
25 protect 26 liberal 27 international
28 organization 29 population 30 tradition

12 계속되는, 지속적인 13 현재의; 참석한; 선물;
현재 14 끊임없는; 변함없는 15 가난, 빈곤
16 previous 17 confront 18 temporary
19 while 20 permanent 21 equality
22 issue 23 (n)owadays 24 social
25 immediate 26 forever 27 recently
28 midnight 29 settle 30 decade

1 징계하다; 규율, 훈육 2 전통 3 변호사 4 조직,
기구 5 법률의; 합법의 6 자백하다 7 권한; 권위
8 인종의 9 체포하다; 체포 10 형벌, 형;
선고하다 11 국민; 시민 12 허락, 허가 13 정의;
공정; 사법, 재판 14 금지, 금지령; 금지하다
15 따르다, 순종하다 16 border 17 regulate
18 accuse 19 guilty 20 jury 21 duty
22 ambassador 23 court 24 release
25 forbid 26 individual 27 trial
28 permission 29 public 30 custom

1 인근의, 가까운; 가까이에(서) 2 가로의, 수평의
3 임시의, 일시적인 4 영구적인 5 뒤바꾸다;
(정)반대; (정)반대의 6 잎의, 이전의 7 똑바로;
곧장; 곧은, 똑바른 8 위치; 자세; 입장
9 즉각적인 10 맨 아래쪽의; 맨 아래; 바닥
11 수직의, 세로의 12 위층으로; 위층 13 반점;
곳, 장소 14 10년 15 내부의; 체내의 16 space
17 external 18 direction 19 apart
20 continuous 21 aside 22 dawn
23 continue 24 ahead 25 former
26 edge 27 period 28 distant
29 backward 30 upper

1 사회적인, 사회의 2 재판, 공판 3 규제하다
4 해결하다, 합의를 보다 5 허락, 허가 6 배심원단
7 극복하다, 이겨내다 8 관습, 풍습 9 직면하다;
맞서다 10 주제, 쟁점, 사안; 발표하다; 발행하다
11 고투하다, 애쓰다; 투쟁; 분투 12 충돌;
충돌하다 13 평균, 균등 14 자원하다; 자원봉사자,
지원자 15 책임이 있는; 책임지고 있는
16 lawyer 17 declare 18 shelter 19 arrest
20 hostile 21 legal 22 escape 23 poverty
24 sentence 25 unify 26 confess
27 welfare 28 relation 29 mission
30 collective

1 곱하다; 증가하다 2 1/4; 25센트짜리 동전
3 가장자리, 모서리; 날 4 ~이다, 같다; 동일한;
동등한 5 외부의; 외부적인 6 부족, 결핍; ~이
없다, 부족하다 7 덧셈; 추가 8 더 위에 있는,
위쪽의 9 액수; 합, 합계 10 한쪽으로, 옆쪽에
11 이상한; 홀수의 12 공간; 우주 13 평평한;
짝수의 14 분할; 분배; 나눗셈 15 12개짜리 한
묶음; 다수, 수십 16 calculate 17 subtract
18 vertical 19 plural 20 figure 21 straight
22 exceed 23 spot 24 extra 25 scarce
26 internal 27 sufficient 28 quantity
29 upstairs 30 volume

1 새벽 2 계속되다; 계속하다 3 복지 4 해질녘,
일몰 5 낮, 주간 6 피난처 7 잠시; 순간
8 이전의; 예전의, 과거의 9 기간; 시대, 시기
10 통합하다, 통일하다 11 적대적인

VOCA
PLANNER

중등 심화

미니 단어장

외운 단어에 ∨ 못외운 단어에 ★

☐ occupation	ⓝ 직업	☐ photographer	ⓝ 사진작가
☐ politician	ⓝ 정치인	☐ director	ⓝ 책임자; (영화·연극 등의) 감독
☐ officer	ⓝ 장교; 관리; 임원	☐ architect	ⓝ 건축가
☐ accountant	ⓝ 회계사	☐ mechanic	ⓝ (특히 차량 엔진) 정비공
☐ astronaut	ⓝ 우주 비행사	☐ engineer	ⓝ 기사, 기술자; 공학자
☐ pilot	ⓝ 조종사, 비행사	☐ librarian	ⓝ (도서관의) 사서
☐ announcer	ⓝ 아나운서, 방송 진행자	☐ receptionist	ⓝ 접수 담당자
☐ interpreter	ⓝ 통역사	☐ secretary	ⓝ 비서
☐ translator	ⓝ 번역가	☐ counselor	ⓝ 상담 전문가
☐ musician	ⓝ 음악가	☐ salesperson	ⓝ 판매원

TO-DO LIST

☐ MP3 듣기　　　　　☐ 표제어와 예문 읽기　　　☐ 파생어 외우기

☐ Daily Check-up 풀기　☐ 누적 테스트 풀기　　　☐ 틀린 단어 복습하기

☐　　　　　　　　　☐　　　　　　　　　　☐

외운 단어에 ✓ 못외운 단어에 ★

☐ workplace	ⓝ 직장	☐ chief	ⓝ 장, 우두머리 ⓐ 최고위자인; 주된
☐ apply	ⓥ 지원하다; 신청하다; 적용하다	☐ senior	ⓝ 상급자 ⓐ 상급의, 고위의
☐ employ	ⓥ 고용하다	☐ colleague	ⓝ 동료
☐ employer	ⓝ 고용주	☐ cooperate	ⓥ 협력하다
☐ employee	ⓝ 종업원, 직원, 고용인	☐ assist	ⓥ 돕다
☐ commute	ⓥ 통근하다	☐ career	ⓝ 직업; 경력
☐ wage	ⓝ 임금	☐ promote	ⓥ 승진시키다; 촉진하다
☐ task	ⓝ 업무, 일	☐ professional	ⓝ 전문직 종사자 ⓐ 직업의; 전문가의, 프로의
☐ department	ⓝ 부서	☐ expert	ⓝ 전문가
☐ staff	ⓝ (전체) 직원	☐ retire	ⓥ 은퇴하다

TO-DO LIST

☐ MP3 듣기　　　　☐ 표제어와 예문 읽기　　　☐ 파생어 외우기

☐ Daily Check-up 풀기　☐ 누적 테스트 풀기　　　☐ 틀린 단어 복습하기

☐ 　　　　　　　☐ 　　　　　　　☐

3

외운 단어에 Ⅴ 못외운 단어에 ★

☐ education	ⓝ 교육	☐ absence	ⓝ 결석, 결근
☐ subject	ⓝ 주제; 과목	☐ principal	ⓝ 교장 ⓐ 주요한, 주된
☐ academic	ⓐ 학업의, 학교의	☐ pupil	ⓝ 학생
☐ lecture	ⓝ (특히 대학) 강의, 강연	☐ influence	ⓥ 영향을 주다 [미치다] ⓝ 영향
☐ instruct	ⓥ 가르치다; 지시하다	☐ scholarship	ⓝ 장학금
☐ concentrate	ⓥ 집중하다	☐ graduate	ⓥ 졸업하다 ⓝ 졸업생
☐ assignment	ⓝ 과제	☐ auditorium	ⓝ 강당
☐ submit	ⓥ 제출하다	☐ cafeteria	ⓝ 구내식당
☐ term	ⓝ 용어; 학기	☐ gym	ⓝ 체육관
☐ attend	ⓥ 참석하다; (~에) 다니다	☐ dormitory	ⓝ 기숙사

TO-DO LIST

☐ MP3 듣기   ☐ 표제어와 예문 읽기   ☐ 파생어 외우기

☐ Daily Check-up 풀기   ☐ 누적 테스트 풀기   ☐ 틀린 단어 복습하기

☐   ☐   ☐

나만의 주제별
영단어 학습 플래너

VOCA PLANNER

중등 심화

미니 단어장

외운 단어에 V 못외운 단어에 ★

□ communicate	ⓥ 의사소통하다	□ oppose	ⓥ 반대하다
□ message	ⓝ 메시지, 전갈	□ complain	ⓥ 불평하다, 항의하다
□ mention	ⓥ 언급하다 ⓝ 언급	□ misunderstand	ⓥ 오해하다
□ comment	ⓝ 논평, 의견 ⓥ 논평하다	□ debate	ⓝ 토론, 논쟁 ⓥ 토론하다, 논쟁하다
□ refer	ⓥ 참조하다; 언급하다	□ negotiate	ⓥ 협상하다
□ remark	ⓝ 발언 ⓥ 발언하다, 말하다	□ consult	ⓥ 상담하다, 상의하다
□ summary	ⓝ 요약, 개요	□ admit	ⓥ 인정하다, 시인하다
□ controversy	ⓝ 논쟁, 논란	□ respond	ⓥ 대답하다; 대응하다
□ conflict	ⓝ 갈등, 충돌 ⓥ 대립하다, 충돌하다	□ apology	ⓝ 사과
□ against	prep ~에 반대 하여	□ resolve	ⓥ 해결하다

TO-DO LIST

- □ MP3 듣기
- □ 표제어와 예문 읽기
- □ 파생어 외우기
- □ Daily Check-up 풀기
- □ 누적 테스트 풀기
- □ 틀린 단어 복습하기
- □
- □
- □

5

외운 단어에 ∨ 못외운 단어에 ★

☐ infant	ⓝ 유아, 젖먹이 ⓐ 유아의	☐ give birth to	출산하다
☐ childhood	ⓝ 어린 시절	☐ feed	ⓥ 음식을 먹이다; 먹이를 주다
☐ teenager	ⓝ 청소년, 십대	☐ care for	~를 돌보다[보살피 다]; ~을 좋아하다
☐ adult	ⓝ 성인, 어른	☐ adopt	ⓥ 입양하다; 채택하다
☐ elderly	ⓐ 연세 드신	☐ relative	ⓝ 친척 ⓐ 비교상의; 상대적인
☐ bride	ⓝ 신부	☐ get along with	~와 잘지내다
☐ engaged	ⓐ 바쁜; ~하고 있 는; 약혼한	☐ relationship	ⓝ 관계
☐ marriage	ⓝ 결혼 (생활); 결혼식	☐ nephew	ⓝ (남자) 조카
☐ divorce	ⓝ 이혼 ⓥ 이혼하다	☐ niece	ⓝ (여자) 조카
☐ pregnant	ⓐ 임신한	☐ ancestor	ⓝ 조상

TO-DO LIST

☐ MP3 듣기　　　　☐ 표제어와 예문 읽기　　　☐ 파생어 외우기

☐ Daily Check-up 풀기　　☐ 누적 테스트 풀기　　　☐ 틀린 단어 복습하기

☐ 　　　　　　　　☐ 　　　　　　　　　☐

외운 단어에 V   못외운 단어에 ⭐

□ housework	ⓝ 가사, 집안일	□ sweep	ⓥ (빗자루 또는 손으로) 쓸다
□ routine	ⓝ 일상, 일과 ⓐ 일상적인, 판에 박힌	□ scrub	ⓥ (보통 비눗물과 솔로) 문질러 청소하다
□ chore	ⓝ (정기적으로 하는) 일, 허드렛일	□ wipe	ⓥ (천·수건 등으로) 닦다
□ make one's bed	잠자리를 정돈하다	□ vacuum	ⓝ 진공청소기 ⓥ 진공청소기로 청소하다
□ set the table	상을 차리다	□ polish	ⓥ 닦다, 윤을 내다
□ do the dishes	설거지하다	□ messy	ⓐ 지저분한, 어질러진
□ laundry	ⓝ 세탁물; 세탁	□ tidy	ⓐ 깔끔한, 잘 정돈된 ⓥ 정리[정돈]하다
□ iron	ⓝ 다리미 ⓥ 다리미질을 하다	□ arrange	ⓥ 정리하다, 배열하다; 준비하다
□ dust	ⓝ 먼지 ⓥ (손이나 솔로) 먼지를 털다	□ mend	ⓥ 수리하다, 고치다
□ broom	ⓝ 빗자루	□ throw away	(더 이상 필요 없는 것을) 버리다

TO-DO LIST

□ MP3 듣기   □ 표제어와 예문 읽기   □ 파생어 외우기
□ Daily Check-up 풀기   □ 누적 테스트 풀기   □ 틀린 단어 복습하기
□   □   □

외운 단어에 ∨ 못외운 단어에 ★

☐ meal	ⓝ 식사	☐ raw	ⓐ 익히지 않은, 날것의
☐ fancy	ⓐ 화려한; 고급의; 일류의	☐ rare	ⓐ 드문; (고기가) 살짝 익힌
☐ cuisine	ⓝ 요리법; (비싼 식당의) 요리	☐ leftover	ⓐ 먹다 남은 ⓝ (복수로) 나머지; 남은 음식
☐ digest	ⓥ 소화하다, 소화시키다	☐ rotten	ⓐ 썩은, 부패한
☐ vegetarian	ⓝ 채식주의자 ⓐ 채식주의(자)의	☐ container	ⓝ 용기, 그릇
☐ dairy	ⓐ 유제품의; 낙농(업)의	☐ package	ⓝ (포장용) 상자, 봉지 ⓥ 포장하다
☐ beverage	ⓝ (물 외의) 음료	☐ refrigerator	ⓝ 냉장고
☐ frozen	ⓐ 냉동된	☐ preserve	ⓥ 보존하다; 저장하다 ⓝ 설탕 절임, 잼
☐ instant	ⓐ 즉각적인; (식품이) 인스턴트의 ⓝ 순간	☐ flavor	ⓝ 풍미, 맛
☐ processed	ⓐ 가공된, 가공 처리한	☐ nutrition	ⓝ 영양; 영양물

TO-DO LIST

☐ MP3 듣기　　　　☐ 표제어와 예문 읽기　　　☐ 파생어 외우기

☐ Daily Check-up 풀기　☐ 누적 테스트 풀기　　　☐ 틀린 단어 복습하기

☐ 　　　　　　　　☐ 　　　　　　　　☐

외운 단어에 V 못외운 단어에 ★

☐ ingredient	⑪ (요리의) 재료	☐ mash	ⓥ (음식을) 으깨다, 짓이기다
☐ measure	ⓥ 측정하다	☐ add	ⓥ 추가하다; (수·양을) 더하다
☐ peel	ⓥ 껍질을 벗기다 ⑪ (과일·채소 등의) 껍질	☐ simmer	ⓥ (부글부글 계속) 끓이다
☐ slice	⑪ 얇은 조각 ⓥ 얇게 썰다	☐ grill	⑪ 석쇠 ⓥ 석쇠에 굽다
☐ chop	ⓥ (토막으로) 썰다	☐ roast	ⓥ 굽다 ⓐ 구운
☐ pour	ⓥ 붓다, 따르다	☐ bake	ⓥ 굽다
☐ mix	ⓥ 섞다, 혼합하다	☐ steam	ⓥ 찌다 ⑪ 김, 증기
☐ blend	ⓥ 섞다, 혼합하다	☐ seasoning	⑪ 양념, 조미료
☐ stir	ⓥ (저어 가며) 섞다, 젓다	☐ carve	ⓥ 조각하다, 새기다; (요리된 고기를) 썰다
☐ grind	ⓥ 갈다, 빻다	☐ decorate	ⓥ 장식하다

TO-DO LIST

☐ MP3 듣기　　　　☐ 표제어와 예문 읽기　　　☐ 파생어 외우기
☐ Daily Check-up 풀기　☐ 누적 테스트 풀기　　　☐ 틀린 단어 복습하기
☐　　　　　　　　☐　　　　　　　　　☐

외운 단어에 V / 못외운 단어에 ★

□ skull	ⓝ 두개골; 머리	□ buttock	ⓝ (주로 복수로) 엉덩이
□ forehead	ⓝ 이마	□ thigh	ⓝ 허벅지
□ eyebrow	ⓝ 눈썹	□ knee	ⓝ 무릎
□ cheek	ⓝ 볼, 뺨	□ muscle	ⓝ 근육
□ chin	ⓝ 턱	□ palm	ⓝ 손바닥
□ gum	ⓝ (주로 복수로) 잇몸	□ organ	ⓝ 장기
□ tongue	ⓝ 혀; 언어	□ stomach	ⓝ 위, 복부
□ throat	ⓝ 목구멍, 목	□ kidney	ⓝ 신장, 콩팥
□ chest	ⓝ 흉부, 가슴	□ liver	ⓝ 간
□ breast	ⓝ 가슴, 유방	□ lung	ⓝ 폐

TO-DO LIST

□ MP3 듣기	□ 표제어와 예문 읽기	□ 파생어 외우기
□ Daily Check-up 풀기	□ 누적 테스트 풀기	□ 틀린 단어 복습하기
□	□	□

외운 단어에 V   못외운 단어에 ★

☐ ascend	Ⓥ 오르다, 올라가다	☐ squeeze	Ⓥ (특히 손가락으로 꼭) 짜다
☐ descend	Ⓥ 내려오다	☐ dig	Ⓥ (구멍 등을) 파다
☐ creep	Ⓥ 살금살금 움직이다	☐ tap	Ⓥ (가볍게) 톡톡 두드리다[치다]
☐ stretch	Ⓥ 늘이다; 늘어지다; 기지개를 켜다; 뻗다	☐ drag	Ⓥ 끌다, 끌고 가다
☐ bend	Ⓥ 굽히다; 구부리다	☐ lift	Ⓥ 들어 올리다
☐ bounce	Ⓥ 튀다; 튀기다; 깡충깡충 뛰다	☐ frown	Ⓥ 얼굴을 찡그리다; 눈살을 찌푸리다
☐ roll	Ⓥ 구르다; 굴리다; 뒹굴다	☐ blow	Ⓥ (바람이) 불다; (입으로) 불다
☐ lay	Ⓥ (조심스럽게) 놓다[두다]	☐ bite	Ⓥ (이빨로) 물다; 물어뜯다 ⓝ 물기; 한 입
☐ fold	Ⓥ 접다, 개키다	☐ chew	Ⓥ (음식을) 씹다; 물어뜯다
☐ bind	Ⓥ 묶다	☐ blink	Ⓥ 눈을 깜박이다 ⓝ 깜박거림; 일순간

외운 단어에 V   못외운 단어에 ★

☐ match	ⓝ 시합, 경기 ⓥ 어울리다	☐ competition	ⓝ 경쟁; 대회, 시합
☐ athlete	ⓝ 운동선수	☐ fair	ⓐ 공정한, 공평한
☐ athletic	ⓐ (몸이) 탄탄한; 운동 경기의	☐ penalty	ⓝ 처벌; 벌칙
☐ referee	ⓝ 심판	☐ do one's best	최선을 다하다
☐ defend	ⓥ 방어[수비]하다	☐ outdoor	ⓐ 야외의
☐ tackle	ⓥ (문제 등을) 다루 다; 태클하다, 공을 뺏다	☐ indoor	ⓐ 실내의
☐ score	ⓝ 득점, 점수 ⓥ 득점하다	☐ regularly	ⓐⓓ 규칙적으로, 정기적으로
☐ championship	ⓝ 선수권 대회	☐ work out	운동하다
☐ spirit	ⓝ 정신, 마음	☐ sweat	ⓝ 땀 ⓥ 땀을 흘리다
☐ challenge	ⓝ 도전 ⓥ 도전하다	☐ strength	ⓝ 힘; 강점

TO-DO LIST

☐ MP3 듣기   ☐ 표제어와 예문 읽기   ☐ 파생어 외우기

☐ Daily Check-up 풀기   ☐ 누적 테스트 풀기   ☐ 틀린 단어 복습하기

☐   ☐   ☐

외운 단어에 V · 못외운 단어에 ★

□ personality	ⓝ 성격, 인격; 개성	□ generous	ⓐ 후한; 관대한
□ positive	ⓐ 긍정적인; 확신하는, 분명한	□ mild	ⓐ (말·태도가) 순한, 온화한; (날씨가) 온화한, 포근한
□ optimist	ⓝ 낙천주의자, 낙관론자	□ negative	ⓐ 부정적인, 비관적인; 거절하는
□ confident	ⓐ 자신감 있는; 확신하는	□ rude	ⓐ 무례한, 버릇없는
□ bold	ⓐ 용감한, 대담한	□ mean	ⓐ 인색한; 심술궂은 ⓥ 의미하다
□ ambitious	ⓐ 야심 있는; 대망을 품은	□ strict	ⓐ 엄격한, 엄한
□ passive	ⓐ 수동적인, 소극적인	□ temper	ⓝ 성질, 화
□ sensitive	ⓐ 세심한; 예민한, 민감한	□ impatient	ⓐ 성급한; 초조해하는
□ considerate	ⓐ 사려 깊은, (남을) 배려하는	□ aggressive	ⓐ 공격적인; 적극적인, 의욕적인
□ modest	ⓐ 겸손한; 적당한	□ show off	~을 자랑[과시]하다

TO-DO LIST

□ MP3 듣기   □ 표제어와 예문 읽기   □ 파생어 외우기

□ Daily Check-up 풀기   □ 누적 테스트 풀기   □ 틀린 단어 복습하기

□   □   □

외운 단어에 ∨ 못외운 단어에 ★

☐ emotion	ⓝ 감정; 정서	☐ embarrassed	ⓐ 당황스러운, 쑥스러운
☐ mood	ⓝ 기분; 분위기	☐ ashamed	ⓐ 부끄러워하는, 수치스러운
☐ delight	ⓝ 기쁨, 즐거움 ⓥ 매우 기쁘게 하다	☐ envy	ⓥ 부러워하다; 질투하다 ⓝ 부러움, 선망
☐ satisfied	ⓐ 만족하는	☐ offend	ⓥ 기분 상하게 하다
☐ sorrow	ⓝ 슬픔	☐ regret	ⓝ 유감; 후회 ⓥ 유감으로 생각하다; 후회하다
☐ depressed	ⓐ (기분이) 우울한; 불경기의	☐ nervous	ⓐ 긴장한, 불안해하는; 신경이 과민한
☐ comfort	ⓝ 위로, 위안 ⓥ 위로하다, 위안하다	☐ tension	ⓝ 긴장 (상태), 불안; 갈등
☐ sincere	ⓐ 진정한, 진심의	☐ anxious	ⓐ 불안해하는, 걱정하는
☐ sympathy	ⓝ 동정(심), 연민	☐ concerned	ⓐ 걱정하는, 염려하는
☐ grateful	ⓐ 감사하는	☐ frightened	ⓐ 겁먹은, 무서워하는

TO-DO LIST

☐ MP3 듣기   ☐ 표제어와 예문 읽기   ☐ 파생어 외우기

☐ Daily Check-up 풀기   ☐ 누적 테스트 풀기   ☐ 틀린 단어 복습하기

☐   ☐   ☐

외운 단어에 V 못외운 단어에 ★

□ reason	ⓝ 이유; 근거; 이성, 사고력	□ recognize	ⓥ (사람·사물을) 알아보다; 인정[인식]하다
□ logic	ⓝ 논리	□ recall	ⓥ 기억해 내다, 상기하다
□ imagine	ⓥ 상상하다	□ remind	ⓥ 생각나게 하다, 상기시키다
□ expect	ⓥ 예상하다, 기대하다	□ compare	ⓥ 비교하다
□ consider	ⓥ 고려하다, 숙고하다; ~로 여기다	□ contrast	ⓥ 대조하다 ⓝ 대조, 대비
□ probably	ⓐⓓ 아마	□ view	ⓝ 견해, 생각; 경치, 전망 ⓥ ~을 보다
□ suppose	ⓥ 생각하다, 추정하다; 가정하다	□ sensible	ⓐ 합리적인, 분별 있는
□ aware	ⓐ 알고 있는, 알아차린	□ realize	ⓥ 깨닫다
□ conscious	ⓐ 의식하는, 알고 있는; 의도적인	□ judge	ⓥ 판단하다 ⓝ 판사
□ perceive	ⓥ 인지하다	□ conclude	ⓥ 결론을 내리다; 끝내다

TO-DO LIST

□ MP3 듣기   □ 표제어와 예문 읽기   □ 파생어 외우기
□ Daily Check-up 풀기   □ 누적 테스트 풀기   □ 틀린 단어 복습하기
□   □   □

15

외운 단어에 V / 못외운 단어에 ★

□ opinion	ⓝ 의견, 견해	□ propose	ⓥ 제안하다; 청혼하다
□ doubt	ⓥ 의심하다 ⓝ 의문, 의심	□ suggest	ⓥ 제안하다
□ figure out	~을 이해하다[알아내다]	□ recommend	ⓥ 추천하다
□ request	ⓥ (정중히) 요청하다 ⓝ 요청	□ convey	ⓥ (생각 등을) 전달하다; 나르다, 운반하다
□ require	ⓥ 필요로 하다; 요구하다	□ discuss	ⓥ 논의하다, 토론하다
□ call for	~을 요구하다	□ emphasize	ⓥ 강조하다
□ claim	ⓥ 주장하다; 요구하다 ⓝ 주장; 요구	□ persuade	ⓥ 설득하다
□ insist	ⓥ 고집하다, 주장하다	□ convince	ⓥ 납득[확신]시키다; 설득하다
□ force	ⓥ 강요하다 ⓝ 힘	□ disagree	ⓥ 동의하지 않다
□ argument	ⓝ 논쟁; 논거, 주장	□ support	ⓥ 지지하다; 지원하다; 부양하다 ⓝ 지지

TO-DO LIST

- □ MP3 듣기
- □ 표제어와 예문 읽기
- □ 파생어 외우기
- □ Daily Check-up 풀기
- □ 누적 테스트 풀기
- □ 틀린 단어 복습하기
- □
- □
- □

외운 단어에 ✓ 못외운 단어에 ★

☐ architecture	ⓝ 건축(학); 건축 양식	☐ porch	ⓝ 현관
☐ landmark	ⓝ 주요 지형지물	☐ garage	ⓝ 차고
☐ address	ⓝ 주소; 연설	☐ lawn	ⓝ 잔디밭
☐ locate	ⓥ (위치 등을) 찾아 내다; ~에 위치 하다	☐ interior	ⓐ 내부의 ⓝ 내부
☐ site	ⓝ 장소, 부지	☐ staircase	ⓝ 계단
☐ neighborhood	ⓝ 근처, 이웃	☐ column	ⓝ 기둥
☐ rural	ⓐ 시골의, 전원의	☐ hallway	ⓝ 복도
☐ urban	ⓐ 도시의	☐ aisle	ⓝ 통로
☐ entrance	ⓝ (출)입구	☐ basement	ⓝ 지하실, 지하층
☐ gate	ⓝ 대문; 출입구	☐ exit	ⓝ 출구 ⓥ 나가다

TO-DO LIST

☐ MP3 듣기　　　　☐ 표제어와 예문 읽기　　　☐ 파생어 외우기

☐ Daily Check-up 풀기　☐ 누적 테스트 풀기　　　☐ 틀린 단어 복습하기

☐　　　　　　　☐　　　　　　　　☐

외운 단어에 V / 못외운 단어에 ★

☐ highway	⑪ 고속 도로	☐ seatbelt	⑪ 안전벨트
☐ crossroad	⑪ 교차로	☐ steer	ⓥ 조종하다, 몰다
☐ crosswalk	⑪ 횡단보도	☐ license	⑪ 면허(증) ⓥ (공식적으로) 허가하다
☐ sidewalk	⑪ 보도, 인도	☐ accelerate	ⓥ 속도를 높이다; 가속화하다
☐ pedestrian	⑪ 보행자 ⓐ 보행자의	☐ recharge	ⓥ 재충전하다
☐ traffic light	⑪ 신호등	☐ gas station	⑪ 주유소
☐ automobile	⑪ 자동차	☐ pick up	~를 (차에) 태우러 가다
☐ brake	⑪ 브레이크, 제동 장치	☐ flat	ⓐ 평평한; 바람이 빠진
☐ wheel	⑪ 바퀴	☐ break down	(기계·차량이) 고장 나다
☐ electric	ⓐ 전기의	☐ parking lot	⑪ 주차장

TO-DO LIST

☐ MP3 듣기	☐ 표제어와 예문 읽기	☐ 파생어 외우기
☐ Daily Check-up 풀기	☐ 누적 테스트 풀기	☐ 틀린 단어 복습하기
☐	☐	☐

18

외운 단어에 V   못외운 단어에 ★

□ traffic	ⓝ (차·사람 등의) 교통(량), 통행	□ cabin	ⓝ 객실, 선실
□ vehicle	ⓝ 운송 수단, 탈것, 차	□ deck	ⓝ (배의) 갑판
□ passenger	ⓝ 승객	□ board	ⓥ 탑승하다
□ transport	ⓥ 수송하다 ⓝ 수송 (수단)	□ take off	이륙하다
□ transfer	ⓥ 이동하다; 환승하다	□ delay	ⓝ 지연, 지체 ⓥ 지연시키다
□ fare	ⓝ (교통) 요금	□ via	prep ~을 경유하여, ~을 거쳐
□ flight	ⓝ 비행; 항공기	□ route	ⓝ 경로; 노선
□ aircraft	ⓝ 항공기	□ land	ⓥ 착륙[도착]하다 ⓝ 육지, 땅
□ ferry	ⓝ 연락선, 여객선	□ destination	ⓝ 목적지, 행선지
□ crew	ⓝ 승무원	□ journey	ⓝ 여정, 여행

TO-DO LIST

□ MP3 듣기   □ 표제어와 예문 읽기   □ 파생어 외우기
□ Daily Check-up 풀기   □ 누적 테스트 풀기   □ 틀린 단어 복습하기
□   □   □

외운 단어에 V 못외운 단어에 ★

□ agent	ⓝ 대리인, 중개상	□ check in	탑승[투숙] 수속을 밟다
□ schedule	ⓝ 일정; 시간표	□ sightseeing	ⓝ 관광
□ insurance	ⓝ 보험	□ tourist	ⓝ 관광객
□ passport	ⓝ 여권	□ background	ⓝ 배경
□ baggage	ⓝ 수하물	□ scenery	ⓝ 경치, 풍경
□ suitcase	ⓝ 여행 가방	□ impressive	ⓐ 인상적인, 감명 깊은
□ vacation	ⓝ 방학, 휴가	□ amusement park	ⓝ 놀이공원
□ foreign	ⓐ 외국의	□ attraction	ⓝ 명소; 매력
□ cancel	ⓥ 취소하다	□ souvenir	ⓝ 기념품
□ reservation	ⓝ 예약	□ customs	ⓝ 세관; 관세

TO-DO LIST

□ MP3 듣기	□ 표제어와 예문 읽기	□ 파생어 외우기
□ Daily Check-up 풀기	□ 누적 테스트 풀기	□ 틀린 단어 복습하기
□	□	□

외운 단어에 V 못외운 단어에 ★

☐ artwork	ⓝ 미술품, 예술품	☐ display	ⓥ 전시하다 ⓝ 전시, 진열
☐ sculpture	ⓝ 조각품	☐ performance	ⓝ 공연; 연주회
☐ masterpiece	ⓝ 걸작, 명작	☐ classical	ⓐ 고전적인; (음악이) 클래식의
☐ craft	ⓝ 공예, (복수로) 공예품; 기술	☐ stage	ⓝ 단계; 무대
☐ represent	ⓥ 대표[대신]하다; 나타내다, 상징하다	☐ audience	ⓝ 관중; 청중
☐ creation	ⓝ 창조, 창작; 창작물	☐ appreciate	ⓥ 진가를 알아보 다; 감상하다; 고마워하다
☐ imaginative	ⓐ 창의적인, 상상력이 풍부한	☐ impression	ⓝ 인상, 느낌
☐ abstract	ⓐ 추상적인	☐ inspire	ⓥ 고무하다, 격려하다
☐ original	ⓐ 원래의; 독창적인	☐ value	ⓝ 가치 ⓥ 가치 있 게 생각하다
☐ exhibition	ⓝ 전시회; 전시	☐ critic	ⓝ 비평가, 평론가

TO-DO LIST

☐ MP3 듣기   ☐ 표제어와 예문 읽기   ☐ 파생어 외우기

☐ Daily Check-up 풀기   ☐ 누적 테스트 풀기   ☐ 틀린 단어 복습하기

☐   ☐   ☐

외운 단어에 ∨ 못외운 단어에 ★

☐ broadcast	ⓥ 방송하다 ⓝ 방송	☐ mass media	ⓝ 대중 매체
☐ press	ⓝ 신문, 언론 ⓥ 누르다	☐ journal	ⓝ 학술지, (전문) 잡지; 일기
☐ advertise	ⓥ 광고하다	☐ journalist	ⓝ 기자
☐ entertainment	ⓝ (영화·음악 등의) 오락(물)	☐ headline	ⓝ (신문 기사의) 표제
☐ trend	ⓝ 동향, 추세; 유행	☐ article	ⓝ (신문·잡지의) 기사, 글
☐ celebrity	ⓝ (유명) 연예인; 유명 인사	☐ current	ⓐ 현재의; 최신의
☐ fame	ⓝ 명성	☐ feature	ⓝ 특징; 특집 기사 ⓥ 특징으로 삼다, 특별히 포함하다
☐ script	ⓝ 대본, 각본	☐ affect	ⓥ 영향을 미치다
☐ adapt	ⓥ 적응하다[시키 다]; 각색하다	☐ monitor	ⓝ 화면 ⓥ 감시[관리]하다
☐ visual	ⓐ 시각의	☐ knowledge	ⓝ 지식

TO-DO LIST

☐ MP3 듣기   ☐ 표제어와 예문 읽기   ☐ 파생어 외우기
☐ Daily Check-up 풀기   ☐ 누적 테스트 풀기   ☐ 틀린 단어 복습하기
☐   ☐   ☐

외운 단어에 V 못외운 단어에 ★

☐ jewelry	ⓝ 보석류	☐ leather	ⓝ 가죽
☐ bracelet	ⓝ 팔찌	☐ fabric	ⓝ 천, 직물
☐ backpack	ⓝ 배낭 ⓥ 배낭여행을 하다	☐ costume	ⓝ 의상
☐ wallet	ⓝ 지갑	☐ suit	ⓝ 정장 ⓥ (옷·색상 등이) 어울리다
☐ clothes	ⓝ 옷	☐ uniform	ⓝ 교복, 제복 ⓐ 한결같은, 균일한
☐ casual	ⓐ 평상시의	☐ knit	ⓥ (실로 옷 등을) 뜨다 ⓝ 뜨개질한 옷, 니트
☐ formal	ⓐ 격식을 차린; 공식적인	☐ trousers	ⓝ 바지
☐ loose	ⓐ 풀린; 헐렁한	☐ vest	ⓝ 조끼
☐ neat	ⓐ 단정한, 정돈된	☐ sleeve	ⓝ 소매
☐ striped	ⓐ 줄무늬가 있는	☐ collar	ⓝ 칼라, 깃

TO-DO LIST

☐ MP3 듣기   ☐ 표제어와 예문 읽기   ☐ 파생어 외우기

☐ Daily Check-up 풀기   ☐ 누적 테스트 풀기   ☐ 틀린 단어 복습하기

☐   ☐   ☐

외운 단어에 V 못외운 단어에 ★

☐ natural	ⓐ 자연의; 당연한; 타고난	☐ rainforest	ⓝ 열대 우림
☐ continent	ⓝ 대륙	☐ desert	ⓝ 사막 ⓥ 버리다, 방치하다
☐ ocean	ⓝ 대양, 바다	☐ polar	ⓐ 북극/남극의, 극지의
☐ marine	ⓐ 해양의, 바다의	☐ disaster	ⓝ 재난, 재해
☐ coast	ⓝ 해안, 연안	☐ phenomenon	ⓝ 현상
☐ ecosystem	ⓝ 생태계	☐ earthquake	ⓝ 지진
☐ species	ⓝ 종	☐ volcano	ⓝ 화산
☐ wildlife	ⓝ 야생 생물	☐ typhoon	ⓝ 태풍
☐ habitat	ⓝ 서식지	☐ flood	ⓝ 홍수 ⓥ 물에 잠기다[잠기게 하다]
☐ tropical	ⓐ 열대 지방의, 열대의	☐ drought	ⓝ 가뭄

TO-DO LIST

☐ MP3 듣기 ☐ 표제어와 예문 읽기 ☐ 파생어 외우기

☐ Daily Check-up 풀기 ☐ 누적 테스트 풀기 ☐ 틀린 단어 복습하기

☐ ☐ ☐

외운 단어에 V 못외운 단어에 ★

☐ weather	ⓝ 날씨	☐ thunder	ⓝ 천둥
☐ forecast	ⓝ 예보, 예측 ⓥ 예측[예보]하다	☐ breeze	ⓝ 산들바람
☐ predict	ⓥ 예측하다	☐ degree	ⓝ (온도 단위의) 도; 정도; 학위
☐ accurate	ⓐ 정확한; 정밀한	☐ temperature	ⓝ 온도, 기온
☐ climate	ⓝ 기후	☐ thermometer	ⓝ 온도계
☐ foggy	ⓐ 안개가 낀	☐ moisture	ⓝ 수분, 습기
☐ hail	ⓝ 우박	☐ evaporate	ⓥ 증발하다
☐ rainfall	ⓝ 강우; 강우량	☐ humid	ⓐ (날씨가) 습한
☐ snowstorm	ⓝ 눈보라	☐ melt	ⓥ 녹다; 녹이다
☐ lightning	ⓝ 번개	☐ freeze	ⓥ 얼다; 얼리다

TO-DO LIST

☐ MP3 듣기　　　　☐ 표제어와 예문 읽기　　　☐ 파생어 외우기
☐ Daily Check-up 풀기　☐ 누적 테스트 풀기　　　☐ 틀린 단어 복습하기
☐　　　　　　　　☐　　　　　　　　　☐

Date   년   월   일

외운 단어에 V 못외운 단어에 ★

□ environmental	ⓐ (자연) 환경의	□ carbon	ⓝ 탄소
□ conservation	ⓝ 보호, 보존	□ endangered	ⓐ 멸종 위기에 처한
□ protection	ⓝ 보호	□ greenhouse	ⓝ 온실
□ resource	ⓝ 자원	□ shortage	ⓝ 부족
□ pollution	ⓝ 오염, 공해	□ acid	ⓐ 산성의 ⓝ 산
□ poisonous	ⓐ 유독한, 독성이 있는	□ dispose	ⓥ 처리하다; 배치하다
□ exhaust	ⓝ 배기가스 ⓥ 다 써버리다	□ recycle	ⓥ 재활용하다
□ overuse	ⓥ 남용하다	□ reuse	ⓥ 재사용하다
□ waste	ⓥ 낭비하다 ⓝ 낭비; 쓰레기	□ reduce	ⓥ (규모·크기·양 등을) 줄이다
□ garbage	ⓝ 쓰레기	□ renewable	ⓐ 재생 가능한

TO-DO LIST

□ MP3 듣기   □ 표제어와 예문 읽기   □ 파생어 외우기

□ Daily Check-up 풀기   □ 누적 테스트 풀기   □ 틀린 단어 복습하기

□   □   □

외운 단어에 V / 못외운 단어에 ★

☐ fuel	ⓝ 연료 ⓥ 연료를 공급하다	☐ vapor	ⓝ 증기
☐ coal	ⓝ 석탄	☐ nuclear	ⓐ 원자력의; 핵(무기)의
☐ fossil	ⓝ 화석	☐ abundant	ⓐ 풍부한
☐ run out of	~을 다 써버리다; ~을 바닥내다	☐ efficient	ⓐ 효율적인, 능률적인
☐ finite	ⓐ 유한한, 한정된	☐ electricity	ⓝ 전기
☐ crisis	ⓝ 위기	☐ generate	ⓥ 발생시키다
☐ cut down	줄이다	☐ transform	ⓥ 변형시키다
☐ alternative	ⓐ 대체 가능한 ⓝ 대안	☐ flow	ⓝ 흐름 ⓥ 흐르다
☐ solar	ⓐ 태양의	☐ power plant	ⓝ 발전소
☐ tidal	ⓐ 조수의	☐ windmill	ⓝ 풍차

TO-DO LIST

☐ MP3 듣기   ☐ 표제어와 예문 읽기   ☐ 파생어 외우기

☐ Daily Check-up 풀기   ☐ 누적 테스트 풀기   ☐ 틀린 단어 복습하기

☐   ☐   ☐

외운 단어에 V 못외운 단어에 ★

☐ historic	ⓐ 역사적인, 역사적으로 중요한	☐ noble	ⓐ 귀족의; 고결한, 숭고한
☐ historical	ⓐ 역사상의, 역사적인	☐ conquer	ⓥ 정복하다
☐ ancient	ⓐ 고대의	☐ establish	ⓥ 설립하다
☐ era	ⓝ 시대	☐ rule	ⓥ 통치하다, 다스리다 ⓝ 통치
☐ document	ⓥ 기록하다 ⓝ 서류, 문서	☐ colony	ⓝ 식민지
☐ heritage	ⓝ 유산	☐ slave	ⓝ 노예
☐ civilization	ⓝ 문명	☐ liberty	ⓝ 자유
☐ empire	ⓝ 제국	☐ pioneer	ⓝ 개척자 ⓥ 개척하다
☐ dynasty	ⓝ 왕조, 왕가	☐ independence	ⓝ 독립
☐ royal	ⓐ 국왕의, 왕실의	☐ revolution	ⓝ 혁명

TO-DO LIST

☐ MP3 듣기   ☐ 표제어와 예문 읽기   ☐ 파생어 외우기

☐ Daily Check-up 풀기   ☐ 누적 테스트 풀기   ☐ 틀린 단어 복습하기

☐   ☐   ☐

외운 단어에 ∨ 못외운 단어에 ★

□ religion	ⓝ 종교	□ ceremony	ⓝ 의식, 식
□ believe in	~을 믿다	□ priest	ⓝ 신부, 사제
□ faith	ⓝ 믿음; 신앙심	□ pray	ⓥ 기도하다
□ spiritual	ⓐ 정신적인; 종교적인	□ worship	ⓥ 예배하다, 숭배하다 ⓝ 예배, 숭배
□ absolute	ⓐ 완전한, 완벽한; 절대적인	□ choir	ⓝ 합창단, 성가대
□ mercy	ⓝ 자비	□ fascinate	ⓥ 마음을 사로잡다
□ holy	ⓐ 신성한, 성스러운	□ superstition	ⓝ 미신
□ sacred	ⓐ 성스러운, 종교적인	□ supernatural	ⓐ 초자연적인
□ endure	ⓥ 견디다, 인내하다	□ evil	ⓝ 악 ⓐ 사악한
□ ritual	ⓝ 의식	□ extreme	ⓐ 극심한; 극단적인

TO-DO LIST

□ MP3 듣기 　　　　□ 표제어와 예문 읽기 　　　□ 파생어 외우기
□ Daily Check-up 풀기 　□ 누적 테스트 풀기 　　　□ 틀린 단어 복습하기
□ 　　　　　　　　□ 　　　　　　　　　□

외운 단어에 V / 못외운 단어에 ★

☐ war	ⓝ 전쟁	☐ explode	ⓥ (폭탄이) 터지다, 폭발하다
☐ army	ⓝ 군; 군대; 육군	☐ weapon	ⓝ 무기
☐ military	ⓐ 군사의 ⓝ 군대	☐ target	ⓝ (공격의) 목표물; 목표
☐ battle	ⓝ 전투 ⓥ 싸우다	☐ defense	ⓝ 방어
☐ threat	ⓝ 위협, 협박	☐ defeat	ⓥ 패배시키다, 이기다 ⓝ 패배
☐ enemy	ⓝ 적, 적군	☐ occupy	ⓥ (공간·시간을) 차지하다; 점령하다
☐ invade	ⓥ 침략하다	☐ victim	ⓝ 피해자, 희생자
☐ command	ⓥ 명령하다, 지시하다 ⓝ 명령	☐ victory	ⓝ 승리
☐ attack	ⓥ 공격하다 ⓝ 공격	☐ unite	ⓥ 통합하다
☐ bomb	ⓝ 폭탄	☐ memorial	ⓐ 기념의, 추도의 ⓝ 기념비, 기념관

TO-DO LIST

☐ MP3 듣기   ☐ 표제어와 예문 읽기   ☐ 파생어 외우기

☐ Daily Check-up 풀기   ☐ 누적 테스트 풀기   ☐ 틀린 단어 복습하기

☐   ☐   ☐

외운 단어에 V / 못외운 단어에 ★

□ scientific	ⓐ 과학의; 과학적인	□ laboratory	ⓝ 실험실
□ physics	ⓝ 물리학	□ curiosity	ⓝ 호기심
□ chemistry	ⓝ 화학	□ experiment	ⓝ 실험 ⓥ 실험하다
□ element	ⓝ 요소, 성분; 원소	□ material	ⓝ 재료, 물질
□ atom	ⓝ 원자	□ conduct	ⓥ (특정 활동을) 하다 ⓝ 행동
□ interact	ⓥ 상호 작용하다	□ method	ⓝ 방법
□ biology	ⓝ 생물학	□ microscope	ⓝ 현미경
□ evolve	ⓥ 진화하다; (서서히) 발전[진전]하다	□ theory	ⓝ 이론
□ gene	ⓝ 유전자	□ prove	ⓥ 증명[입증]하다
□ cell	ⓝ 세포	□ principle	ⓝ 원리, 원칙; 신념, 신조

TO-DO LIST

□ MP3 듣기	□ 표제어와 예문 읽기	□ 파생어 외우기
□ Daily Check-up 풀기	□ 누적 테스트 풀기	□ 틀린 단어 복습하기
□	□	□

외운 단어에 V 못외운 단어에 ★

□ universe	ⓝ 우주	□ space station	ⓝ 우주 정거장
□ outer space	ⓝ (대기권 외) 우주 공간	□ explore	ⓥ 탐사[탐험]하다; (문제 등을) 탐구[분석]하다
□ galaxy	ⓝ 은하계	□ footprint	ⓝ 발자국
□ planet	ⓝ 행성	□ telescope	ⓝ 망원경
□ solar system	ⓝ 태양계	□ observe	ⓥ 관찰하다
□ spin	ⓥ 회전하다, (빙빙) 돌다	□ atmosphere	ⓝ 대기
□ astronomy	ⓝ 천문학	□ gravity	ⓝ 중력
□ astronomer	ⓝ 천문학자	□ surface	ⓝ 표면
□ satellite	ⓝ 위성	□ lunar	ⓐ 달의
□ spacecraft	ⓝ 우주선	□ oxygen	ⓝ 산소

TO-DO LIST

□ MP3 듣기   □ 표제어와 예문 읽기   □ 파생어 외우기

□ Daily Check-up 풀기   □ 누적 테스트 풀기   □ 틀린 단어 복습하기

□   □   □

Day 32 | 기술

Date 년 월 일

외운 단어에 V 못외운 단어에 ★

□ technology	ⓝ 기술	□ electronic	ⓐ 전자의
□ advance	ⓝ 진전, 발전 ⓥ 진보하다, 증진되다	□ mobile	ⓐ 이동하는, 이동하기 쉬운
□ progress	ⓝ 진전 ⓥ 진행하다; 진전을 보이다	□ portable	ⓐ 휴대용의
□ technician	ⓝ 기술자	□ convenient	ⓐ 편리한
□ precise	ⓐ 정확한, 정밀한	□ research	ⓝ 연구, 조사 ⓥ 연구하다, 조사하다
□ virtual	ⓐ 가상의	□ analyze	ⓥ 분석하다
□ artificial	ⓐ 인공의	□ database	ⓝ 데이터베이스
□ innovation	ⓝ 혁신	□ process	ⓝ 과정, 절차 ⓥ 처리하다
□ device	ⓝ 장치, 기구	□ replace	ⓥ 대신[대체]하다; 바꾸다
□ equipment	ⓝ 장비, 설비	□ improve	ⓥ 개선되다; 향상시키다

TO-DO LIST

□ MP3 듣기	□ 표제어와 예문 읽기	□ 파생어 외우기
□ Daily Check-up 풀기	□ 누적 테스트 풀기	□ 틀린 단어 복습하기
□	□	□

외운 단어에 V 못외운 단어에 ★

☐ laptop	ⓝ 휴대용 컴퓨터	☐ browse	ⓥ (책 등을) 대강 훑어보다; (인터넷을) 검색하다
☐ personal	ⓐ 개인의, 개인적인	☐ access	ⓝ 접근; 이용 ⓥ 접속하다
☐ tool	ⓝ 도구, 연장	☐ network	ⓝ 망, 네트워크
☐ essential	ⓐ 필수적인; 가장 중요한	☐ wireless	ⓐ 무선의
☐ shut down	(기계가) 정지하다; (공장·가게가) 문을 닫다	☐ contribute	ⓥ 기부하다; 기여하다
☐ password	ⓝ 비밀번호	☐ information	ⓝ 정보
☐ log in	접속하다, 로그인하다	☐ digital	ⓐ 디지털(방식)의
☐ forward	ⓥ 보내다; 다시 보내 주다 ⓐⓓ 앞으로	☐ download	ⓥ 내려받다
☐ attach	ⓥ 붙이다, 첨부하다	☐ secure	ⓐ 안전한; 안정된
☐ delete	ⓥ 삭제하다	☐ update	ⓥ 갱신하다

TO-DO LIST

☐ MP3 듣기	☐ 표제어와 예문 읽기	☐ 파생어 외우기
☐ Daily Check-up 풀기	☐ 누적 테스트 풀기	☐ 틀린 단어 복습하기
☐	☐	☐

외운 단어에 V 못외운 단어에 ★

□ literature	⋒ 문학	□ setting	⋒ (연극·소설 등의) 배경
□ publish	ⓥ 출판하다	□ compose	ⓥ 구성하다; (시·글을) 짓다; 작곡하다
□ genre	⋒ 장르	□ content	⋒ (책·연설 등의) 내용; 목차
□ fiction	⋒ 소설; 허구	□ context	⋒ 문맥; (사건의) 정황, 배경
□ poetry	⋒ 시	□ edit	ⓥ 편집하다; 수정하다
□ biography	⋒ 전기	□ revise	ⓥ 수정하다, 개정하다
□ tale	⋒ 이야기	□ author	⋒ 작가, 저자
□ fantasy	⋒ 상상, 공상	□ version	⋒ (이전의 것·다른 비슷한 것과 약간 다른) —판
□ tragedy	⋒ 비극	□ review	⋒ 검토; 논평 ⓥ (재)검토하다; 논평하다
□ plot	⋒ 줄거리	□ copyright	⋒ 저작권

TO-DO LIST

□ MP3 듣기　　　　□ 표제어와 예문 읽기　　　□ 파생어 외우기
□ Daily Check-up 풀기　□ 누적 테스트 풀기　　　□ 틀린 단어 복습하기
□　　　　　　　　□　　　　　　　　　□

외운 단어에 V 못외운 단어에 ★

☐ dull	ⓐ 따분한, 재미없는	☐ spectacular	ⓐ 장관의; 극적인
☐ gloomy	ⓐ 어두운; 우울한	☐ festive	ⓐ 축제의
☐ lonely	ⓐ 외로운, 쓸쓸한	☐ tense	ⓐ 긴장한; 긴박한
☐ desperate	ⓐ 필사적인; 절망적인	☐ stressful	ⓐ 스트레스가 많은
☐ frustrate	ⓥ 좌절감을 주다; 좌절시키다	☐ scary	ⓐ 무서운
☐ dynamic	ⓐ 활발한; 역동적인	☐ horrified	ⓐ 겁에 질린
☐ active	ⓐ 활동적인; 적극적인	☐ calm	ⓐ 침착한, 차분한
☐ cheerful	ⓐ 발랄한, 쾌활한	☐ peaceful	ⓐ 평화로운
☐ hopeful	ⓐ 희망에 찬; 희망적인	☐ romantic	ⓐ 낭만적인, 애정의
☐ fantastic	ⓐ 환상적인, 멋진	☐ heartwarming	ⓐ 마음이 따스해지는

TO-DO LIST

☐ MP3 듣기 　　　　 ☐ 표제어와 예문 읽기 　　　 ☐ 파생어 외우기

☐ Daily Check-up 풀기 　 ☐ 누적 테스트 풀기 　　　 ☐ 틀린 단어 복습하기

☐ 　　　　　　　　 ☐ 　　　　　　　　 ☐

외운 단어에 V · 못외운 단어에 ★

☐ language	ⓝ 언어	☐ spread	ⓥ 펴다, 펼치다; 퍼뜨리다
☐ phrase	ⓝ 구; 구절, 관용구	☐ reflect	ⓥ 비추다; 반영하다, 나타내다
☐ sentence	ⓝ 문장	☐ pronounce	ⓥ 발음하다
☐ paragraph	ⓝ 단락	☐ bilingual	ⓐ 이중 언어를 사용하는
☐ conversation	ⓝ 대화	☐ spell	ⓥ 철자를 말하다[쓰다]
☐ dialect	ⓝ 방언, 사투리	☐ look up	(사전·인터넷 등에서) ~을 찾아보다
☐ proverb	ⓝ 속담	☐ express	ⓥ (감정·생각 등을) 표현하다
☐ speech	ⓝ 연설; 말; 언어 능력	☐ memorize	ⓥ 암기하다
☐ gesture	ⓝ 몸짓 ⓥ 손[몸]짓을 하다	☐ define	ⓥ 정의하다, (말의) 뜻을 명확히 하다
☐ pause	ⓥ 잠시 멈추다 ⓝ 멈춤	☐ intonation	ⓝ 억양

TO-DO LIST

☐ MP3 듣기   ☐ 표제어와 예문 읽기   ☐ 파생어 외우기

☐ Daily Check-up 풀기   ☐ 누적 테스트 풀기   ☐ 틀린 단어 복습하기

☐   ☐   ☐

외운 단어에 V 못외운 단어에 ★

☐ agriculture	ⓝ 농업	☐ chemical	ⓐ 화학의 ⓝ 화학 물질
☐ farming	ⓝ 농사, 영농	☐ weed	ⓝ 잡초
☐ organic	ⓐ 유기농의	☐ spray	ⓝ 분무(기) ⓥ (분무기로) 뿌리다, 살포하다
☐ pesticide	ⓝ 살충제, 농약	☐ cultivate	ⓥ 경작하다; 재배하다
☐ rotate	ⓥ 회전하다; 교대로 하다, 윤작하다	☐ dirt	ⓝ 먼지; 흙
☐ soil	ⓝ 토양, 흙	☐ ripe	ⓐ 익은
☐ rake	ⓥ 갈퀴질을 하다 ⓝ 갈퀴	☐ crop	ⓝ 농작물
☐ seed	ⓝ 씨, 씨앗	☐ wheat	ⓝ 밀
☐ sow	ⓥ (씨를) 뿌리다	☐ grain	ⓝ 곡물; 낟알
☐ fertilizer	ⓝ 비료	☐ harvest	ⓝ 수확; 수확량 ⓥ 수확하다

TO-DO LIST

☐ MP3 듣기　　　　☐ 표제어와 예문 읽기　　　☐ 파생어 외우기

☐ Daily Check-up 풀기　☐ 누적 테스트 풀기　　☐ 틀린 단어 복습하기

☐　　　　　　　　☐　　　　　　　　☐

외운 단어에 V · 못외운 단어에 ★

☐ industry	ⓝ 산업, 공업	☐ strategy	ⓝ 전략
☐ firm	ⓝ 회사	☐ profit	ⓝ 수익, 이윤
☐ facility	ⓝ 시설	☐ yield	ⓥ (수익·작물 등을) 내다, 산출하다
☐ found	ⓥ 설립하다	☐ manufacture	ⓥ (기계를 이용하여 대량으로) 제조하다; 제조
☐ labor	ⓝ 노동; 노동자	☐ assemble	ⓥ 조립하다
☐ capital	ⓝ 수도; 대문자; 자본금	☐ operation	ⓝ (기계의) 작동, 가동
☐ venture	ⓝ 벤처 사업, (사업상의) 모험 ⓥ (재산 등을) ~에 걸다	☐ goods	ⓝ 상품
☐ export	ⓥ 수출하다 ⓝ 수출(품)	☐ demand	ⓝ 요구; 수요 ⓥ 요구하다
☐ import	ⓥ 수입하다 ⓝ 수입(품)	☐ supply	ⓝ 공급 ⓥ 공급하다
☐ trade	ⓝ 거래, 무역 ⓥ 거래하다, 무역하다	☐ utilize	ⓥ 활용하다, 이용하다

TO-DO LIST

☐ MP3 듣기   ☐ 표제어와 예문 읽기   ☐ 파생어 외우기

☐ Daily Check-up 풀기   ☐ 누적 테스트 풀기   ☐ 틀린 단어 복습하기

☐   ☐   ☐

외운 단어에 ✓ 못외운 단어에 ★

☐ account	ⓝ 계좌	☐ deal	ⓝ 거래, 합의 ⓥ 다루다, 처리하다
☐ balance	ⓝ 균형; 잔고 ⓥ 균형을 잡다	☐ budget	ⓝ 예산
☐ savings	ⓝ 저축, 저금	☐ fund	ⓝ 기금 ⓥ 기금을 대다
☐ property	ⓝ 재산; 부동산	☐ benefit	ⓝ 혜택, 이득 ⓥ ~에게 이익이 되 다; 이익을 얻다
☐ wealth	ⓝ 부, 재산	☐ growth	ⓝ 성장; 증가
☐ income	ⓝ 소득, 수입	☐ decline	ⓝ (수, 가치 등의) 감소, 하락 ⓥ 줄어들다
☐ finance	ⓝ 재정; 자금	☐ increase	ⓥ 증가하다 ⓝ 증가
☐ invest	ⓥ 투자하다	☐ decrease	ⓥ 감소하다 ⓝ 감소, 하락
☐ exchange	ⓝ 교환; 환전 ⓥ 교환하다	☐ loss	ⓝ 분실; (금전적) 손실, 손해
☐ commerce	ⓝ 상업; 무역	☐ debt	ⓝ 빚, 부채

TO-DO LIST

☐ MP3 듣기   ☐ 표제어와 예문 읽기   ☐ 파생어 외우기

☐ Daily Check-up 풀기   ☐ 누적 테스트 풀기   ☐ 틀린 단어 복습하기

☐   ☐   ☐

외운 단어에 V / 못외운 단어에 ★

☐ quality	ⓝ 질, 품질	☐ customer	ⓝ 고객, 손님
☐ luxury	ⓝ 호화로움, 사치	☐ rush	ⓥ (급히) 움직이다, 서두르다 ⓝ 분주; 혼잡
☐ tag	ⓝ 꼬리표, 표	☐ refund	ⓝ 환불
☐ discount	ⓝ 할인 ⓥ 할인하다	☐ receipt	ⓝ 영수증
☐ on sale	판매되는; 할인 중인	☐ cash	ⓝ 현금
☐ limit	ⓝ 한계, 한도; 제한 ⓥ 제한하다	☐ credit card	ⓝ 신용 카드
☐ additional	ⓐ 추가의	☐ charge	ⓥ 청구하다 ⓝ 요금
☐ purchase	ⓥ 구매하다 ⓝ 구매	☐ cost	ⓝ 값, 비용 ⓥ (비용이) 들다
☐ afford	ⓥ (금전적·시간적) 여유가 되다	☐ expense	ⓝ 돈, 비용
☐ consumer	ⓝ 소비자	☐ tax	ⓝ 세금

TO-DO LIST

☐ MP3 듣기　　　　☐ 표제어와 예문 읽기　　　☐ 파생어 외우기

☐ Daily Check-up 풀기　☐ 누적 테스트 풀기　　　☐ 틀린 단어 복습하기

☐　　　　　　　　☐　　　　　　　　　☐

외운 단어에 V / 못외운 단어에 ★

☐ health	ⓝ 건강; 건강 상태	☐ reaction	ⓝ 반응
☐ healthy	ⓐ 건강한; 건강에 좋은	☐ remedy	ⓝ 치료, 요법
☐ condition	ⓝ 상태; (복수로) 환경	☐ treat	ⓥ 대하다, 다루다; 치료하다
☐ immune	ⓐ 면역성이 있는, 면역의	☐ relieve	ⓥ (고통·부담 등을) 완화하다, 덜어 주다
☐ mental	ⓐ 정신의, 마음의	☐ cure	ⓝ 치료제, 치료법 ⓥ 치유하다
☐ medical	ⓐ 의학의, 의료의	☐ heal	ⓥ (병·상처 등을) 고치다, 낫게 하다
☐ examine	ⓥ 조사하다, 검토하다; 진찰하다	☐ relax	ⓥ 휴식을 취하다; (긴장을) 풀게 하다
☐ medicine	ⓝ 약; 의학	☐ prevent	ⓥ 예방하다, 막다
☐ pill	ⓝ 알약, 정제	☐ manage	ⓥ 간신히 해내다; 운영[관리]하다
☐ drug	ⓝ 약; 마약	☐ get rid of	~을 제거하다 [없애다]

TO-DO LIST

☐ MP3 듣기   ☐ 표제어와 예문 읽기   ☐ 파생어 외우기
☐ Daily Check-up 풀기   ☐ 누적 테스트 풀기   ☐ 틀린 단어 복습하기
☐   ☐   ☐

외운 단어에 V 못외운 단어에 ★

□ symptom	ⓝ 증상	□ pain	ⓝ 고통, 통증
□ suffer	ⓥ (질병 등에) 시달리다; 고통받다; (불쾌한 일을) 겪다	□ sore	ⓐ (염증 등으로) 아픈
□ vomit	ⓥ 토하다	□ infect	ⓥ 감염시키다
□ dizzy	ⓐ 어지러운	□ identify	ⓥ (신원 등을) 확인하다; 발견하다
□ stiff	ⓐ 뻣뻣한; (근육이) 뻐근한	□ surgery	ⓝ 수술
□ minor	ⓐ 작은, 가벼운	□ patient	ⓝ 환자 ⓐ 참을성[인내심] 있는
□ severe	ⓐ 심각한, 극심한; (처벌이) 가혹한	□ operate	ⓥ 작동되다; 가동하다; 수술하다
□ disease	ⓝ 병, 질병	□ insert	ⓥ 삽입하다, 끼워 넣다
□ heart attack	ⓝ 심장 마비	□ perform	ⓥ 행하다, 실시하다; 공연하다
□ stomachache	ⓝ 복통, 위통	□ recover	ⓥ (건강이) 회복되다

TO-DO LIST

□ MP3 듣기　　　　　□ 표제어와 예문 읽기　　　□ 파생어 외우기

□ Daily Check-up 풀기　□ 누적 테스트 풀기　　　□ 틀린 단어 복습하기

□ ⋯⋯⋯⋯　　　　　□ ⋯⋯⋯⋯　　　　　□ ⋯⋯⋯⋯

외운 단어에 ∨ 못외운 단어에 ★

☐ accident	ⓝ 사고; 우연	☐ bruise	ⓝ 멍, 타박상 ⓥ 멍이 생기다
☐ emergency	ⓝ 비상사태, 위급	☐ damage	ⓝ 손상, 피해 ⓥ 피해를 입히다
☐ occur	ⓥ 발생하다, 일어나다	☐ disability	ⓝ (신체적·정신적) 장애
☐ crash	ⓝ 충돌/추락 사고 ⓥ 충돌/추락하다	☐ rescue	ⓥ 구하다, 구출하다 ⓝ 구출, 구조
☐ bump	ⓥ 부딪치다	☐ urgent	ⓐ 긴급한, 시급한
☐ breathe	ⓥ 숨 쉬다, 호흡하다	☐ manual	ⓝ 설명서 ⓐ 손으로 하는, 육체 노동의
☐ unexpected	ⓐ 예기치 않은, 뜻밖의	☐ first aid	ⓝ 응급 처치
☐ injure	ⓥ (특히 사고로) 부상을 입히다	☐ bandage	ⓝ 붕대
☐ wound	ⓝ 상처, 부상 ⓥ 부상[상처]을 입히다	☐ donate	ⓥ (자선 단체에) 기부[기증]하다; (혈액·장기 등을) 기증하다
☐ bleed	ⓥ 피를 흘리다	☐ right away	즉시

TO-DO LIST

☐ MP3 듣기	☐ 표제어와 예문 읽기	☐ 파생어 외우기
☐ Daily Check-up 풀기	☐ 누적 테스트 풀기	☐ 틀린 단어 복습하기
☐	☐	☐

외운 단어에 ✓ 못외운 단어에 ★

☐ politics	ⓝ 정치	☐ object	ⓥ 반대하다 ⓝ 물건; 목적, 목표
☐ political	ⓐ 정치의, 정치적인	☐ protest	ⓥ 항의하다 ⓝ 항의; 시위
☐ liberal	ⓐ 진보적인	☐ reform	ⓥ 개혁하다 ⓝ 개혁
☐ party	ⓝ 파티, 모임; 정당, ~당	☐ take part in	~에 참여[참가]하다
☐ majority	ⓝ 대다수	☐ campaign	ⓝ 운동, 캠페인
☐ policy	ⓝ 정책	☐ poll	ⓝ 여론 조사
☐ government	ⓝ 정부	☐ run for	~에 출마하다
☐ president	ⓝ 대통령; 회장	☐ candidate	ⓝ 후보자
☐ democracy	ⓝ 민주주의	☐ vote	ⓝ (선거 등의) 표 ⓥ 투표하다
☐ republic	ⓝ 공화국	☐ elect	ⓥ 선출하다

TO-DO LIST

☐ MP3 듣기 ☐ 표제어와 예문 읽기 ☐ 파생어 외우기

☐ Daily Check-up 풀기 ☐ 누적 테스트 풀기 ☐ 틀린 단어 복습하기

☐ ☐ ☐

외운 단어에 V / 못외운 단어에 ★

☐ duty	ⓝ 의무; 직무, 임무	☐ international	ⓐ 국제적인
☐ authority	ⓝ 권한; 권위	☐ citizen	ⓝ 국민; 시민
☐ function	ⓝ 기능, 역할 ⓥ (제대로) 기능하다	☐ protect	ⓥ 보호하다, 지키다
☐ official	ⓐ 공식적인, 공적인 ⓝ 공무원	☐ organization	ⓝ 조직, 기구
☐ public	ⓐ 대중의; 공공의	☐ ethnic	ⓐ 민족의, 종족의
☐ loyal	ⓐ 충실한	☐ native	ⓐ 출생지의; 토박 이의; 원주민의
☐ individual	ⓐ 개인의 ⓝ 개인	☐ racial	ⓐ 인종의
☐ population	ⓝ 인구	☐ identity	ⓝ 신원; 정체성, 독자성
☐ diplomat	ⓝ 외교관	☐ tradition	ⓝ 전통
☐ ambassador	ⓝ 대사	☐ border	ⓝ 국경

TO-DO LIST

☐ MP3 듣기   ☐ 표제어와 예문 읽기   ☐ 파생어 외우기
☐ Daily Check-up 풀기   ☐ 누적 테스트 풀기   ☐ 틀린 단어 복습하기
☐   ☐   ☐

외운 단어에 V 못외운 단어에 ★

☐ court	ⓝ 법원, 법정	☐ guilty	ⓐ 유죄의; 죄책감이 드는
☐ jury	ⓝ 배심원단	☐ sentence	ⓥ 형벌, 형; (형을) 선고하다
☐ justice	ⓝ 정의; 공정; 사법, 재판	☐ release	ⓥ 석방하다; 공개[발표]하다
☐ lawyer	ⓝ 변호사	☐ custom	ⓝ 관습, 풍습
☐ legal	ⓐ 법률의; 합법의	☐ discipline	ⓥ 징계하다 ⓝ 규율, 훈육
☐ crime	ⓝ 범죄	☐ obey	ⓥ (명령·법 등을) 따르다, 순종하다
☐ accuse	ⓥ 고발하다, 기소하다	☐ regulate	ⓥ 규제하다
☐ arrest	ⓥ 체포하다 ⓝ 체포	☐ forbid	ⓥ 금지하다
☐ trial	ⓝ 재판, 공판	☐ ban	ⓝ 금지, 금지령 ⓥ 금지하다
☐ confess	ⓥ (죄·잘못을) 자백하다	☐ permission	ⓝ 허락, 허가

TO-DO LIST

☐ MP3 듣기	☐ 표제어와 예문 읽기	☐ 파생어 외우기
☐ Daily Check-up 풀기	☐ 누적 테스트 풀기	☐ 틀린 단어 복습하기
☐	☐	☐

외운 단어에 V 못외운 단어에 ★

☐ issue	ⓝ 주제, 쟁점, 사안 ⓥ 발표하다; 발행하다	☐ mission	ⓝ 임무
☐ social	ⓐ 사회적인, 사회의	☐ responsible	ⓐ 책임이 있는; 책임지고 있는
☐ clash	ⓝ 충돌 ⓥ (의견·성격 등이) 충돌하다	☐ confront	ⓥ 직면하다; 맞서다
☐ hostile	ⓐ 적대적인	☐ struggle	ⓥ 고투하다, 애쓰다 ⓝ 투쟁; 분투
☐ poverty	ⓝ 가난, 빈곤	☐ volunteer	ⓥ 자원하다 ⓝ 자원봉사자, 지원자
☐ escape	ⓥ 탈출하다	☐ unify	ⓥ 통합하다, 통일하다
☐ shelter	ⓝ 피난처	☐ equality	ⓝ 평등, 균등
☐ settle	ⓥ 해결하다, 합의를 보다	☐ welfare	ⓝ 복지
☐ declare	ⓥ 선언하다, 선포하다	☐ collective	ⓐ 집단의, 단체의
☐ relation	ⓝ 관계	☐ overcome	ⓥ 극복하다, 이겨내다

TO-DO LIST

☐ MP3 듣기   ☐ 표제어와 예문 읽기   ☐ 파생어 외우기

☐ Daily Check-up 풀기   ☐ 누적 테스트 풀기   ☐ 틀린 단어 복습하기

☐   ☐   ☐

외운 단어에 V 못외운 단어에 ★

□ constant	ⓐ 끊임없는; 변함없는	□ former	ⓐ (지위가) 이전의; (시간상) 예전의, 과거의
□ continue	ⓥ 계속되다; 계속하다	□ present	ⓐ 현재의; 참석한 ⓝ 선물; 현재
□ continuous	ⓐ 계속되는, 지속적인	□ recently	ⓐⓓ 최근에
□ forever	ⓐⓓ 영원히	□ nowadays	ⓐⓓ 요즘에는
□ permanent	ⓐ 영구적인	□ dawn	ⓝ 새벽
□ moment	ⓝ 잠시; 순간	□ daytime	ⓝ 낮, 주간
□ while	ⓝ 잠깐, 동안 conj ~하는 동안	□ sunset	ⓝ 해질녘, 일몰
□ temporary	ⓐ 임시의, 일시적인	□ midnight	ⓝ 자정, 밤 12시, 한밤중
□ immediate	ⓐ 즉각적인	□ period	ⓝ 기간; (역사상의) 시대, 시기
□ previous	ⓐ (시간·순서가) 앞의, 이전의	□ decade	ⓝ 10년

TO-DO LIST

□ MP3 듣기   □ 표제어와 예문 읽기   □ 파생어 외우기
□ Daily Check-up 풀기   □ 누적 테스트 풀기   □ 틀린 단어 복습하기
□   □   □

외운 단어에 V / 못외운 단어에 ★

☐ direction	ⓝ 방향; (복수로) 지시; 사용법	☐ spot	ⓝ 반점; (특정한) 곳, 장소
☐ space	ⓝ 공간; 우주	☐ edge	ⓝ 가장자리, 모서리; (칼 등의) 날
☐ backward	ⓐⓓ 뒤로, 뒤쪽으로	☐ apart	ⓐⓓ (시간·공간상으로) 떨어져, 따로
☐ reverse	ⓥ (정반대로) 뒤바꾸다 ⓝ (정)반대 ⓐ (정)반대의	☐ distant	ⓐ (시간·공간상으로) 먼, 떨어진
☐ ahead	ⓐⓓ (공간·시간상으로) 앞으로, 앞에	☐ nearby	ⓐ 인근의, 가까운 ⓐⓓ 가까이에(서)
☐ aside	ⓐⓓ 한쪽으로, 옆쪽에	☐ internal	ⓐ 내부의; 체내의
☐ straight	ⓐⓓ 똑바로; 곧장 ⓐ 곧은, 똑바른	☐ external	ⓐ (물체·사람의) 외부의; (상황 등이) 외부적인
☐ vertical	ⓐ 수직의, 세로의	☐ upstairs	ⓐⓓ 위층으로 ⓝ 위층
☐ horizontal	ⓐ 가로의, 수평의	☐ bottom	ⓐ 맨 아래쪽의 ⓝ 맨 아래; 바닥
☐ position	ⓝ 위치; 자세; 입장	☐ upper	ⓐ 더 위에 있는, 위쪽의

TO-DO LIST

☐ MP3 듣기   ☐ 표제어와 예문 읽기   ☐ 파생어 외우기

☐ Daily Check-up 풀기   ☐ 누적 테스트 풀기   ☐ 틀린 단어 복습하기

☐   ☐   ☐

외운 단어에 ∨ 못외운 단어에 ★

□ calculate	ⓥ 계산하다	□ exceed	ⓥ 초과하다
□ addition	ⓝ 덧셈; 추가	□ extra	ⓐ 추가의
□ subtract	ⓥ 빼다	□ scarce	ⓐ 부족한, 드문
□ multiply	ⓥ 곱하다; 증가하다	□ lack	ⓝ 부족, 결핍 ⓥ ~이 없다, 부족하다
□ division	ⓝ 분할; 분배; 나눗셈	□ figure	ⓝ 숫자, 수치; 인물
□ equal	ⓥ (수·가치 등이) ~이다, 같다 ⓐ 동일한; 동등한	□ plural	ⓐ 복수형의 ⓝ 복수형
□ sum	ⓝ 액수; 합, 합계	□ odd	ⓐ 이상한; 홀수의
□ quantity	ⓝ 양, 수량	□ even	ⓐ 평평한; 짝수의
□ volume	ⓝ 양; 용량; 음량	□ dozen	ⓝ 12개짜리 한 묶음; (복수로) 다수, 수십
□ sufficient	ⓐ 충분한	□ quarter	ⓝ 1/4; (미국) 25센트짜리 동전

TO-DO LIST

□ MP3 듣기   □ 표제어와 예문 읽기   □ 파생어 외우기
□ Daily Check-up 풀기   □ 누적 테스트 풀기   □ 틀린 단어 복습하기
□ ─────   □ ─────   □ ─────